Martin Kaufhold
Die großen Reden der Weltgeschichte

Martin Kaufhold

Die großen Reden der Weltgeschichte

marix**verlag**

3. Auflage 2008
Copyright © by Marix Verlag GmbH, Wiesbaden 2007
Covergestaltung: Thomas Jarzina, Köln
Lektorat: Dr. Lars Hoffmann, Mainz
Bildnachweis: akg-images GmbH, Berlin
Satz und Bearbeitung: C&H Typo-Grafik, Miesbach
Gesamtherstellung: GGP Media GmbH, Pößneck
Printed in Germany

ISBN 978-3-86539-912-0

www.marixverlag.de

Inhalt

Vorwort

Eine bedeutende Rede kann eine Situation durch die Kraft der Worte so zuspitzen, dass die Zuhörer das Gefühl bekommen, an einer historischen Entscheidung teilzuhaben. Franklin D. Roosevelt hat das ein „Rendezvous mit dem Schicksal" genannt. Große Reden besitzen die Kraft, den Menschen als soziales Wesen und als Individuum anzusprechen und ihm dabei zu vermitteln, dass er Zeuge oder Akteur einer Umbruchsituation ist, und dass seine Haltung über die Zukunft mitentscheidet. Nicht alle einundzwanzig Reden in diesem Band haben einen appellativen Charakter. Die Gefallenenreden, die eine bedeutende Tradition haben, sind keine direkten Aufrufe zur Aktion (z.B. die „Gefallenrede" des Perikles und die „Gettysburg-Address" Abraham Lincolns). Aber sie sind ernsthafte Rückblicke und Selbstvergewisserungen des Redners und seiner Zuhörer angesichts einer grundsätzlichen Herausforderung menschlicher Existenz. Andere Ansprachen haben einen fast prophetischen Charakter in Hinblick darauf, wie das soziale Leben aussehen sollte (z.B. „Bergpredigt" und „Ich habe einen Traum"). Manche der ausgewählten Reden haben eine überwiegend historische Bedeutung, unter den gewandelten Verhältnissen fühlt sich der heutige Leser nicht mehr persönlich angesprochen (z.B.: Otto I. und Friedrich Barbarossa). Aber in ihrer Zeit haben sie in bedeutenden historischen Situationen Aufmerksamkeit gefunden. Dieser Band präsentiert eine Auswahl großer Reden der (vornehmlich westlichen) Geschichte. Für eine solche Auswahl gibt es letztlich keine objektiven Kriterien, weswegen die Entscheidung auch einen persönlichen Charakter hat. Der Vorzug, den diese Auswahl den Reden der westlichen Tradition einräumt, ist eine Folge dessen, dass fremde

Kulturen auch über andere rhetorische Tradition verfügen. Wenn die Zuhörer und Leser mit den Gewohnheiten dieser Tradition nicht vertraut sind, so erzielt der Text eine ganz andere Wirkung. Aus diesem Grund habe ich nach längerer Prüfung auf einschlägige Texte aus der asiatischen und afrikanischen Kultur verzichtet. Die Texte werden hier in einer neuen, eigenen Übersetzung vorgestellt und sie sind mit einer historischen Einführung versehen. Diese Einführung soll die Umstände und die Entscheidungssituation, die die Rede anspricht, für die interessierten Leser verständlich machen. Die Redentexte sind, teils nur mit leichten Kürzungen, in ihrer ursprünglichen Länge wiedergegeben.

Die Auswahl präsentiert keine zusammenhängende Geschichte, aber es lassen sich dennoch Zusammenhänge erkennen, die durch bewusste Rückgriffe der Redner über die Epochen hinweg entstehen. So spannt sich ein Bogen von Moses bis zu Martin Luther King, aber auch die Traditionslinie der Gefallenenrede reicht von Perikles über Abraham Lincoln bis zu Martin Luther King, der seine große Rede im Sommer 1963 vor dem eindrucksvollen Lincoln Memorial in Washington hielt. Dabei bezog er sich wörtlich auf Lincolns Gettysburg Address. Große Reden haben eine eigene Tradition, die durch ihre schriftliche Überlieferung gewahrt wurde. „Groß" ist in diesem Sinne auch eine Frage ethischer Qualität. Reden, die die Menschen zu Taten anregen sollten, die uns heute als verwerflich erscheinen, sind in diesem Band daher nicht aufgenommen. Der Band endet mit einer Rede Willy Brandts zur Versöhnung mit Polen. Die Entwicklung seit 1989 ist in dieser Sammlung nicht mehr berücksichtigt. Der Grund liegt darin, dass es zum jetzigen Zeitpunkt schwer möglich ist, die Reden mit bleibender Bedeutung aus der Fülle der Redetexte auszuwählen. Eine historische Bewertung braucht mitunter etwas Abstand. Aber auch viele der hier präsentierten alten Reden haben uns noch sehr unmittelbar etwas zu sagen. *Martin Kaufhold*

Moses

Rede am Ende der vierzigjährigen Wanderung durch die Wüste

(13. Jahrhundert v. Chr.)

Einführung

Diese Sammlung von bedeutenden Reden beginnt mit einem sehr alten Text. Einem Text, der am Anfang der jüdisch-christlichen Tradition steht und der einige zentrale Grundlagen und Erfahrungen dieses neuen monotheistischen Glaubens in den Worten des Mose prägnant formuliert. Moses hielt diese Rede in einem historischen Moment. Vierzig Jahre war er mit den Israeliten durch die Wüste gezogen, und nun standen sie vor dem Einzug in das verheißene Land. Die Aussicht auf das Land, in dem Milch und Honig fließt, hatte das unterdrückte Volk dazu bewegt, seine Häuser in Ägypten zu verlassen, um unter der Führung des Moses in eine neue Zukunft aufzubrechen. Es wurde ein langer und gefährlicher Weg. In Ägypten waren die Nachfahren Abrahams, Josefs und Jakobs zu einer großen Bevölkerungsgruppe geworden. Ihre Vorfahren waren in das Land gekommen, weil sie in ihrer Heimat nicht überleben konnten. Doch die anfängliche Wertschätzung hatte sich gewandelt, und die Israeliten waren zu Knechten und Sklaven geworden. Moses, dem Gott in einem brennenden Dornbusch erschienen war, um ihn dazu zu berufen, die Israeliten aus Ägypten hinauszuführen, organisierte den geheimen Auszug (Exodus) aus dem Land der Bedrückung. Die Flucht wurde entdeckt, und der Pharao nahm mit seiner Streitmacht die Verfolgung auf. Die Israeliten konnten sich mit dem Zug durch das Schilfmeer retten, in dessen zurückströmenden Fluten die Ägypter ertranken. In dieser Rettung der Israeliten aus aussichtsloser Lage bewies Gott seine Unterstützung für sein Volk. Es waren Erfahrungen dieser Art, auf die sich Moses in seiner Rede bezog, wenn er die Israeliten ermahnte, die Gebote Jahwes zu befolgen. Nur dann konnten sie weiterhin auf seine Hilfe zählen. Auf dem Weg durch den Sinai empfing Moses die Zehn Gebote (Du sollst neben mir keine anderen Götter haben / Du sollst den Namen des Herrn, deines Gottes, nicht missbrauchen / Gedenke des Sabbats: Halte Ihn heilig / Ehre Deinen Vater und Deine Mutter, damit Du lange lebst in dem Land, das der Herr, dein Gott, Dir gibt / Du sollst nicht morden / Du sollst nicht die Ehe brechen / Du sollst nicht stehlen / Du sollst nicht falsch gegen deinen Nächsten aussagen / Du sollst nicht nach dem Haus deines Nächsten verlangen / Du sollst nicht nach der Frau deines Nächsten verlangen, nach seinem Sklaven oder seiner Sklavin, seinem Rind oder seinem Esel oder nach irgend etwas, das deinem Nächsten gehört). Neben diesen elementaren Grundregeln, die auf zwei steinernen Tafeln niedergeschrieben waren und in einem besonderen Schrein, der sogenannten Bundeslade, verwahrt wurden, erhielt Moses zahlreiche Weisungen über die Regeln für den Gottesdienst, das Leben der Priester und das soziale Leben. Auf der Einhaltung dieser Regeln beruhte der Bund, den Gott mit den Israeliten geschlossen hatte, und das schärfte Moses seinen Zuhörern in seiner Rede noch einmal nachdrücklich ein („Denn darin besteht Eure Weisheit und Eure Bildung in den Augen der Völker"). Die Berechtigung der bevorstehenden Landnahme beruhte darauf, dass die Israeliten die Gebote und Weisungen Jahwes befolgten. Wiederholt hatten die Israeliten auf der langen Wanderschaft durch die Wüste an Gott gezweifelt und gegen seine Vorgaben verstoßen. Sie waren dafür hart bestraft worden. Moses zitiert das Beispiel der Israeliten, die gegen das zweite Gebot verstoßen hatten. Sie hatten zu engen Umgang mit den Frauen eines Volkes gehabt, bei dem sie sich auf ihrer Wanderung eine Zeitlang aufgehalten hatten (Num. 25,1-18), und sie hatten auch deren Gott angebetet. Zur Strafe wurden sie getötet. Die lange Zeit in der Wüste sollte dazu dienen, die Israeliten ihre alten Gewohnheite vergessen zu lassen und sie auf die neue Lebenssituation einzustimmen. Der Erwerb des versprochenen Landes hing aber von ihrer Bundestreue ab. Nur wenn sie die Gesetze Gottes befolgten, konnten sie auf seine Unterstützung hoffen. Und von dieser Unterstützung hing ihr Erfolg bei der Eroberung des Landes und bei der Behauptung in dem eroberten Land ab. Gott hatte Moses immer wieder daran erinnert, und deshalb erinnerte Moses die Israeliten in der hier aufgenommenen Rede noch einmal leidenschaftlich an diese Voraussetzung. Wer die Gebote Gottes befolgte, der konnte im Gegenzug aber auch auf seine Hilfe im täglichen Leben rechnen. Darin bestand die Zusage. Es war die Zusage eines Gottes, der streng darauf achtete, nicht in Bildnissen dargestellt zu werden. Darin unterschied er sich von den Göttern der Nachbarvölker. Die Rede des Moses dreht sich um den Bund Gottes mit dem Volk Israel und sie zeigt in formaler Hinsicht die Züge von Verträgen, wie sie zur damaligen Zeit in diesem Umfeld üblich waren. Sie ist überliefert im Buch Deuteronomium, dem fünften Buch des Alten Testaments. Das Buch Deutoromium bildet damit den Abschluss der fünf Bücher Mose, der hebräischen Tora. Der Name bedeutet das „wiederholte Gesetz". Tatsächlich verzeichnet das Buch die letzten Reden des Moses, der die Israeliten vor seinem Tod noch einmal eindringlich an die gemeinsamen Erfahrungen der langen Wanderschaft und an die Gebote für das Zusammenleben in dem neuen Land erinnert. Die Worte sind sein Vermächtnis. Er selber durfte das verheißene Land nicht betreten, als Sühne für die Verfehlungen der Israeliten auf der Wanderschaft. Seine Rede ist die Rede eines Mannes, der seine Mission erfüllt hat, und der das Ziel des langen Weges vielleicht noch sehen, aber nicht erreichen kann. Es ist die eindringliche Mahnung eines Menschen, der vierzig lange Jahre die Verantwortung für seine Leute getragen hatte, und der um ihre Schwächen wusste. Er ruft ihnen die gemeinsamen Erfahrungen noch einmal in Erinnerung und hofft, dass sie nicht in Vergessenheit geraten. Der Text hat so den Charakter eines Testamentes und als solches ist das Buch Deuteronomium verschiedentlich charakterisiert worden. Seine Überlieferung ist nicht ganz klar, und es ist umstritten, wieviel von dem Buch auf die Zeit des Moses zurückgeht. Doch soll diese Diskussion hier zurückstehen, denn in der hier vorliegenden Sammlung soll den Texten zunächst der Vorrang gebühren. Die Rede des Moses ist ein kraftvoller Auftakt.

REDE

Und nun, Israel, höre die Gesetze und Rechtsvorschriften, die ich euch zu halten lehre. Hört und ihr werdet leben, ihr werdet in das Land, das der Herr, der Gott eurer Väter, euch gibt, hineinziehen und es in Besitz nehmen.

Ihr sollt dem Wortlaut dessen, worauf ich euch verpflichte, nichts hinzufügen und nichts davon wegnehmen; ihr sollt auf die Gebote des Herrn, eures Gottes, achten, auf die ich euch verpflichte.

Ihr habt mit eigenen Augen gesehen, was der Herr wegen des Baal-Pegor getan hat. Jeden, der dem Baal-Pegor nachfolgte, hat der Herr, dein Gott, in deiner Mitte vernichtet. Ihr aber habt euch am Herrn, eurem Gott, fest gehalten, und darum seid ihr alle heute noch am Leben.

Hiermit lehre ich euch, wie es mir der Herr, mein Gott, aufgetragen hat, Gesetze und Rechtsvorschriften. Ihr sollt sie innerhalb des Landes halten, in das ihr hineinzieht, um es in Besitz zu nehmen.

Ihr sollt auf sie achten und sollt sie halten. Denn darin besteht eure Weisheit und eure Bildung in den Augen der Völker. Wenn sie dieses Gesetzeswerk kennen lernen, müssen sie sagen: In der Tat, diese große Nation ist ein weises und gebildetes Volk. Denn welche große Nation hätte Götter, die ihr so nah sind, wie Jahwe, unser Gott, uns nah ist, wo immer wir ihn anrufen? Oder welche große Nation besäße Gesetze und Rechtsvorschriften, die so gerecht sind wie alles in dieser Weisung, die ich euch heute vorlege?

Jedoch, nimm dich in Acht, achte gut auf dich! Vergiss nicht die Ereignisse, die du mit eigenen Augen gesehen, und die Worte, die du gehört hast. Lass sie dein ganzes Leben lang nicht aus dem Sinn! Präge sie deinen Kindern und Kindeskindern ein!

Vergiss nicht den Tag, als du am Horeb vor dem Herrn, deinem Gott, standest. Der Herr hatte zu mir gesagt: Ruf mir das Volk zusammen! Ich will sie meine Worte hören lassen. Sie sollen lernen, mich zu fürchten, so lange, wie sie im Land leben, und sie sollen es auch ihre Kinder lehren.

Ihr wart herangekommen und standet unten am Berg und der Berg brannte: Feuer, hoch bis in den Himmel hinauf, Finsternis, Wolken und Dunkel. Der Herr sprach zu euch mitten aus dem Feuer. Ihr hörtet den Donner der Worte. Eine Gestalt habt ihr nicht gesehen. Ihr habt nur den Donner gehört. Der Herr offenbarte euch seinen Bund, er verpflichtete euch, ihn zu halten: die Zehn Worte. Er schrieb sie auf zwei Steintafeln.

Mir befahl damals der Herr, euch Gesetze und Rechtsvorschriften zu lehren, die ihr in dem Land halten sollt, in das ihr hinüberzieht, um es in Besitz zu nehmen. Nehmt euch um eures Lebens willen gut in Acht! Denn eine Gestalt habt ihr an dem Tag, als der Herr am Horeb mitten aus dem Feuer zu euch sprach, nicht gesehen. Lauft nicht in euer Verderben und macht euch kein Gottesbildnis, das irgendetwas darstellt, keine Statue, kein Abbild eines männlichen oder weiblichen Wesens, kein Abbild irgendeines Tiers, das auf der Erde lebt, kein Abbild irgendeines gefiederten Vogels, der am Himmel fliegt, kein Abbild irgendeines Tiers, das am Boden kriecht, und kein Abbild irgendeines Meerestieres im Wasser unter der Erde.

Wenn du die Augen zum Himmel erhebst und das ganze Himmelsheer siehst, die Sonne, den Mond und die Sterne, dann lass dich nicht verführen! Du sollst dich nicht vor ihnen niederwerfen und ihnen nicht dienen. Der Herr, dein Gott, hat sie allen anderen Völkern überall unter dem Himmel zugewiesen. Euch aber hat der Herr genommen und aus dem Schmelzofen, aus Ägypten, herausgeführt, damit ihr sein Volk, sein Erbbesitz werdet wie ihr es heute seid.

Zwar hat der Herr mir wegen eures Murrens gegrollt und mir geschworen, ich dürfe nicht über den Jordan ziehen und das prächtige Land betreten, das der Herr, dein Gott, dir als Erbbesitz gibt. Ich muss in diesem Land hier sterben und werde nicht über den Jordan ziehen. Aber ihr werdet hinüberziehen und dieses prächtige Land in Besitz nehmen. Nehmt euch in Acht! Vergesst nicht den Bund, den der Herr, euer Gott, mit euch geschlossen hat. Ihr sollt euch kein Gottesbildnis machen, das irgendetwas darstellt, was der Herr, dein Gott, dir verboten hat. Denn der Herr, dein Gott, ist verzehrendes Feuer. Er ist ein eifersüchtiger Gott. Wenn du Kinder und Kindeskinder zeugst und ihr im Land heimisch seid, wenn ihr dann ins Verderben lauft und ein Gottesbildnis macht, das irgendetwas darstellt, wenn ihr also tut, was in den Augen des Herrn, deines Gottes, böse ist, und wenn ihr ihn erzürnt – den Himmel und die Erde rufe ich heute als Zeugen gegen euch an: dann werdet ihr unverzüglich aus dem Land ausgetilgt sein, in das ihr jetzt über den Jordan zieht, um es in Besitz zu nehmen. Nicht lange werdet ihr darin leben. Ihr werdet vernichtet werden.

Der Herr wird euch unter die Völker verstreuen. Nur einige von euch werden übrig bleiben in den Nationen, zu denen der Herr euch führt. Dort müsst ihr Göttern dienen, Machwerken von Menschenhand, aus Holz und Stein. Sie können nicht sehen und nicht hören, nicht essen und nicht riechen. Dort werdet ihr den Herrn, deinen Gott, wieder suchen. Du wirst ihn auch finden, wenn du dich mit ganzem Herzen und mit ganzer Seele um ihn bemühst.

Wenn du in Not bist, werden alle diese Worte dich finden. In späteren Tagen wirst du zum Herrn, deinem Gott, zurückkehren und auf seine Stimme hören. Denn der Herr, dein Gott, ist ein barmherziger Gott. Er lässt dich nicht fallen und gibt dich nicht dem Verderben preis und vergisst nicht den Bund mit deinen Vätern, den er ihnen beschworen hat.

Forsche doch einmal in früheren Zeiten nach, die vor dir gewesen sind, seit dem Tag, als Gott den Menschen auf der Erde schuf; forsche nach vom einen Ende des Himmels bis zum andern Ende: Hat sich je etwas so Großes ereignet wie dieses und hat man je solche Worte gehört?

Hat je ein Volk einen Gott mitten aus dem Feuer im Donner sprechen hören, wie du ihn gehört hast, und ist am Leben geblieben?

Oder hat je ein Gott es ebenso versucht, zu einer Nation zu kommen und sie mitten aus einer anderen herauszuholen unter Prüfungen, unter Zeichen, Wundern und Krieg, mit starker Hand und hoch erhobenem Arm und unter großen Schrecken, wie es der Herr, euer Gott, in Ägypten mit euch getan hat, vor deinen Augen?

Das hast du sehen dürfen, damit du erkennst: Jahwe ist der Gott, kein anderer ist außer ihm.

Vom Himmel herab ließ er dich seinen Donner hören, um dich zu erziehen. Auf der Erde ließ er dich sein großes Feuer sehen und mitten aus dem Feuer hast du seine Worte gehört.

Weil er deine Väter lieb gewonnen hatte, hat er alle Nachkommen eines jeden von ihnen erwählt und dich dann in eigener Person durch seine große Kraft aus Ägypten geführt, um bei deinem Angriff Völker zu vertreiben, die größer und mächtiger sind als du, um dich in ihr Land zu führen und es dir als Erbbesitz zu geben, wie es jetzt geschieht.

Heute sollst du erkennen und dir zu Herzen nehmen: Jahwe ist der Gott im Himmel droben und auf der Erde unten, keiner sonst. Daher sollst du auf seine Gesetze und seine Gebote, auf die ich dich heute verpflichte, achten, damit es dir und später deinen Nachkommen gut geht und du lange lebst in dem Land, das der Herr, dein Gott, dir gibt für alle Zeit.

PERIKLES

Die Gefallenenrede   (431/30 v. Chr.)

EINFÜHRUNG

Die Gefallenenrede des Perikles gehört zu den berühmtesten Reden der europäischen politischen Tradition. Mit Recht. Das Ideal eines freien, lebensbejahenden und dennoch nüchternen Gemeinwesens, das Perikles (ca. 500–429 v. Chr.) entwirft, erscheint auch aus dem Abstand von fast zweieinhalbtausend Jahren noch vorbildhaft. Es ist ein entspanntes Ideal, das dennoch den Härten der menschlichen Existenz und den Notwendigkeiten des menschlichen Zusammenlebens Rechnung trägt. Zwar verklärt Perikles das Gemeinwesen der Athener, aber da er gleichzeitig einen realistischen Blick auf seine toten Landsleute wirft, deren Schwächen im Leben er anspricht, bewahrt er ein ausgewogenes Maß. Dieses Maßhalten ist eines der zentralen Ideale der Athener, die er lobt. Das richtige Maß in den Bedingungen des menschlichen Zusammenlebens, dies erscheint als das besondere Anliegen der Rede des Perikles. Daher ist sie für eine Tradition, die das Menschenbild des Perikles teilt, so vielfältig interpretierbar. Ein Zitat aus dieser Rede ist dem Entwurf für die europäische Verfassung vorangestellt. Dabei bringt der Text durchaus Probleme mit sich. Das Lob des Todes im Krieg fällt uns heute aus guten Gründen schwer, und ein solches Lob bietet die Gelegenheit zu manchem Missbrauch (1944 wurde die Gefallenenrede in großer Auflage in Deutschland gedruckt – als die Gelegenheiten, toter Soldaten zu gedenken, immer furchtbarere Ausmaße annahmen). Das Lob auf Athen, das Perikles so überzeugend formulierte, schloss zudem die Herrschaft Athens über manchen Nachbarn ein, den die Athenische Dominanz nicht freute, sondern drückte. Die Althistoriker zitieren häufig die berühmte Feststellung in der Rede des Perikles, dass Athen „die Schule von Hellas sei". Es war eine Schule, die nicht jeder freiwillig besuchte, und man wird nüchtern feststellen, dass eine solche Vorstellung in der Sache der berüchtigten Losung, dass am deutschen Wesen die Welt genesen solle, nicht ganz fern ist. Perikles formulierte freilich sehr viel eleganter als Wilhelm II. Und in einer Rede ist die Qualität einer Formulierung letztlich entscheidend.

Als Perikles die Rede auf die Gefallenen hielt, befand sich Athen im Krieg mit Sparta. Der sogenannte „Peloponnesische Krieg" dauerte fast dreißig Jahre (431–404 v. Chr.) und er endete schließlich mit dem Sieg Spartas. Perikles hielt seine Rede auf die Gefallenen am Ende des ersten Kriegsjahres, als die Athener noch voller Siegeszuversicht waren. Wir kennen den Text seiner Rede und die Ereignisse des Peloponnesischen Krieges aus dem Geschichtswerk des Thukydides (454–396 v. Chr.), der eine Zeitlang selber eine wichtige Rolle in der athenischen Politik dieser Jahre spielte, bevor er wegen eines militärischen Misserfolges in das Exil gehen musste. Thukydides gilt als einer der wichtigsten Väter der Geschichtswissenschaft. Er erklärt zu Beginn des Werkes, wie er an seine Informationen gelangte: „Was aber tatsächlich geschah in dem Kriege, erlaubte ich mir nicht nach Auskünften des ersten besten aufzuschreiben, auch nicht ,nach meinem Dafürhalten', sondern bin Selbsterlebtem und Nachrichten von andern mit aller erreichbaren Genauigkeit bis ins einzelne nachgegangen. Mühsam war diese Forschung …". Wir können also davon ausgehen, dass die Perikles-Rede, die Thukydides in seinem Werk wiedergibt, sorgfältig recherchiert worden ist. Es ist auch nicht ausgeschlossen, dass Thukydides selber zugegen war, als Perikles die Gefallenen ehrte. Schließlich schilderte er selber das Begräbnis der Gefallenen als einen alten Brauch der Athener.

Das Werk des Thukydides über den Peloponnesischen Krieg bemüht sich nicht nur um eine wahrheitsgetreue Wiedergabe der Ereignisse, sondern auch um eine Erklärung der Kräfte, die die Ereignisse bewirkten. Berühmt ist seine Unterscheidung zwischen dem Anlass des Krieges und seiner wahren Ursache: „Den wahrsten Grund freilich, zugleich den meistbeschwiegenen, sehe ich im Wachstum Athens, das die erschreckten Spartaner zum Krieg zwang."

Tatsächlich war Athen im 5. Jahrhundert vor Christus zu einer bedeutenden Macht aufgestiegen, und die Rivalität mit Sparta hatte sich verschärft. In den ersten Jahrzehnten des 5. Jahrhunderts hatten die Spartaner und die Athener gemeinsam und schließlich erfolgreich gegen die persischen Invasoren gekämpft. Von diesen Kriegen berichtet Herodot. In den Kriegen mit den Persern hatten sich die Kräfteverhältnisse zwischen Sparta und Athen allmählich verschoben. Das bis dahin dominante Sparta konnte seine Vormacht vor allem auf sein starkes Heer stützen. In den Kämpfen mit den Persern kam aber der neu gebauten Flotte der Athener eine immer größere Bedeutung zu, bis sie schließlich bei Salamis (480 v. Chr.) einen entscheidenden Sieg über die persische Flotte erringen konnte. Nur zwei Jahre später gründeten die Athener ein Städtebündnis auf der Grundlage ihrer Seemacht, aus dem die Mitglieder nicht mehr austreten konnten. Dieser Athenische Seebund stand Perikles vor Augen, als er das Lob der Athener sang. Perikles gilt als einer der großen politischen Figuren der griechischen Geschichte. „Solange er die Stadt in Frieden leitete, führte er sie mit Mäßigung und erhielt ihr ihre Sicherheit, und unter ihm wurde sie groß." (Thukydides). Perikles starb nur ein Jahr nachdem er die Rede gehalten hatte, an einer Epidemie, die sich in

Athen im Gefolge des Krieges ausbreitete. Die Führung
Athens wurde dadurch zum Problem, es kam zu Rivali-
täten und Machtkämpfen. Die Stadt wechselte von einer
defensiven Strategie zu einer offensiveren Kriegsführung.
Diese Strategie führte letztlich zur Niederlage Athens. In
ihrer klassischen Phase hatte die attische Polis eine Verfassung entwickelt, die für die Geschichte der politischen
Ideen eine enorme Bedeutung erlangte und die bis in die
demokratische Gegenwart eine Faszination behalten hat.
In der Gefallenenrede des Perikles erhält diese urbane,
das menschliche Maß bewahrende Form des Gemeinwesens eine eindrucksvolle ideale Darstellung.

REDE

Die meisten, die bisher hier gesprochen haben, rüh-
men den, der zuerst den alten Bräuchen diese Rede bei-
fügte, weil es schicklich sei, am Grabe der Gefallenen sie
zu sprechen. Mich aber würde es genug dünken, Männern, die ihren Wert durch ein Tun erwiesen haben, auch
ihre Ehre durch ein Tun zu bezeugen, wie ihr es jetzt bei
diesem öffentlichen Begängnis der Totenfeier seht, und
nicht den Glauben an vieler Männer Heldentum zu ge-
fährden durch einen einzigen guten oder minder guten
Redner. Es ist nämlich schwer, das rechte Maß der Rede
zu treffen, wo man auch die Vorstellungen, die jeder sich
von der Wahrheit macht, kaum bestätigen kann: denn der
wissende und wohlwollende Hörer wird gegenüber dem,
was er erwartet und kennt, leicht etwas unvollkommen
dargestellt finden, und der unkundige manches übertrie-
ben, aus Neid, wenn er von Dingen hört, die seine Kraft
übersteigen. Denn soweit ist Lob erträglich, das anderen
gespendet wird, als jeder sich fähig dünkt, wie er's gehört hat, auch zu handeln; was darüber hinausgeht, wird
aus Neid auch nicht mehr geglaubt. Nachdem es aber den
Ahnen sich bewährt hat, dass dies so recht sei, muss auch

ich dem Brauche folgen und versuchen, jedem von Euch Wunsch und Erwartung zu erfüllen, so gut es geht.

Zunächst will ich unsrer Vorfahren gedenken ... es ist wohl recht und auch geziemend, ihnen in solchem Augenblick die Ehre des Gedächtnisses zu erweisen. Denn die Freiheit dieses Landes haben sie, in der Aufeinanderfolge der Nachwachsenden immer die gleichen Bewohner, mit ihrer Kraft bis jetzt weitergegeben. So sind sie preiswürdig, und noch mehr als sie unsre Väter. Denn diese erwarben zu dem, was sie empfingen, noch unser ganzes Reich, nicht ohne Mühe, und haben es uns Heutigen mitvererbt. Das meiste davon haben jedoch wir selbst hier, die jetzt noch Lebenden, in unseren reifen Jahren ausgebaut und die Stadt in allem so ausgestattet, dass sie zu Krieg und Frieden sich selbst genügen kann. Was davon Kriegstaten sind, durch die Teil um Teil erworben wurde, oder wenn wir selbst oder unsere Väter alles daran gaben, einen fremdländischen oder griechischen Feind, der angriff, entschlossen abzuwehren, das will ich, um nicht weitschweifig von Bekanntem zu reden, beiseitelassen; aber aus welcher Gesinnung wir dazu gelangt sind, mit welcher Verfassung, durch welche Lebensform wir so groß wurden, das will ich darlegen, bevor ich dann zum Preis unserer Gefallenen mich wende ... es ist diese Stunde, glaube ich, vielleicht ganz angemessen, dass dies ausgesprochen werde, und von Vorteil, wenn die ganze Menge von Bürgern und Fremden es anhört.

Die Verfassung, die wir haben, richtet sich nach keinen fremden Gesetzen; viel eher sind wir für sonst jemanden ein Vorbild als von anderen abhängig. Mit Namen heißt sie, weil der Staat nicht auf wenige Bürger, sondern auf eine große Zahl gestellt ist, Volksherrschaft. Es haben aber nach dem Gesetz, in dem was den einzelnen angeht, alle gleichen Teil, und der Geltung nach hat im öffentlichen Wesen den Vorzug, wer sich irgendwie Ansehen erworben hat, nicht weil er zu einer Gruppe gehört, sondern nach seinem Verdienst – und wiederum wird keiner aus

Armut, wenn er für die Stadt etwas leisten könnte, durch die Unscheinbarkeit seines Namens verhindert. Sondern frei leben wir miteinander im Staat und im gegenseitigen Geltenlassen des alltäglichen Treibens, ohne dem Nächsten zu grollen, wenn er einmal seine Laune lebt, und ohne jenes Ärgernis zu nehmen, das zwar keine Strafe und doch kränkend anzusehen ist. Bei soviel Nachsicht im Umgang von Mensch zu Mensch erlauben wir uns doch im Staat, schon aus Furcht, keine Rechtsverletzungen, im Gehorsam gegen die für ein Jahr eingesetzen Beamten und gegen die Gesetze, vornehmlich die, welche zu Nutz und Frommen der Verfolgten bestehen, und gegen die ungeschriebenen, die unwidersprochne Schande bringen.

Dann haben wir bei unsrer Denkweise auch von der Arbeit die meisten Erholungen geschaffen: Wettspiele und Opfer, die jahraus jahrein bei uns Brauch sind, und die schönsten häuslichen Einrichtungen, deren tägliche Lust das Bittere verscheucht. Und es kommt wegen der Größe der Stadt aus aller Welt alles zu uns herein; so können wir von uns sagen, wir ernten zu grad so vertrautem Genuss wie die Güter, die hier gedeihn, auch die der übrigen Menschen.

Anders als unsere Gegner sorgen wir auch in Kriegssachen. Unsere Stadt verwehren wir keinem, und durch keine Fremdenvertreibungen missgönnen wir jemandem eine Kenntnis oder einen Anblick, dessen unversteckte Schau einem Feind vielleicht nützen könnte; denn wir trauen weniger auf die Zurüstung und Täuschung als auf unseren eigenen tatenfrohen Mut. Und in der Erziehung bemühen sich die andern mit angestrengter Übung als Kinder schon um Mannheit, wir aber mit unsrer ungebundenen Lebensweise wagen uns trotz allem in ebenbürtige Gefahren. Der Beweis: die Spartaner rücken nicht für sich allein, immer nur mit dem ganzen Bund gegen unser Land aus, während wir, wenn wir selbst das der Gegner heimsuchen, unschwer in der Fremde die Verteidiger ihrer Heimat fast immer im Kampf besiegen. Und

auf unsre gesammelte Macht ist noch kein Feind je gesto-
ßen, wegen unsrer gleichzeitigen Sorge für die Flotte und
vielfachen Verteilung auf dem Lande. Treffen sie dann
irgendwo auf einen Splitter und besiegen einige von uns,
so prahlen sie, sie hätten uns alle geworfen, und unter-
liegen sie: sie seien der Gesamtheit gewichen. Doch hat
dieser mehr sorglose als mühselige Wagemut, diese weniger gesetzliche als natürliche Tapferkeit für uns noch
den Vorteil, dass wir zukünftige Not nicht vorausleiden,
und, ist sie da, doch nicht geringere Kühnheit bewähren
als die ewig sich Plagenden, und darin verdient unsre
Stadt Bewunderung – und noch in anderem.

Wir lieben das Schöne und bleiben schlicht, wir lieben
den Geist und werden nicht schlaff. Reichtum dient bei
uns dem Augenblick der Tat, nicht der Großsprecherei,
und seine Armut einzugestehen, ist nie verächtlich, ver-
ächtlicher, sie nicht tätig zu überwinden. Wir vereinigen
uns in der Sorge um unser Haus zugleich und unsre
Stadt, und den verschiedenen Tätigkeiten zugewandt ist
doch auch in staatlichen Dingen keiner ohne Urteil. Denn
einzig bei uns heißt ein Mensch, der daran keinen Teil
nimmt, nicht unpolitisch, sondern unnütz, und nur wir
entscheiden in den Staatsgeschäften selber oder denken
sie doch richtig durch. Denn wir sehen nicht im Wort eine
Gefahr fürs Tun, wohl aber darin, sich nicht durch Reden
zuerst zu belehren, ehe man zur nötigen Tat schreitet.
Denn auch darin sind wir wohl besonders, dass wir am
meisten wagen und doch auch, was wir anpacken wollen, erwägen, indes die andern Unverstand verwegen
und Überlegung bedenklich macht. Die größte innere
Kraft aber wird man denen mit Recht zusprechen, die
die Schrecken und Freuden am Klarsten erkennen und
darum den Gefahren nicht ausweichen. Auch mit der Art
unserer Treue stehen wir im Gegensatz zu den meisten.
Denn nicht durch Hilfe, die wir empfangen, sondern
die wir bringen, gewinnen wir unsere Freunde. Zuver-
lässiger ist aber der Wohltäter, da er durch Freundschaft

sich den, dem er gab, verpflichtet erhält; der Schuldner ist stumpfer, weiß er doch, er zahlt seine Leistung nicht zu Dank, sondern als Schuld. Und wir sind die einzigen, die nicht so sehr aus Berechnung des Vorteils wie aus sicherer Freiheit unbedenklich andern Gutes tun.

Zusammenfassend sage ich, dass unsere Stadt insgesamt die Schule von Hellas sei, und dass der einzelne Mensch, wie mich dünkt, bei uns am vielseitigsten und voll Anmut und leichtem Scherz in seiner Person wohl alles Notwendige vereine. Dass dies nicht Prunk mit Worten für den Augenblick ist, sondern die Wahrheit der Dinge, das zeigt gerade die Macht unsres Staates, die wir mit diesen Eigenschaften erworben haben. Unsre Stadt ist die einzige heute, die stärker als ihr Ruf aus der Probe hervorgehet, nur sie erregt im Feind, der angegriffen hat, keine Bitterkeit – was für ein Gegner ihm so übel mitspiele – und auch im Untertan keine Unzufriedenheit, dass er keinen würdigen Herrn hätte. Und mit sichtbaren Zeichen üben wir wahrlich keine unbezeugte Macht, den Heutigen und den Künftigen zur Bewunderung, und brauchen keinen Homer mehr als Sänger unsres Lobes noch wer sonst mit schönen Worten für den Augenblick entzückt – in der Wirklichkeit hält dann aber der Schein der Wahrheit nicht stand, sondern zu jedem Meer und Land erzwangen wir uns durch unseren Wagemut den Zugang, und überall leben mit unseren Gründungen Denkmäler unsres Wirkens im Bösen wie im Guten auf alle Zeit.

Für eine solche Stadt also sind diese Männer hier, nicht bereit auf ihren Besitz zu verzichten, in edlem Kampfe gefallen, und von denen, die bleiben, ist keiner, der nicht für sie wird leiden wollen. Darum habe ich ja auch so ausführlich von der Stadt geredet, und um Euch zu zeigen, dass wir nicht für das gleiche kämpfen wie andere, die all das nicht so haben, und um zugleich den Lobspruch auf die, denen meine Rede gilt, durch Beweise einleuchtend zu machen. Ja zum wichtigsten Teil ist er schon

gesprochen: denn was ich an unsrer Stadt pries, damit
haben diese und solche Vortrefflichen sie geschmückt,
und nicht bei vielen Hellenen wird man so wie bei ihnen
Lob und Leistung im Gleichgewicht finden. Mich dünkt,
den Wert dieser Männer offenbart als erste Verkündung
und als letzte Bekräftigung ihr jetziger Untergang. Denn
selbst wenn einige sonst minder taugten, darf man ihren
im Krieg für die Heimat bewiesenen Mannesmut höher
stellen: Schlimmes durch Gutes tilgend haben sie gemeinsam mehr geholfen als im einzelnen geschadet. Von
ihnen aber hat keiner wegen seines Reichtums, um ihn
lieber noch zu genießen, sich feig benommen, keiner hat
in der Hoffnung der Armut, er könne, wenn er davonkä-
me, vielleicht noch reich werden, Aufschub der Gefahr
gesucht; weil ihnen verlockender als all das die Rache
an den Feinden war, von allen Wagnissen dies als das
schönste galt, so erwählten sie dieses und damit Rache
an ihnen, Verzicht auf das andere; der Hoffnung über-
ließen sie das Ungewisse des Erfolges, im Handeln aber
für die sichtbare Gegenwart mochten sie auf sich selber
trauen, und indem sie hier das Sichwehren und Erleiden
für schöner hielten als weichend sich zu retten, haben sie
schimpflicher Nachrede sich entzogen, aber die Tat mit ihrem Leibe bestanden: und in kürzestem Augenblick sind
sie, auf der Höhe ihres Geschicks, nicht aus der Furcht so
sehr als von ihrem Ruhme geschieden.

So haben sich also diese Männer, wie es unsrer Stadt
würdig ist, wohl gehalten; die übrigen aber müssen um
besseres Heil beten, aber keine minder mutige Gesinnung
gegen unsre Feinde haben wollen, und darum nicht nur in
Gedanken auf den Nutzen schauen, von dem euch einer
lang ausführen könnte, was ihr selbst gerade so gut wisst,
wie viel Gutes die Abwehr des Feindes mit sich bringt,
sondern müssen viel mehr noch Tag für Tag die Macht
unsrer Stadt in der Wirklichkeit betrachten und sich in sie
verlieben, und wenn sie euch groß erscheint, daran denken, dass Männer voll Wagemut und doch mit Einsicht in

das Nötige und voll Ehrgefühl beim Handeln das erworben haben, die, wenn sie einmal bei einer Unternehmung Unglück hatten, den Staat wenigstens ihren hohen Mut nicht vermissen lassen wollten und ihm das schönste Opfer brachten. Denn indem sie gemeinsam ihre Leiber hingaben, empfingen sie jeder den nicht alternden Lobpreis und ein weithin leuchtendes Grab, nicht das worin sie liegen, meine ich, sondern dass ihr Ruhm bei jedem sich gebenden Anlass zu Rede oder Tat unvergessen nachlebt. Denn hervorragender Männer Grab ist jedes Land: nicht nur die Aufschrift auf einer Säule zeugt in der Heimat von ihnen, auch in der Fremde wohnt, geistig nicht stofflich, in jedermann ungeschriebenes Gedächtnis. Mit solchen Vorbildern sollt auch ihr das Glück in der Freiheit sehn und die Freiheit im kühnen Mut und euch nicht zuviel umblicken nach den Gefahren des Krieges. Nicht der Elende nämlich, der auf kein Gut mehr hoffen kann, hat soviel Grund, sein Leben hinzugeben, als wem der umgekehrte Umschwung im Leben noch droht, und bei wem der Unterschied am größten ist, wenn er einmal stürzt. Denn schmerzhafter ist für einen Mann, der Stolz besitzt, wenn er sich feige zeigt, die Schmach als der in Kraft und gemeinsamer Hoffnung treffende, kaum gespürte, Tod.

Darum will ich jetzt auch die Eltern der Gefallenen, so viele von euch da sind, weniger beklagen als trösten. Sie wissen ja, in wie wechselvollen Geschicken sie groß geworden sind, und dass die glücklich heißen, die des rühmlichsten Todes – wie diese jetzt – oder Kummers – wie ihr – teilhaftig wurden, und denen für ihr Leben, drin glücklich zu sein und drin zu sterben, das gleiche Maß gesetzt ward. Es ist freilich schwer, das zu glauben, ich weiß, und noch oft werdet ihr euch an sie gemahnt fühlen bei anderer Segen, mit dem ihr einst auch pranget, und schmerzlich ist nicht dies, Güter, die man nie gekostet hat, zu vermissen, aber wenn einem ein Liebgewordenes genommen wird. Doch muss man es ertragen, auch in der Hoffnung auf andere Söhne, wer noch in dem Alter steht,

Kinder zu zeugen; denn im Haus werden sie, die nicht mehr sind, bei manchen in Vergessenheit sinken über den Nachgeborenen, und der Stadt bringt es doppelten Vorteil: weil sie nicht entvölkert wird, und wegen ihrer Sicherheit; es kann nämlich keiner mit gleichem und gerechtem Sinn zum Rat beitragen, der nicht auch mit dem Einsatz von Kindern an den Gefahren sein Teil trägt. Ihr andern aber, die ihr über das Alter hinaus seid, achtet das größere Stück des Lebens, worin ihr glücklich wart, für Gewinn, und dass das übrige kurz sein wird, und richtet euch auf an Eurer Söhne Ruhm. Denn die Ehrliebe allein altert nicht, und im nutzlosen Rest des Lebens ist nicht das Gewinnmachen, wie manche sagen, die größte Freude, sondern geehrt zu werden.

All ihr Söhne nun und Brüder unsrer Helden, für Euch sehe ich einen harten Wettkampf voraus. Wer nicht mehr ist, wird ja gern von jedermann gelobt, und kaum mit überschwänglich großen Taten werdet ihr – nicht gleich wie sie, aber als doch nur ein wenig geringer gelten. Denn Eifersucht trifft die Lebenden von ihren Gegenspielern, was aber aus der Bahn ausschied, wird mit unumstrittener Gunst geehrt. Soll ich nun auch der Tugend der Frauen noch gedenken, die jetzt im Witwentum leben werden, so wird mit kurzem Zuspruch alles gesagt sein: für euch ist es ein großer Ruhm, unter die gegebene Natur nicht abzusinken, und wenn eine sich mit Tugend oder Tadel unter den Männern möglichst wenig Namen macht.

Gesagt ist nun die Rede, die der Brauch will, was ich Geeignetes wusste, und auch getan ist bereits ein Teil zur Ehre der Begrabenen; zum andern wird die Stadt ihre Söhn von heut an auf öffentliche Kosten aufziehn, bis sie mannbar sind, womit sie einen nutzbringenden Kranz den Gefallenen und den Überlebenden für solche Kämpfe aussetzt; denn wo die größten Preise der Tapferkeit lohnen, da hat eine Stadt ja auch die besten Bürger. Und nun erhebt den Klageruf, jeder um den er verlor und dann geht.

SOKRATES

Apologie   (im Jahr 399 v. Chr.)

Einführung

Der Auftritt des Sokrates vor dem Gericht in Athen
gehört zu den großen Momenten der europäischen Geistesgeschichte. Ein alter Mann verteidigt sein Leben, verteidigt das, was ihn über Jahrzehnte angetrieben hat,
und angesichts der Verurteilung und des Todesurteils
schließt er mit einer gelassenen Meditation über sein bal-
diges Sterben. Schauplatz der Handlung war der große
Gerichtshof der Fünfhundert, durch das Los ausgewählte
Richter aus dem größeren Kreis der gerichtsfähigen Bürger von Athen. Sie mussten die Anklage gegen Sokrates
prüfen und ein Urteil fällen. Das Urteil fiel schließlich
knapp aus, 280 zu 221 Stimmen, da die einfache Mehrheit
für eine Entscheidung ausreichte, war das Gericht so zu-
sammengesetzt, dass keine Stimmengleichheit entstehen
konnte (501 Richter). Die Richter waren Bürger Athens,
keine Berufsrichter, also konnte Sokrates seine Verteidigung in der einfachen und allgemeinverständlichen Weise vortragen, die er während all der Jahre seiner „Nachforschungen" auf dem Markt von Athen gesprochen
hatte, als er die Bürger in Gespräche über ihr Tun verwi-
ckelte und sie dazu anzustiften suchte, ihre Handlungen
zu hinterfragen. Nicht jedem hatte das gefallen, und die
drei Ankläger sahen in Sokrates einen Unruhestifter, der
die Jugend verführe und neue Gottheiten in Athen vereh-
re, die alten Gottheiten der Stadt aber missachte.

Die Anklage wurde von drei Männern vorgetragen,
dem jüngeren Dichter Meletos, dem reichen Anytos,

einem Gerber und mächtigem Mann, und von Lykon, einem Redner, über den man ansonsten kaum etwas weiß. Wir kennen die Anklagepunkte nur aus der Verteidigung des Sokrates, der seine Ankläger ausführlich zitiert, um ihnen kräftig zu entgegnen. Dabei legt er Wert auf Authentizität. Er verzichtet darauf, einen geübten Verteidiger für sich sprechen zu lassen, wie es ihm seine reichen Schüler geraten hatten, die ihm ihre Unterstützung anboten. Sokrates trat vor seine Richter in der Weise, in der man ihn in Athen kannte: nachdenklich, neugierig, hintersinnig, mit feiner Ironie. Zumindest lässt ihn die Apologie des Platon, die uns diesen Auftritt lebensvoll überliefert, so erscheinen. Ein solcher Auftritt war nicht ohne Risiko. Es konnte klüger sein, die Stimmung im Gericht, die ja in gewisser Weise ein Abbild der Stimmung in der Stadt war, durch einen Fachmann für den Angeklagten einzunehmen. Es war nicht ausgeschlossen, dass die Hintersinnigkeit des alten Philosophen, die seine Ankläger so provoziert hatte, dass sie seinen Tod forderten, auch die Gerichtsversammlung überfordern würde. Sokrates war sich des Risikos bewusst: *Jetzt zum erstenmal trete ich vor Gericht, da ich über siebzig Jahre alt bin; tatsächlich bin ich nicht vertraut mit der hier üblichen Art zu reden.* Als aktiver Bürger Athens wird er den Verlauf mancher Gerichtsverhandlung verfolgt haben, und so wusste er, worauf er sich einließ. Dass er in einer solchen Situation auf seinen eigenen Stil bestand, weil er sich selber nicht untreu werden wollte, zeigt seine Souveränität in dieser bedrohlichen Situation. Mitunter erscheint es so, als sei ihm gar nicht klar, wie sehr seine Äußerungen die Richter provozieren könnten. Aber das wäre ein Irrtum. Tatsächlich war er durch das drohende Urteil weitgehend unbeeindruckt. Er hatte keine Angst vor dem Todesurteil, weil der Tod ihm nicht beunruhigend erschien. Das gibt seinem Auftritt die persönliche und historische Größe, die auch fast zweieinhalb Jahrtausende später noch nachwirkt. „Das Schicksal des Sokrates ist eines der wesent-

lichen Themen der abendländischen Geistesgeschichte".
So beginnt Romano Guardini sein Werk über den Tod des
Sokrates, das nach seinem Erscheinen in den 1950er Jah-
ren große Auflagenzahlen erreichte.

Der Auftritt des Sokrates vor den Richtern Athens
war ein Auftritt in einer historischen Umbruchsituation.
Verschiedene bedeutende Reden, die in diesem kleinen
Band wiedergegeben werden, sind in solchen Situationen
entstanden. Die öffentliche Stimmung wandelte sich und
einzelne Menschen hatten den Mut, für ihre Prinzipien
einzutreten. Dabei beriefen sie sich auf grundsätzliche
Werte, die ihr Leben trugen. Es ist diese grundsätzliche
Herausforderung, die ihren Reden dauerhaften Wert ver-
leit. Zumindest solange diese Werte noch immer eine soziale Bindekraft haben.

Sokrates war über siebzig Jahre alt, als seine Mitbürger
ihn anklagten. Sein Auftritt war vielen Athenern wohl-
vertraut. Er war durchaus nicht bei allen beliebt, Aristo-
phanes hat ihn scharf karrikiert, aber als eine Gefahr war
er bislang nicht erschienen. Er hatte die Institutionen und
Gesetze Athens respektiert und unterstützt, darauf legte
er großen Wert, und er hatte mit dem Heer Athens in den
Kriegen mit den Persern und den Spartanern gekämpft.
Er war kein sozialer Unruhestifter. Sein Ressort war die
moralische Verunsicherung der allzu Selbstgewissen, indem er ihre Gewissheiten hinterfragte. Sokrates hielt keine öffentlichen Reden, wie mancher seiner Zeitgenossen,
die als trainierte Redner viel Geld verdienen konnten.
Sokrates pflegte den Dialog. Dafür ließ er sich nicht bezahlen. Seine Unterweisungen waren keine Unterrichts-
stunden, sie entwickelten sich vielmehr aus alltäglichen
Situationen. Seinen Richtern gegenüber verwies Sokrates
auf seine Armut als Beweis für seine Integrität. Er war
Bildhauer, bevor er sich der Philosophie zuwandte und
stammte aus eher einfachen Verhältnissen. Seine Mutter

war Hebamme gewesen und er führte ihre Tätigkeit als Bild für seine philosophische Kunst an, mit der er durch seine Nachfragen seinen Gesprächspartnern zur Geburt neuer Gedanken verhalf. Mit der philosophischen Schulung hätte sich durchaus Geld verdienen lassen. Die zeitgenössischen Sophisten, die ihre Schüler in der Dialektik der Argumentation unterwiesen sich, ließen sich ihre Künste mitunter teuer bezahlen. Das war möglich, weil diese Art der Bildung vor allem die Jugend der reichen Familien interessierte. Es war dieses Milieu der *freien Künste* (*artes liberales*), d.h. der Künste, die ein freier Mann ausüben konnte, der nicht für seinen Lebensunterhalt arbeiten musste, aus dem viele der jüngeren Schüler des Sokrates stammten. Daher waren sie auch in der Lage, ihm eine finanzielle Unterstützung im Prozess anzubieten. Sokrates lehnte sie ab. Ebenso, wie er es später ablehnte, sich durch dieses Geld seiner Schüler einen Fluchtweg aus dem Kerker zu erkaufen.

Wenn ein Mann, der nach den Bedingungen seiner Zeit als alt gelten konnte, und der seine hartnäckigen Nachforschungen sicher nicht mehr sehr lange in der gewohnten Weise hätte fortsetzen können, plötzlich als gefährliche Bedrohung erschien, so deutet das auf einen Wandel in der öffentlichen Stimmung Athens hin. In der Tat verträgt sich der Prozess gegen Sokrates kaum mit dem Bild, das Perikles von der Kultur Athens gezeichnet hatte. Perikles hatte eine Generation vor Sokrates gesprochen, um das Jahr 431/30 v. Chr. Der Prozess gegen Sokrates fand im Jahr 399 v. Chr. statt. Sokrates hatte Perikles gekannt, er selber war um 469 v. Chr. geboren worden. Doch in der Zwischenzeit hatte Athen einen langen Krieg geführt, und es hatte ihn verloren. Der Peloponnesische Krieg, dessen Beginn den Anlass zur Rede des Perikles geboten hatte, dauerte fast 30 Jahre und er beendete die Phase des klassischen Athen. 404 vor Christus mussten sich die Athener Sparta geschlagen geben, nachdem eine Reihe verheerender militärischer Fehlschläge eine Fortsetzung unmöglich gemacht hatten. Die Sieger beendeten zunächst die Demokratie und installierten ein kurzlebiges Regime von 30 Tyrannen. Zwar hatte diese Regierung nicht lange Bestand, und die Athener konnten eine Verfassung wieder herstellen, die der alten nahe kam. Aber der alte Geist war dem Krieg zum Opfer gefallen. Es war nicht nur der Geist, sondern die attische Hegemonie, die Machtstellung im Seebund, aufrechterhalten und verteidigt durch die Flotte, im peloponnesischen Krieg untergegangen. Hochkulturen basieren nicht allein auf Ideen, und die Vormacht Athens, die manche kleinere griechische Stadt zur Unterwerfung gezwungen hatte, war die Grundlage jener Kultur gewesen, deren Lob Perikles so eindringlich formuliert hatte. Mancher Verbündete war froh über diese Entwicklung, aber Athen hatte die gelassene Liberalität verloren, die Perikles so geschätzt hatte, und die eher eine Haltung der Stärke als der Verunsicherung war.

Athen hatte unter seiner Niederlage schwer gelitten, und ein neuer Typ des Politikers war in den langen Jahren des Krieges emporgekommen. Männer wie Anytos, einer der Kläger gegen Sokrates. Er war durch sein Gewerbe reich geworden, er gehörte nicht zur Schicht der reichen Aristokraten, die die attische Politik der klassischen Zeit geprägt hatten. Ihm fehlte die Gelassenheit, die der alte Reichtum mit sich brachte. So sah er in Sokrates eine ernste Gefahr. Und er war nicht allein, denn 280 gegen 221 Richter votierten für das Todesurteil gegen den alten Philosophen. Athen hatte sich gewandelt und Sokrates wurde ein Opfer dieses Wandels.

Er nahm es mit Gelassenheit auf. Sokrates gehört zu den Menschen, die wir vor allem aus der Perspektive ihres Todes kennenlernen, und das Bild, das er bei dieser Gelegenheit bietet, ist eindrucksvoll. In den großen Dialogen, die Platon überliefert hat, und in denen uns sicher ein platonisch gezeichneter Sokrates begegnet, erleben wir einen Menschen, der die großen Fragen nicht nur furchtlos erörtert und eine konsequente Haltung verlangt, selbst wenn sie mit dem Leben bezahlt werden muss. Er steht für diese Worte auch ein, und obwohl er eigentlich unschuldig ist, nimmt er das Todeurteil an, weil es auf eine Weise zustande gekommen war, die er grundsätzlich billigte. Er war bereit, den Preis für eine Gesetzesordnung zu bezahlen, in deren Schutz er sein Leben verbracht hatte, und für deren Verteidigung er wiederholt gekämpft hatte. Nun fiel die Entscheidung gegen ihn, aber seine Loyalität gegenüber den Gesetzen Athens, die eine solche Entscheidung ermöglicht hatten, hielt ihn davon ab, sich den Konsequenzen dieses Urteils zu entziehen. Für ein Gemeinwesen, das auf einer Verfassungsordnung aufbaut, ist dies in der Tat eine vorbildliche Haltung. Und eine seltene.

Der hier ausgewählte Text ist der letzte Teil der „Apologie" des Sokrates. Er hat sich bereits gegen die Ankläger verteidigt, er hat seine Lebensweise in Athen dargelegt, er ist schuldig gesprochen und zum Tode verurteilt worden. Nun richtet er den letzten Teil seines Auftrittes vor dem großen Gerichtshof von Athen an seine Anhänger, Schüler und Freunde. Ein nüchternerer alter Mann nimmt dem Tod seinen Schrecken. Es ist nicht nur eine Frage der Logik, es ist auch eine Frage des Temperaments. Sokrates nähert sich dem Lebensende mit dem Verstand. Sein Todesbild ist frei von Angst, aber es ist auch frei von einer sinnlichen Dimension. Wenn er die Aussicht auf die vielen Gespräche mit den Helden des Homer entwirft, auf die Dialoge mit Odysseus, so kommt ihm die Frage nicht in den Sinn, ob das Leben nur aus Gesprächen und Worten besteht? Man fühlt sich angesichts solcher Aussichten auch an die Mühen eines solchen Schattendaseins erinnert, das keine sinnlichen Erfahrungen mehr zulässt, und über das sich mancher Held der Antike bitter beklagte. Sokrates schreckte diese Einschränkung nicht.

Sokrates ist häufig mit Christus verglichen worden, und seine Berufung auf die starke göttliche Stimme, die ihn vor Handlungen gewarnt hatte, die schlecht für ihn waren, ist in die Nähe des christlichen Gewissens gestellt worden. Aber der Gott, auf den sich Sokrates seinen Richtern gegenüber beruft, ist kein christlicher Gott, und die Gewissheit, mit der Sokrates seinem Tod entgegensieht, ist noch frei von einer christlichen Unruhe angesichts des göttlichen Gerichts. Man fühlt sich durchaus versucht, die Rede des Sokrates angesichts seines Todes mit einer anderen großen Ansprache in ähnlicher Sache zu vergleichen, die unter ganz anderen Umständen vorgetragen wurde: Hamlets großem Monolog über „Sein oder Nichtsein". Dazu ist hier nicht der Ort, aber es ist doch auffällig, wie unterschiedlich die Reaktionen angesichts solcher grundsätzlicher Erfahrungen sind. Auch Hamlet teilt die Erwartung: „Sterben – schlafen – schlafen!" aber seine Reaktion ist anders: „Nur dass die Furcht vor jenem unentdeckten Land, aus dem/kein Wandrer wiederkehrt – den Willen irrt,/ Dass wir die Übel, die wir haben, lieber/Ertragen, als zu unbekannten fliehen." (Hamlet, III,1). Sokrates hatte dagegen seinen Richtern klar entgegengehalten, dass er den Tod, den niemand kenne, deswegen auch nicht fürchte. Denn er fürchte ein bekanntes Übel mehr, als eines, das vielleicht gar kein Übel, sondern etwas Gutes sei.

Sokrates erscheint in der Apologie als ein unerschrockener Mann. Und während des verbleibenden Monats, den er in der Haft verbrachte, auf die Vollstreckung des Urteils wartend, bewies er, dass dies keine rhetorische Figur, sondern eine Lebenshaltung war. Zwar haben sich unsere Erwartungen an die Erfahrungen nach dem Tod in den fast zweieinhalbtausend Jahren, die seitdem vergangen sind, deutlich verändert, aber die Unerschrockenheit, mit der Sokrates in seiner Apologie auf diese Herausforderung reagiert, sichert ihm einen berechtigten Platz in der langen Geschichte unserer Kultur.

Rede

Nur um einer gar kurzen Zeit willen, Ihr Athener, werdet Ihr nun den Namen behalten und den Vorwurf von denen, welche die Stadt gern lästern mögen, dass Ihr den Sokrates hingerichtet habt, diesen weisen Mann. Denn behaupten werden die nun freilich, dass ich weise bin, wenn ich es auch nicht bin, die Euch lästern wollen. Hättet Ihr nun eine kleine Weile gewartet: so wäre Euch ja dies von selbst erfolgt. Denn Ihr seht ja mein Alter, dass es schon weit fortgerückt ist im Leben, und nahe am Tode. Ich sage dies aber nicht zu Euch allen, sondern nur zu denen, die für meinen Tod gestimmt haben. Und zu denen sage ich auch noch das Folgende. Vielleicht glaubt Ihr, Athener, ich unterläge jetzt aus Unvermögen in solchen Reden, durch die ich Euch hätte überreden können, wenn ich geglaubt hätte, all das sagen und tun zu können, was nötig gewesen wäre, um dieser Klage zu entkommen. Ganz und gar nicht! Ich unterliege freilich aus Unvermögen, aber nicht an Worten; sondern aus Mangel an Frechheit und aus Scham, und aus Mangel an der Bereitschaft, so zu Euch zu sprechen, wie Ihr es am liebsten gehört hättet, wenn ich gejammert und geklagt hätte, und vieles anderes getan, das meiner unwürdig ist, wie ich behaupte, das ihr aber von anderen zu hören durchaus gewohnt seid. Allein weder vorher glaubte ich der Gefahr wegen etwas unedles tun zu dürfen, noch bereue ich jetzt, dass ich mich so verteidigt habe; lieber will ich mich auf diese Weise verteidigt haben und sterben, als mich anders verteidigt zu haben und weiterzuleben. Denn weder vor Gericht noch im Kriege ist es für mich oder jemand anderen angemessen, darüber nachzudenken, auf welche Art man dem Tod entkommen kann. Auch kann man ja bei Schlachten öfters sehen, dass mancher dem Tod entkommen könne, wenn er nur seine Waffen wegwerfen würde und sich seinen Verfolgern bittend ergebe, und in jeder Gefahr gibt es viele Rechtsmittel, um dem

Tod zu entgehen, wenn man bereit ist, alles zu tun und zu sagen. Allein, es ist weit schwerer dem Tod zu entgehen, Ihr Athener, als der Schlechtigkeit, denn sie läuft schneller als der Tod. Auch deshalb bin ich als ein langsamer alter Mann von dem noch Langsameren gefangen worden; meine Ankläger aber, stark und heftig, wie sie sind, sind von dem Schnelleren gefangen worden, von der Bosheit. Jetzt also gehe ich hin und bin von Euch zum Tode verurteilt worden; diese aber sind von der Wahrheit schuldig gesprochen worden der Unwürdigkeit und der Ungerechtigkeit. Und sowohl ich bin mit dieser Erkenntnis zufrieden als auch diese.

Es musste vielleicht so kommen, und ich glaube, dass es so ganz gut ist. Was aber nun hierauf folgen wird, das zu weissagen, gelüstet mich, Meine Verurteiler! Denn ich bin ja auch schon in der Lage, in der Menschen bevorzugt weissagen, nämlich wenn sie den Tod vor sich sehen. Ich behaupte also, Ihr Männer, die Ihr mich hinrichtet, es wird sogleich nach meinem Tod eine weit schwerere Strafe über Euch kommen, als die mit der Ihr mich getötet habt. Denn Ihr habt dies jetzt in der Erwartung getan, damit von der Rechenschaft über Euer Leben entbunden zu sein. Es wird aber das Gegenteil eintreten, wie ich behaupte. Es werden mehrere da sein, die Euch zur Untersuchung ziehen werden, die ich bisher zurückgehalten habe, die Ihr aber gar nicht bemerkt habt. Und sie werden Euch umso mehr zusetzen, je jünger sie sind, und je unwilliger Ihr sein werdet. Denn wenn Ihr meint, durch Hinrichtungen zu verhindern, dass Euch jemand tadelt, wenn Ihr nicht richtig lebt, so habt Ihr eine falsche Vorstellung. Denn ein solches Vorhaben ist weder wirklich durchführbar noch ist es edel. Sondern das ist das edelste und einfachste, nicht Andere abzuwehren, sondern so zu leben, dass man möglichst gut sei. Dieses will ich Euch, die Ihr gegen mich gestimmt habt, geweissagt haben, und jetzt von Euch scheiden.

Mit denen aber, die für mich gestimmt haben, möchte ich gern noch reden über dieses Ereignis, das sich zugetragen hat, so lange die Gewalthaber noch nicht fertig sind, und ich noch nicht dorthin gehen muss, wo ich sterben soll. Also, Ihr Männer, bleibt so lange noch bei mir. Es hindert uns ja nichts, und noch gut zu unterhalten, so lange noch Zeit dazu ist. Denn Euch als meinen Freunden will ich die Bedeutung dessen erklären, das mir eben geschehen ist. Denn, Ihr Richter, Euch kann ich mit vollem Recht Richter nennen, mir ist etwas Besonderes widerfahren. Meine vertraute innere Stimme ließ sich in der letzten Zeit häufig vernehmen, und sie warnte mich auch bei Kleinigkeiten, wenn ich im Begriff war, etwas Falsches zu tun. Jetzt ist mir das widerfahren, was wohl mancher für ein besonderes Unglück halten würde, und was man als solches ansehen kann; dennoch hat mich weder heute Morgen, als ich das Haus verließ, noch als ich das Gerichtsgebäude betrat, noch später bei irgendeinem Teil meiner Rede, die Stimme gewarnt. Obwohl sie mich sonst mitten in der Rede zurückhielt, hat sie mich nun in keiner Weise aufgehalten.

Was für einen Grund mag das haben? Ich werde es Euch sagen. Es ist mir wohl etwas Gutes widerfahren, und wir irren uns sicher, wenn wir den Tod für ein Übel halten. Für mich ist das ein Beweis. Denn sonst hätte mich das vertraute Zeichen abgehalten, wenn ich etwas hätte tun wollen, das nicht gut war. Lasst uns aber nachdenken, ob wir zu Recht hoffen, der Tod sei etwas Gutes. Denn er kann nur eins von beiden sein. Entweder er ist ein Nicht-Sein, und der Gestorbene hat keine Empfindung mehr von irgend etwas, oder er ist eine Verwandlung und eine Versetzung der Seele von hier an einen anderen Ort. Und ist es nun gar keine Empfindung, sondern eher ein Schlaf, in dem der Schlafende nicht einmal träumt, so wäre der Tod ein großer Gewinn. Denn, ich glaube, wenn jemand eine solche Nacht, in der er fest geschlafen hat, mit allen anderen Tagen und Nächten seines Lebens vergleicht, und wenn er überlegt, wie viele Tage und Nächte er besser gelebt habe, als in dieser Nacht, dann würde nach meiner Einschätzung nicht nur ein normaler Mensch, sondern auch ein großer König, diese Tage und Nächte leicht zählen können.

Wenn der Tod also dieser Art ist, dann nenne ich ihn einen Gewinn, denn alle verbleibende Zeit wäre ja dann wie eine Nacht. Ist aber der Tod wie ein Auswandern an einen anderen Ort, und ist es wahr, dass dort die anderen Verstorbenen sich aufhalten, was für ein Glück könnte größer sein, Ihr Richter? Denn wenn einer in der Unterwelt statt der hiesigen Richter, die sich nur so nennen, die wahren Richter trifft, von denen man sagt, dass sie dort Recht sprechen, den Minos und Radamanth und Aiakus und Triptolemus, und die anderen Halbgötter, die in ihrem Leben gerecht gewesen sind, wäre das ein schlechter Tausch? Oder auch mit Orpheus umherzuwandeln und Musaius und Hesiod und Homer, was würdet Ihr nicht dafür geben? Ich wenigstens will gern oftmals sterben, wenn dies wahr ist. Ja mir zumal wäre es ein herrliches Leben, wenn ich dort den Palamedes und Aias des Telemons Sohn anträfe, und wer sonst noch unter den Alten eines ungerechten Urteils wegen gestorben ist, mit meinem Schicksal zu vergleichen. Das müsste lohnend sein. Ja, was das größte ist, dort zu leben und die dortigen auszufragen und zu erforschen, wer unter ihnen weise ist und wer glaubt es zu sein, aber nicht ist. Für wie viel, Ihr Richter, möchte das einer wohl annehmen, denjenigen, der das große Heer nach Troja führte, auszufragen, oder den Odysseus oder Sisyphus, und viele andere könnte man nennen, Männer und Frauen, mit welchen dort zu sprechen und umherzugehen und sie zu befragen das größte Glück wäre. Gewiss werden sie einen dort deswegen nicht hinrichten. Denn dort ist man nicht nur überhaupt glücklicher als hier, sondern auch für alle Zeit unsterblich, wenn es stimmt, was gesagt wird. Also müsst auch Ihr, Richter, gute Hoffnung haben, im Angesicht des Todes, und dies eine haltet fest im Herzen, dass es für den guten Mann kein Übel gibt, weder im Leben noch im Tode, noch dass die Götter ihr Interesse für ihn je verlieren.

Auch meine Angelegenheiten haben sich nicht durch Zufall so entwickelt; vielmehr ist mir deutlich geworden, dass es besser für mich ist, zu sterben und aller Mühe ledig zu sein. Daher hat mich das Zeichen auch an keiner Stelle gewarnt, noch bin ich meinen Anklägern und Verurteilern böse. Obgleich sie mich nicht in dieser Absicht angeklagt und verurteilt haben, sondern um mir zu schaden. Dafür verdienen sie in der Tat getadelt zu werden. Um eines bitte ich noch: Wenn meine Söhne heranwachsen, und Ihr den Eindruck habt, dass sie sich mehr um Reichtum, als um Tugend bemühen, dann ruft sie zur Ordnung und weist sie zurecht wie ich Euch zurecht gewiesen habe, und wenn sie denken, etwas zu sein, was sie nicht sind, so tadelt sie, wie ich Euch getadelt habe, weil sie sich nicht um das Sorgen machen, worum man sich Sorgen machen muss, und weil sie sich einbilden, etwas zu sein, was sie nicht wert sind. Wenn Ihr das tut, so tut Ihr mir und meinen Söhnen recht. Jetzt ist es Zeit zu gehen, für mich, um zu sterben und für Euch, um zu leben. Wer aber von uns das Bessere vor sich hat, das weiß niemand außer Gott allein.

Markus Antonius

Grabrede auf Julius Caesar

Einführung

Die Rede von Markus Antonius bei der Leichenfeier für Julius Caesar ist in dieser Form nicht gehalten worden. Der Text, der hier folgt, stammt aus der Feder des großen William Shakespeare. Shakespeares Version der Leichenrede gehört zu den bedeutendsten politischen Reden der europäischen Geschichte. Sie hat über Jahrhunderte den verschiedensten Rednern als Vorbild gedient. Aufgrund ihrer Bedeutung ist sie hier aufgenommen. Sie ist ein Paradestück agitatorischer Rhetorik und an Dramatik kaum zu überbieten.

Shakespeare führt vor, wie der Redner Markus Antonius das römische Volk, das gerade erst dem Caesarmörder Brutus zugejubelt hat, wieder in Verehrung für den toten Diktator entzündet, so dass es schließlich so aufgewühlt ist, dass die wütenden Menschen den Dichter Cinna töten und schlimm zurichten – allein wegen seiner Namensgleichheit mit einem der Verschwörer. Es ist also kein unschuldiger Text, sondern Agitation im Kampf um die Macht in Rom am Ende der Republik. Aus diesem Kampf ging schließlich der sogenannte Prinzipat des Augustus hervor, eine praktische Monarchie, die jedoch die Formen der Verfassung wahrte. Shakespeare hat dieses Geschehen nicht erfunden, sondern er hat aus historischer Überlieferung (besonders Plutarch) geschöpft, und er hat die historischen Ereignisse dramatisch ausgestaltet. Manche Formulierung aus der Rede ist in den allgemeinen Sprachgebrauch eingegangen, die zunächst subtile, dann massive Anklage gegen die Verschwörer hat den „ehren-werten" Männern einen langanhaltenden Schaden zuge-fügt – zumindest solange Zitate aus den Klassikern einen gewissen Bekanntheitsgrad hatten.

Das Geschehen und seine dramatische Gestaltung liegen schon lange zurück, aber die Rede vermag den heutigen Leser noch immer zu fesseln. Shakespeare hat das Geschehen für die Bühne zeitlich etwas gerafft. Tat-sächlich lagen zwischen der Ermordung Caesars im Se-nat und der Leichenfeier für den getöteten Dikator fünf Tage (15.-20. März 44 v. Chr.). Die Stimmung in Rom war nicht klar. Das Attentat auf Caesar hatte die Menschen verunsichert (Markus Antonius hatte sich zunächst Hals über Kopf in sein Haus geflüchtet und Sicherheitsvorkeh-rungen getroffen). Die Kräfte formierten sich allmählich und die Verschwörer und die Anhänger Caesars ver-suchten, Unterstützung zu mobilisieren. Die ganzen Er-eignisse waren der Ausdruck einer schweren Krise, in die die römische Republik nach einem langen Aufstieg zur Weltmacht geraten war.

Die Römer hatten in ihrer langen Geschichte zunächst Italien unter ihrer Führung geeint, dann im Kampf mit Karthargo die Herrschaft im Mittelmeer erkämpft und ihr Imperium schließlich auch weit nach Norden ausgedehnt. Caesars Gallischer Krieg ist berühmt und seine Erfolge in Gallien haben zu seiner besonderen Machtstellung we-sentlich beigetragen. Caesar hatte als Statthalter in Spani-en erste größere politische Verantwortung erhalten und mit harter Hand regiert. Als er danach für insgesamt zehn Jahre Prokonsul in Gallien wurde (58–49 v. Chr.), trieb er die Eroberung der Provinz rücksichtslos voran. Sein Amt erlaubte ihm, eigene Truppen auszuheben, die Beute aus seinen Kämpfen erhöhte seine Mittel beträchtlich und sie stärkte auch die Loyalität seiner Truppen. So konnte er in der Krise der späten Republik eine eigene politische Rol-le spielen. Er hatte frühzeitig Bündnisse geschlossen und sich 59 v. Chr. mit Crassus, dem reichsten Mann Roms, und mit Pompeius, dem mächtigen Feldherrn, zum sogenannten ersten Triumvirat verbunden. Die beiden einflußreichen Verbündeten stützen seine Ernennung zum Prokonsul in Gallien. Doch Casar wurde durch seine Erfolge stärker und unabhängiger. Der Triumvirat zerfiel mit dem Tod des Crassus und Caesar und Pompeius gerieten in Konkurrenz. Dabei zeigte sich, dass Caesar sich auch von den römischen Institutionen keine Einschränkungen mehr auferlegen ließ. Zwar verbot ihm der Senat die Rückkehr nach Italien, aber Caesar überschritt mit dem Rubikon die Grenze. Hier soll der berühmte Satz „Der Würfel ist gefallen" gesprochen worden sein. Nun stand Caesar im Bürgerkrieg mit Pompeius, der nach Osten ausgewichen war.

Doch Caesar war erfolgreich. Es gelang ihm, den Widersacher zu besiegen. Pompeius wurde darauf ermordet, und Caesar war der mächtigste Mann Roms geworden. Der Erfolg machte ihn unduldsam. Er reagierte empfindlich und harsch auf Widerstände, ließ erkennen, wie wenig er die noch bestehenden Institutionen der Republik respektierte („Er wollte sich keinerlei Zwang mehr antun", Christian Meier). Sein Zug gegen Pompeius hatte ihn im Osten mit Kleopatra, der Königin von Ägypten bekannt gemacht. In ihrer Stadt Alexandria hatte man Caesar den Kopf seines einstigen Freundes und späteren Rivalen Pompeius übergeben. Aus der Begegnung des mächtigen Mannes mit der jungen Königin wurde eine leidenschaftliche Verbindung. Als Caesar nach den gewonnenen Bürgerkriegen und erfolgreichen weiteren Kämpfen schließlich nach Rom kam, begleitete ihn die ägyptische Königin, auch wenn sie außerhalb der Stadt blieb. Die Verbindung mochte republikanischen Argwohn verstärken.

Die römische Republik hatte sehr sensibel auf monarchische Ambitionen reagiert. Wer nach der Königskrone strebte, hatte in ihrer Überlieferung den Tod verdient.

Und so soll auch der Stadtgründer Romulus getötet worden sein, als er in der Frühzeit Roms nach der Krone griff. Wie ernsthaft Caesars Absichten waren, ist umstritten. Praktisch verfügte er über weitgehende Macht. Der Senat hatte ihn zum Diktator auf Lebenszeit ernannt. Das war in der römischen Geschichte ohne Beispiel. Aber ob er diese Kompetenzen noch durch eine Krone auf eine Ebene heben wollte, die ihn dauerhaft der Sphäre der Republik enthob, ist unklar. Es war diese Unklarheit, die den Verdacht der Verschwörer schürte und die seinen Tod herbeiführte. Dabei hatte Caesar die Krone öffentlich zurückgewiesen. Markus Antonius geht in seiner Rede darauf ein, wie er selber beim Lupercalienfest Caesar dreimal die Krone angeboten habe („die dreimal er geweigert"). Brutus und seine Anhänger trauten Caesar nicht. In der klassischen Übersetzung, in der der Text im folgenden wiedergegeben ist, lautet der von Antonius zitierte Vorwurf der Verschwörer gegen Caesar „dass er voll Herrschsucht war". Das englische Wort ist „Ambition". Die Verschwörer glaubten nicht, dass die Zurückweisung der Krone Caesars wahren Absichten entsprach. Sie sahen in ihm und in der großen Zustimmung des römischen Volkes zu seiner Person die Gefahr für das Ende der Republik und der Freiheit. So fand sich der Kreis um Caesars Vertrauten Markus Iunius Brutus zusammen („Et tu, Brute?", so heißen die berühmten letzten Worte Caesars bei Shakespeare, „auch Du Brutus? So falle Caesar").

Verschwörer im eigentlichen Sinne waren sie nicht, denn sie verzichteten auf einen gegenseitigen Eid, um sich aneinander zu binden. Zwar erhoben sie sich für die Republik und die Freiheit gegen den mächtigsten Mann Roms, doch schon bald wurde offenbar, dass sie keinen Plan für den Fall vorbereitet hatten, falls ihr Attentat erfolgreich war. Sie sahen Caesar als das eigentliche Problem an. Dabei war die Republik nicht allein durch Caesar in die Krise geraten, und auch nach seinem Tod verfügten die Anhänger Caesars über mächtige Mittel und über Truppen. Caesars Großneffe Oktavian, der spätere Augustus, den der Diktator in seinem Testament adoptierte, stand vor der Stadt. Die Verschwörer hatten keine Vorkehrungen getroffen. Die nun folgenden dramatischen Tage, in denen die Anhänger Caesars die Initiative zurückgewannen und die Mörder Caesars aus der Stadt flohen, werden bei Shakespeare in der Rede des Markus Antonius zusammengefasst. Das ist eine Verkürzung, aber die Leichenfeier für Caesar hatte tatsächlich eine besondere Bedeutung und Markus Antonius beherrschte seine Rolle zu diesem Zeitpunkt mit großem Geschick. Doch er blieb eine Figur des Übergangs. Er war ein Lebemann mit der Fähigkeit, Emotionen zu wecken, aber er war kein Mann der Zukunft. Die Zukunft gehörte Oktavian, mit dem er sich zunächst verbündete (im sogenannten zweiten Triumvirat), den er dann aber bekämpfte. Im Jahre 31 vor Chr. unterlag er, und mit der Alleinherrschaft des Augustus begann eine neue Epoche in der langen Geschichte des römischen Reiches.

REDE

Mitbürger! Freunde! Römer! Hört mich an:
Begraben will ich Caesar, nicht ihn preisen.
Was Menschen Übles tun, das überlebt sie,
das Gute wird mit ihnen oft begraben.
So sei es auch mit Caesar! Der edle Brutus
Hat Euch gesagt, dass er voll Herrschsucht war;
Und war er das, so wars ein schwer' Vergehn,
und schwer hat Caesar auch dafür gebüßt.
Hier, mit des Brutus Willen und der Andern,
(Denn Brutus ist ein ehrenwerter Mann,
Das sind sie alle, alle ehrenwert)
Komm ich, bei Caesars Leichenzug zu reden.
Er war mein Freund, war mir gerecht und treu:
Doch Brutus sagt, dass er voll Herrschsucht war,

und Brutus ist ein ehrenwerter Mann.
Er brachte viel Gefangne heim nach Rom,
wofür das Lösegeld den Schatz gefüllt.
Sah das der Herrschsucht wohl an Caesar gleich?
Wenn Arme zu ihm schrien, so weinte Caesar:
Die Herrschsucht sollt' aus härterm Stoff bestehn.
Doch Brutus sagt, dass er voll Herrschsucht war,
und Brutus ist ein ehrenwerter Mann.
Ihr alle saht, wie am Lupercus-Fest
Ich dreimal ihm die Königskrone bot,
die dreimal er geweigert. War das Herrschsucht?
Doch Brutus sagt, dass er voll Herrschsucht war,
und ist gewiss ein ehrenwerter Mann.
Ich will, was Brutus sprach, nicht widerlegen,
Ich spreche hier von dem nur, was ich weiß.
Ihr liebtet all' ihn einst nicht ohne Grund:
Was für ein Grund wehrt euch, um ihn zu trauern?
O Urteil, du entflohst zum blöden Vieh,
der Mensch ward unvernünftig! – Habt Geduld!
Mein Herz ist in dem Sarge hier bei Caesar,
Und ich muss schweigen, bis es mir zurückkommt
…
Noch gestern hätt' umsonst dem Worte Cäsars
Die Welt sich widersetzt: nun liegt er da,
und der Geringste neigt sich nicht vor ihm.
O Bürger! Strebt ich, Herz und Mut in Euch
zur Wut und zur Empörung zu entflammen,
so tät ich Cassius und Brutus Unrecht,
die Ihr als ehrenwerte Männer kennt.
Ich will nicht ihnen Unrecht tun, will lieber
dem Toten Unrecht tun, mir selbst und Euch,
als ehrenwerten Männer wie sie sind.
Doch seht dieses Pergament mit Caesars Siegel:
Ich fands bei ihm, es ist sein letzter Wille.
Vernähme nur das Volk dies Testament,
(Das ich, verzeiht mir, nicht zu lesen denke)
Sie gingen hin und küssten Cäsars Wunden,

und tauchten Tücher in sein heil´ges Blut,
ja bäten um ein Haar zum Angedenken,
und sterbend nennten sie´s im Testament,
und hinterließens ihres Leibes Erben
zum köstlichen Vermächtnis.
…
Seid ruhig, liebe Freunde! Ich darf´s nicht lesen;
Ihr müsst nicht wissen, wie Euch Caesar liebte.
Ihr seid nicht Holz, nicht Stein, Ihr seid ja Menschen;
Drum, wenn Ihr Caesars Testament erführt,
Es setzt´ in Flammen Euch, es macht´ Euch rasend.
Ihr dürft nicht wissen, dass Ihr ihn beerbt;
Denn wüsstet Ihrs, was würde draus entstehen?
…
Wollt Ihr Euch wohl gedulden? Wollt Ihr warten?
Ich übereilte mich, da ichs Euch sagte.
Ich fürcht´, ich tu den ehrenwerten Männern
Zu nah, von deren Dolchen Caesar fiel;
Ich fürcht´ es.
…
So zwingt Ihr mich, das Testament zu lesen?
Schließt einen Kreis um Caesars Leiche denn,
Ich zeig Euch den, der Euch zu Erben machte.
Erlaubt Ihr mirs? Soll ich hinuntersteigen?
…
Wofern Ihr Tränen habt, bereitet Euch
Sie jetzo zu vergießen. Diesen Mantel,
Ihr kennt Ihn alle; noch erinnr´ ich mich
des ersten Males, dass ihn Caesar trug,
in seinem Zelt, an einem Sommerabend -
er überwand den Tag die Nervier –
hier schauet! Fuhr des Cassius Dolch herein;
seht, welchen Riss der tück´sche Casca machte!
Hier stieß der vielgeliebte Brutus durch.
Und als er den verfluchten Stahl hinwegriss,
schaut her, wie ihm das But des Caesar folgte,
als stürzt´ es vor die Tür, um zu erfahren,

ob wirklich Brutus so unfreundlich klopfte.
Denn Brutus, wie Ihr wisst, war Caesars Engel. –
Ihr Götter, urteilt, wie ihn Caesar liebte!
Kein Stich von allen schmerzte so wie der.
Denn als der edle Caesar Brutus sah,
warf Undank, stärker als Verräterwaffen,
ganz nieder ihn: da brach sein großes Herz,
und in den Mantel sein Gesicht verhüllend,
grad am Gestell der Säule des Pompeius,
von der das Blut rann, fiel der große Caesar.
O meine Bürger, welch ein Fall war das!
Da fielet Ihr und ich; wir alle fielen
Und über uns verlockte blut'ge Tücke.
O ja! Nun weinet Ihr, und ich merk', Ihr fühlt
Den Drang des Mitleids: dies sind milde Tropfen.
Wie? Weint Ihr, gute Herzen, seht Ihr gleich
nur unsers Caesars Kleid verletzt? Schaut her!
Hier ist er selbst, geschändet von den Verrätern.
…
Seid ruhig, meine Bürger!
…
Ihr guten lieben Freund', ich muss Euch nicht
Hinreißen zu des Aufruhrs wildem Sturm.
Die diese Tat getan, sind ehrenwert.
Was für Beschwerden sie persönlich führen,
warum sie's taten, ach! Das weiß ich nicht.
Doch sind sie weiß' und ehrenwert, und werden
Euch sicherlich mit Gründen Rede stehn.
Nicht Euer Herz zu stehlen komm' ich, Freunde:
Ich bin kein Redner, wie es Brutus ist,
nur, wie Ihr alle wisst, ein schlichter Mann,
dem Freund ergeben, und das wussten die
gar wohl, die mir gestattet hier zu reden.
Ich habe weder Schriftliches noch Worte,
noch Würd' und Vortrag, noch die Macht der Rede,
der Menschen Blut zu reizen; nein ich spreche
nur gradezu, und sag euch, was Ihr wisst.

Ich zeig' Euch des geliebten Caesars Wunden,
die armen stummen Munde, heiße die
statt meiner reden. Aber wäre ich Brutus,
und Brutus Mark Anton, dann gäb' es einen,
der Eure Geister schürt', und jeder Wunde
des Caesar eine Zunge lieh', die selbst
die Steine Roms zu Aufstand würd' empören.
…

Nun Freunde, wisst Ihr selbst auch, was Ihr tut?
Wodurch verdiente Caesar Eure Liebe?
Ach nein! Ihr wisst nicht. – Hört es denn! Vergessen
habt Ihr das Testament, wovon ich sprach.
…

Hier ist das Testament mit Caesars Siegel.
Darin vermacht er jedem Bürger Roms,
Auf jeden Kopf Euch fünfundsiebzig Drachmen.
…

Hört mich mit Geduld!
…

Auch lässt er alle seine Lustgehege,
verschlossne Lauben, neugepflanzte Gärten,
diesseits des Tiber, Euch und Euren Erben
auf ew'ge Zeit; damit Ihr Euch ergehn
und Euch gemeinsam dort ergötzen könnt.
Das war ein Caesar: wann kommt seines Gleichen?
…

Nun wirk' es fort. Unheil, du bist im Zuge:
Nimm, welchen Lauf Du willst.

Jesus von Nazareth

Die Bergpredigt

Einführung

Die Bergpredigt gehört zu den bekanntesten Texten unserer Kultur, gleichzeitig ist er einer der umstrittendsten. Obwohl der ganze Text eine radikale Aufforderung zur Versöhnung ist, hat er immer wieder erbitterten Streit darüber ausgelöst, wie wörtlich er zu nehmen sei. Denn seine Radikalität und seine vermeintliche Klarheit erweisen sich in der normalen Komplexität des Alltags mitunter als schwierig. Aber auch in den großen Krisensituationen der Geschichte erscheinen manche Forderungen als schwer umsetzbar. An späterer Stelle in dieser Textsammlung ist eine bedeutende Rede Winston Churchills aufgenommen, in der er seine Landsleute zum anhaltenden bewaffneten Kampf gegen das nationalsozialistische Deutschland aufruft. Ausdrücklich beanspruchte er dabei, die christliche europäische Tradition in größter Gefahr zu verteidigen. Und er hatte recht. Aber wie verhält es sich dann mit der Forderung Jesu in der Bergpredigt: „Leistet dem, der Euch etwas Böses antut, keinen Widerstand"? Hätten die Feinde der Nationalsozialisten nach dieser Vorgabe handeln sollen? Immerhin formuliert Jesus mit der Bergpredigt den Kern seiner Lehre. Solche Fragen haben die Gegner Hitlers bewegt und die Geschichte stellt sie immer wieder neu. Die Bergpredigt ist ein aktueller Text, aber sie ist zunächst ein Text in der großen jüdischen Gesetzestradion, auf die sie sich ausdrücklich bezieht. In der hier wiedergegeben Form ist sie vom Evangelisten Matthäus überliefert. Er bietet von den drei Evangelisten, die von den Taten

51

Jesu parallel berichten (den sogenannten Synoptikern), die ausführlichste Fassung. Wahrscheinlich hat er dazu verschiedene Auftritte Jesu in einer Rede zusammengefasst – daher weist die Predigt mitunter Gedankensprünge auf –, aber er hat auf diese Weise die zentralen Anliegen der christlichen Lehre eindrucksvoll formuliert, und in dieser Form hat sie seitdem ihre Wirkung entfaltet.

Die Bergpredigt steht bei Matthäus am Beginn des Wirkens Jesu in Galiläa. Nachdem Jesus dort die Jünger berufen hatte und umherzog, wobei er lehrte und Kranke heilte, war die Bergpredigt sein erster großer programmatischer Auftritt. Sein Wirken hatte große Aufmerksamkeit gefunden, und viele Menschen folgten ihm. So nutzte er die Gelegenheit zur Predigt vor den vielen Menschen, die ihm nachfolgten. Die Redesituation ist zunächst nicht ganz klar, weil es heißt, dass er auf einen Berg stieg und sich setzte, und seine Jünger traten zu ihm. Aber die Reaktion der vielen Menschen am Ende der Predigt („Als Jesus diese Rede beendet hatte, war die Menge sehr betroffen von seiner Lehre") lässt deutlich erkennen, dass er nicht nur zu seinen Jüngern gesprochen hatte. Jesus beginnt mit den Seligpreisungen, die in einfacher und eindrücklicher Form eine Haltung preisen, die sich dem Wirken Gottes anvertraut. Es geht wohl in diesem Fall tatsächlich mehr um eine grundsätzliche Haltung als um die konkrete Lebenserfahrung seiner Zuhörer (unter denen sicher viele Arme waren). Denn Jesus spricht seine Zuhörer hier nicht direkt an. Darin unterscheidet sich die hier aufgenommene Version des Matthäus von der des Evangelisten Lukas (6,20-23), der in seine „Feldrede" drei Seligpreisungen aufgenommen hat, die sich direkt an das Publikum richten („Selig Ihr Armen, denn euch gehört das Reich Gottes"). Matthäus bleibt abstrakter. Es ist kaum zu vermeiden, dass über die Frage des sozialen Bezuges dieser Seligpreisungen sehr unterschiedliche Auffassungen bestehen. Dies ist auch eine Frage der

Übersetzung. Aber diesen theologischen Fragen können wir an dieser Stelle nicht nachgehen.

Eine besondere Bedeutung kommt den Worten Jesu über seine Stellung zum Gesetz zu. Er war ein Jude und er lehrte in den Synagogen. Das Gesetz des Moses war streng und enthielt zahlreiche Vorschriften. Sein Kern war der Vertrag Gottes mit dem Volk Israel (vgl. die Moses Rede). Aber jedes Gesetzeswerk, das so viele Vorschriften enthält, verleitet einen Teil seiner Experten dazu, den Formalitäten eine besondere Bedeutung zu verleihen. Das mochte dem ursprünglichen Sinn widersprechen, aber ein Gesetz entfaltet immer eine eigene Logik, und eine formale Auslegung genauer Vorschriften mochte penibel sein, war aber nicht falsch. Insofern war die Haltung Jesu zum jüdischen Gesetz stets ein besonderer Prüfstein. Und Jesus war ja auch gekommen, um die Spezialisten der jüdischen Tradition von seiner göttlichen Sendung zu überzeugen. Dazu musste er das Gesetz kennen. In der Passage der Predigt zum mosaischen Gesetz zeigt er seine Gesetzeskenntnis, aber er zeigt auch, dass er diese Vorschriften erneuern will. Wer die Gesetze gibt, dem steht auch das Recht zu, sie zu ändern, wenn es ihm angemessen erscheint. Um diese Frage geht es hier.

„Ich bin nicht gekommen, um aufzuheben, sondern, um zu erfüllen". Jesus beginnt mit einem klaren Bekenntnis zur jüdischen Tradition, aber in dem Moment, in dem er seinen Zuhörern seine Lehre an Beispielen verdeutlicht, wird klar, dass es um mehr geht, als um die Einhaltung der traditionellen Vorschriften. Seine Interpretation des Gebotes „Du sollst nicht töten" geht deutlich über die bisherige Praxis hinaus. Mit dem Verbot, seinem Bruder auch nur zu zürnen, verlangt Jesus eine andere Haltung, nicht nur eine bestimmte Handlung. Es war eine anspruchsvolle Haltung, die er verlangte: „Leistet dem, der euch etwas Böses antut, keinen Widerstand, sondern wenn dich einer auf die rechte Wange schlägt, dann halt ihm auch die andere hin." Wie viele Situationen gibt es im täglichen Leben, bei denen ein solches Verhalten schwierig wäre? Doch Jesus ist hier konsequent. In seiner Forderung nach Versöhnung, nach reiner Gesinnung („Wer eine Frau auch nur lüstern ansieht, hat in seinem Herzen schon Ehebruch mit ihr begangen"), nach klarem Bekenntnis, der Feindesliebe und der diskreten Barmherzigkeit geht er über jede Form der Werkgerechtigkeit deutlich hinaus. Es wird daher in Predigten häufig darauf verwiesen, dass er den kalten Formalismus des Gesetzes mit Leben erfüllen wollte, und das trifft sicher zu. Jesus sagt deutlich, dass die richtige Handlung allein vor Gott nicht ausreicht. Hier wirkt ein neuer Geist, aber es ist auch festzustellen, dass die Weisheit des jüdischen Gesetzes den menschlichen Möglichkeiten in vieler Hinsicht näher war. Es ist eine Sache, eine starre Vorschrift in gemeinsamer Begeisterung zu überwinden, aber es ist im Alltag in der Regel einfacher, korrekt zu handeln als mit dem ganzen Herzen dabei zu sein – wobei es für den Nachbarn oft wichtiger ist, dass das Verhalten ihm gegenüber angemessen ist.

Die Maßstäbe, die Jesus formuliert, sind sehr anspruchsvoll, und es ist nicht verwunderlich, dass es ein sehr breites Spektrum von Meinungen dazu gibt, wie verbindlich seine Worte sind. Ihre Auslegung hat manchen Umweg hervorgebracht, und es hat immer Geistliche gegeben, die trotz dieser strikten Positionen den jeweiligen Krieg für ein gottgewolltes Unternehmen gehalten haben, und die dies auch öffentlich verkündigt haben. Auch dafür gibt es Gründe, und häufig sind sie verständlich. Mit solchen Fragen der praktischen Umsetzung befasste sich Jesus in der Bergpredigt freilich nicht. Er formuliert an dieser Stelle ein erneuertes Gesetz. Er besteht zwar darauf, dass er gekommen ist, um das Gesetz und die Propheten zu erfüllen, aber es gelten von nun an veränderte Regeln. Die neue Ethik, die er verkündet, geht über die alten Regeln hinweg. Das bedeutet, dass Gott sein Gesetz, das er den Israeliten zur Zeit des Mose gegeben hat, erneuert. Es ist ein neuer Bund für eine neue Zeit. Darin besteht seine Mission, und in der Bergpredigt legt er seinen Zuhörern dieses Anliegen dar.

Der Fortgang der Evangelien zeigt, dass auch seine unmittelbaren Gefährten sich mit der Botschaft schwertaten, aber der Text hat eine gewaltige Wirkung entfaltet. Er hat das Zusammenleben der Menschen nicht grundlegend verändert. Dazu ist kein Text in der Lage. Aber er bedeutet in seiner Radikalität eine ständige Herausforderung. Das Vaterunser, das Jesus den Menschen bei dieser Gelegenheit als die richtige Form des Gebetes vorstellt, ist durch die lange Tradition des Christentums ein zentraler Gebetstext geblieben: ein knapper Text von eindringlicher Würde. Er ist frei von schwärmerischem Eifer und er hat auch deshalb durch alle Wechsel der Geschichte seinen zentralen Platz behalten. Die Bergpredigt bringt höchste göttliche Ansprüche an den Einzelnen mit der bewährten Ethik einer langen Tradition zusammen („Die Goldene Regel") und lässt auf diese Weise erkennen, dass die Botschaft Jesu sich nicht in einem freundlichen sozialen Miteinander erschöpft, dass sie aber den Menschen soweit zugewandt ist, dass sie sie bisweilen fordert, aber nicht überfordert. Gerade weil diese Predigt so grundsätzlich ist, sprechen ihre Worte moderne Zuhörer noch immer an. Es hilft, mit den Bedingungen vertraut zu sein, in denen sie vorgetragen wurde. Aber auch ohne diese Kenntnis vermögen diese Wort sogar zweitausend Jahre später noch immer ganz unterschiedliche Menschen unmittelbar anzusprechen. Es gibt nur sehr wenige Predigttexte, von denen man Vergleichbares sagen könnte.

Rede

Als Jesus die vielen Menschen sah, stieg er auf einen Berg.
  Er setzte sich, und seine Jünger traten zu ihm.
Dann begann er zu reden und lehrte sie.
Er sagte: Selig, die arm sind vor Gott;
denn ihnen gehört das Himmelreich.
Selig die Trauernden;
denn sie werden getröstet werden.
Selig, die keine Gewalt anwenden;
denn sie werden das Land erben.
Selig, die hungern und dürsten nach der Gerechtigkeit;
denn sie werden satt werden.
Selig die Barmherzigen;
denn sie werden Erbarmen finden.
Selig, die ein reines Herz haben;
denn sie werden Gott schauen.
Selig, die Frieden stiften;
denn sie werden Söhne Gottes genannt werden.
Selig, die um der Gerechtigkeit willen verfolgt werden;
denn ihnen gehört das Himmelreich.
Selig seid ihr, wenn ihr um meinetwillen beschimpft und
  verfolgt und auf alle mögliche Weise verleumdet werdet.
Freut euch und jubelt: Euer Lohn im Himmel wird groß
  sein. Denn so wurden schon vor euch die Propheten
  verfolgt.

Ihr seid das Salz der Erde. Wenn das Salz seinen Geschmack verliert, womit kann man es wieder salzig
  machen? Es taugt zu nichts mehr; es wird weggewor-
  fen und von den Leuten zertreten.
Ihr seid das Licht der Welt. Eine Stadt, die auf einem Berg
  liegt, kann nicht verborgen bleiben.
Man zündet auch nicht ein Licht an und stülpt ein Gefäß
  darüber, sondern man stellt es auf den Leuchter; dann
  leuchtet es allen im Haus.

So soll euer Licht vor den Menschen leuchten, damit sie eure guten Werke sehen und euren Vater im Himmel preisen.

Denkt nicht, ich sei gekommen, um das Gesetz und die Propheten aufzuheben. Ich bin nicht gekommen, um aufzuheben, sondern um zu erfüllen.

Amen, das sage ich euch: Bis Himmel und Erde vergehen, wird auch nicht der kleinste Buchstabe des Gesetzes vergehen, bevor nicht alles geschehen ist.

Wer auch nur eines von den kleinsten Geboten aufhebt und die Menschen entsprechend lehrt, der wird im Himmelreich der Kleinste sein. Wer sie aber hält und halten lehrt, der wird groß sein im Himmelreich.

Darum sage ich euch: Wenn eure Gerechtigkeit nicht weit größer ist als die der Schriftgelehrten und der Pharisäer, werdet ihr nicht in das Himmelreich kommen.

Ihr habt gehört, dass zu den Alten gesagt worden ist: Du sollst nicht töten; wer aber jemand tötet, soll dem Gericht verfallen sein.

Ich aber sage euch: Jeder, der seinem Bruder auch nur zürnt, soll dem Gericht verfallen sein; und wer zu seinem Bruder sagt: Du Dummkopf!, soll dem Spruch des Hohen Rates verfallen sein; wer aber zu ihm sagt: Du (gottloser) Narr!, soll dem Feuer der Hölle verfallen sein.

Wenn du deine Opfergabe zum Altar bringst und dir dabei einfällt, dass dein Bruder etwas gegen dich hat, so lass deine Gabe dort vor dem Altar liegen; geh und versöhne dich zuerst mit deinem Bruder, dann komm und opfere deine Gabe.

Schließ ohne Zögern Frieden mit deinem Gegner, solange du mit ihm noch auf dem Weg zum Gericht bist. Sonst wird dich dein Gegner vor den Richter bringen und der Richter wird dich dem Gerichtsdiener übergeben und du wirst ins Gefängnis geworfen.

Amen, das sage ich dir: Du kommst von dort nicht heraus, bis du den letzten Pfennig bezahlt hast.

Ihr habt gehört, dass gesagt worden ist: Du sollst nicht die Ehe brechen.

Ich aber sage euch: Wer eine Frau auch nur lüstern ansieht, hat in seinem Herzen schon Ehebruch mit ihr begangen.

Wenn dich dein rechtes Auge zum Bösen verführt, dann reiß es aus und wirf es weg! Denn es ist besser für dich, dass eines deiner Glieder verloren geht, als dass dein ganzer Leib in die Hölle geworfen wird.

Und wenn dich deine rechte Hand zum Bösen verführt, dann hau sie ab und wirf sie weg! Denn es ist besser für dich, dass eines deiner Glieder verloren geht, als dass dein ganzer Leib in die Hölle kommt.

Ferner ist gesagt worden: Wer seine Frau aus der Ehe entlässt, muss ihr eine Scheidungsurkunde geben.

Ich aber sage euch: Wer seine Frau entlässt, obwohl kein Fall von Unzucht vorliegt, liefert sie dem Ehebruch aus; und wer eine Frau heiratet, die aus der Ehe entlassen worden ist, begeht Ehebruch.

Ihr habt gehört, dass zu den Alten gesagt worden ist: Du sollst keinen Meineid schwören, und: Du sollst halten, was du dem Herrn geschworen hast.

Ich aber sage euch: Schwört überhaupt nicht, weder beim Himmel, denn er ist Gottes Thron, noch bei der Erde, denn sie ist der Schemel für seine Füße, noch bei Jerusalem, denn es ist die Stadt des großen Königs. Auch bei deinem Haupt sollst du nicht schwören; denn du kannst kein einziges Haar weiß oder schwarz machen. Euer Ja sei ein Ja, euer Nein ein Nein; alles andere stammt vom Bösen.

Ihr habt gehört, dass gesagt worden ist: Auge für Auge und Zahn für Zahn.

Ich aber sage euch: Leistet dem, der euch etwas Böses antut, keinen Widerstand, sondern wenn dich einer auf die rechte Wange schlägt, dann halt ihm auch die andere hin.

Und wenn dich einer vor Gericht bringen will, um dir das Hemd wegzunehmen, dann lass ihm auch den Mantel.

Und wenn dich einer zwingen will, eine Meile mit ihm zu gehen, dann geh zwei mit ihm.

Wer dich bittet, dem gib, und wer von dir borgen will, den weise nicht ab.

Ihr habt gehört, dass gesagt worden ist: Du sollst deinen Nächsten lieben und deinen Feind hassen.

Ich aber sage euch: Liebt eure Feinde und betet für die, die euch verfolgen,

damit ihr Söhne eures Vaters im Himmel werdet; denn er lässt seine Sonne aufgehen über Bösen und Guten, und er lässt regnen über Gerechte und Ungerechte.

Wenn ihr nämlich nur die liebt, die euch lieben, welchen Lohn könnt ihr dafür erwarten? Tun das nicht auch die Zöllner?

Und wenn ihr nur eure Brüder grüßt, was tut ihr damit Besonderes? Tun das nicht auch die Heiden?

Ihr sollt also vollkommen sein, wie es auch euer himmlischer Vater ist.

Hütet euch, eure Gerechtigkeit vor den Menschen zur Schau zu stellen; sonst habt ihr keinen Lohn von eurem Vater im Himmel zu erwarten.

Wenn du Almosen gibst, lass es also nicht vor dir herposaunen, wie es die Heuchler in den Synagogen und auf den Gassen tun, um von den Leuten gelobt zu werden. Amen, das sage ich euch: Sie haben ihren Lohn bereits erhalten.

Wenn du Almosen gibst, soll deine linke Hand nicht wissen, was deine rechte tut.

Dein Almosen soll verborgen bleiben und dein Vater, der auch das Verborgene sieht, wird es dir vergelten.

Wenn ihr betet, macht es nicht wie die Heuchler. Sie stellen sich beim Gebet gern in die Synagogen und an die Straßenecken, damit sie von den Leuten gesehen werden. Amen, das sage ich euch: Sie haben ihren Lohn bereits erhalten.

Du aber geh in deine Kammer, wenn du betest, und schließ die Tür zu; dann bete zu deinem Vater, der im Verborgenen ist. Dein Vater, der auch das Verborgene sieht, wird es dir vergelten.

Wenn ihr betet, sollt ihr nicht plappern wie die Heiden, die meinen, sie werden nur erhört, wenn sie viele Worte machen.

Macht es nicht wie sie; denn euer Vater weiß, was ihr braucht, noch ehe ihr ihn bittet.

So sollt ihr beten: Unser Vater im Himmel,

dein Name werde geheiligt,

dein Reich komme,

dein Wille geschehe

wie im Himmel, so auf der Erde.

Gib uns heute das Brot, das wir brauchen.

Und erlass uns unsere Schulden,

wie auch wir sie unseren Schuldnern erlassen haben.

Und führe uns nicht in Versuchung,

sondern rette uns vor dem Bösen.

Denn wenn ihr den Menschen ihre Verfehlungen vergebt, dann wird euer himmlischer Vater auch euch vergeben.

Wenn ihr aber den Menschen nicht vergebt, dann wird euch euer Vater eure Verfehlungen auch nicht vergeben.

Wenn ihr fastet, macht kein finsteres Gesicht wie die Heuchler. Sie geben sich ein trübseliges Aussehen, damit die Leute merken, dass sie fasten. Amen, das sage ich euch: Sie haben ihren Lohn bereits erhalten.

Du aber salbe dein Haar, wenn du fastest, und wasche dein Gesicht,

damit die Leute nicht merken, dass du fastest, sondern nur dein Vater, der auch das Verborgene sieht; und dein Vater, der das Verborgene sieht, wird es dir vergelten.

Sammelt euch nicht Schätze hier auf der Erde, wo Motte und Wurm sie zerstören und wo Diebe einbrechen und sie stehlen,

sondern sammelt euch Schätze im Himmel, wo weder Motte noch Wurm sie zerstören und keine Diebe einbrechen und sie stehlen.

Denn wo dein Schatz ist, da ist auch dein Herz.

Das Auge gibt dem Körper Licht. Wenn dein Auge gesund ist, dann wird dein ganzer Körper hell sein.

Wenn aber dein Auge krank ist, dann wird dein ganzer Körper finster sein. Wenn nun das Licht in dir Finsternis ist, wie groß muss dann die Finsternis sein!

Niemand kann zwei Herren dienen; er wird entweder den einen hassen und den andern lieben oder er wird zu dem einen halten und den andern verachten. Ihr könnt nicht beiden dienen, Gott und dem Mammon.

Deswegen sage ich euch: Sorgt euch nicht um euer Leben und darum, dass ihr etwas zu essen habt, noch um euren Leib und darum, dass ihr etwas anzuziehen habt. Ist nicht das Leben wichtiger als die Nahrung und der Leib wichtiger als die Kleidung?

Seht euch die Vögel des Himmels an: Sie säen nicht, sie ernten nicht und sammeln keine Vorräte in Scheunen; euer himmlischer Vater ernährt sie. Seid ihr nicht viel mehr wert als sie?

Wer von euch kann mit all seiner Sorge sein Leben auch nur um eine kleine Zeitspanne verlängern?

Und was sorgt ihr euch um eure Kleidung? Lernt von den Lilien, die auf dem Feld wachsen: Sie arbeiten nicht und spinnen nicht.

Doch ich sage euch: Selbst Salomo war in all seiner Pracht nicht gekleidet wie eine von ihnen.

Wenn aber Gott schon das Gras so prächtig kleidet, das heute auf dem Feld steht und morgen ins Feuer geworfen wird, wie viel mehr dann euch, ihr Kleingläubigen!

Macht euch also keine Sorgen und fragt nicht: Was sollen wir essen? Was sollen wir trinken? Was sollen wir anziehen?

Denn um all das geht es den Heiden. Euer himmlischer Vater weiß, dass ihr das alles braucht.

Euch aber muss es zuerst um sein Reich und um seine Gerechtigkeit gehen; dann wird euch alles andere dazugegeben.

Sorgt euch also nicht um morgen; denn der morgige Tag wird für sich selbst sorgen. Jeder Tag hat genug eigene Plage.

Richtet nicht, damit ihr nicht gerichtet werdet!

Denn wie ihr richtet, so werdet ihr gerichtet werden, und nach dem Maß, mit dem ihr meßt und zuteilt, wird euch zugeteilt werden.

Warum siehst du den Splitter im Auge deines Bruders, aber den Balken in deinem Auge bemerkst du nicht?

Wie kannst du zu deinem Bruder sagen: Lass mich den Splitter aus deinem Auge herausziehen! – und dabei steckt in deinem Auge ein Balken?

Du Heuchler! Zieh zuerst den Balken aus deinem Auge, dann kannst du versuchen, den Splitter aus dem Auge deines Bruders herauszuziehen.

Gebt das Heilige nicht den Hunden und werft eure Perlen nicht den Schweinen vor, denn sie könnten sie mit ihren Füßen zertreten und sich umwenden und euch zerreißen.

Bittet, dann wird euch gegeben; sucht, dann werdet ihr finden; klopft an, dann wird euch geöffnet.
Denn wer bittet, der empfängt; wer sucht, der findet; und wer anklopft, dem wird geöffnet.
Oder ist einer unter euch, der seinem Sohn einen Stein gibt, wenn er um Brot bittet,
oder eine Schlange, wenn er um einen Fisch bittet?
Wenn nun schon ihr, die ihr böse seid, euren Kindern gebt, was gut ist, wie viel mehr wird euer Vater im Himmel denen Gutes geben, die ihn bitten.

Alles, was ihr also von anderen erwartet, das tut auch ihnen! Darin besteht das Gesetz und die Propheten.
Geht durch das enge Tor! Denn das Tor ist weit, das ins Verderben führt, und der Weg dahin ist breit und viele gehen auf ihm.
Aber das Tor, das zum Leben führt, ist eng und der Weg dahin ist schmal und nur wenige finden ihn.

Hütet euch vor den falschen Propheten; sie kommen zu euch wie (harmlose) Schafe, in Wirklichkeit aber sind sie reißende Wölfe.
An ihren Früchten werdet ihr sie erkennen. Erntet man etwa von Dornen Trauben oder von Disteln Feigen?
Jeder gute Baum bringt gute Früchte hervor, ein schlechter Baum aber schlechte.
Ein guter Baum kann keine schlechten Früchte hervorbringen und ein schlechter Baum keine guten.
Jeder Baum, der keine guten Früchte hervorbringt, wird umgehauen und ins Feuer geworfen.
An ihren Früchten also werdet ihr sie erkennen.

Nicht jeder, der zu mir sagt: Herr! Herr!, wird in das Himmelreich kommen, sondern nur, wer den Willen meines Vaters im Himmel erfüllt.

Viele werden an jenem Tag zu mir sagen: Herr, Herr, sind wir nicht in deinem Namen als Propheten aufgetreten und haben wir nicht mit deinem Namen Dämonen ausgetrieben und mit deinem Namen viele Wunder vollbracht?

Dann werde ich ihnen antworten: Ich kenne euch nicht. Weg von mir, ihr Übertreter des Gesetzes!

Wer diese meine Worte hört und danach handelt, ist wie ein kluger Mann, der sein Haus auf Fels baute.

Als nun ein Wolkenbruch kam und die Wassermassen heranfluteten, als die Stürme tobten und an dem Haus rüttelten, da stürzte es nicht ein; denn es war auf Fels gebaut.

Wer aber meine Worte hört und nicht danach handelt, ist wie ein unvernünftiger Mann, der sein Haus auf Sand baute.

Als nun ein Wolkenbruch kam und die Wassermassen heranfluteten, als die Stürme tobten und an dem Haus rüttelten, da stürzte es ein und wurde völlig zerstört.

Otto I.

Ansprache vor der Schlacht auf dem Lechfeld IM JAHR 955

Einführung

Die Schlacht gegen die ungarischen Reiterkrieger, die Otto I. am 10. August 955 eröffnete, entschied wahrscheinlich über seine Zukunft als möglicher Kaiser. Otto war seit 936 König des Ostfrankenreiches. Er war seinem Vater, dem legendären Heinrich I., auf den Thron gefolgt. Heinrich war vor seiner Erhebung Herzog der Sachsen gewesen, jenes Stammes, den Karl der Große in blutigen Eroberungskämpfen seiner Herrschaft unterwarf. Die Sachsen wurden getauft und ihr Land wurde zu einem Teil des Frankenreiches. Gut hundert Jahre später wurde dann mit Heinrich I. ein Herzog dieser Sachsen zum Erbe der Karolinger im östlichen Teil von Karls ehemaligem Reich. Und mit Otto I. wurde ein Sachse sogar Nachfolger Karls des Großen auf dem Kaiserthron. Heinrich I. hatte eine wichtige Veränderung in der Erbfolge des Reiches vorgenommen. Anders als die Karolinger, die ihr Reich unter allen legitimen Königssöhnen aufteilten, hatte Heinrich verfügt, dass sein Reich nur an einen Sohn vererbt würde. Dieser Sohn war Otto. Seine Brüder wurden mit Herzogtümern abgefunden. Das bedeutete, dass das ostfränkische Reich nicht mehr geteilt werden sollte. Diese Lösung sagte Ottos Brüdern nicht zu. Sie waren die Verlierer dieser Entwicklung, und sie setzten sich zur Wehr. Otto musste ihre Aufstände niederringen, wobei er ein vernünftiges Augenmaß bewahrte. Er bestrafte die

Rebellen nicht, sondern gestand ihnen großmütig bedeutende Herrschaftstitel zu – nachdem sie sich unterworfen hatten.

Im Jahre 951 hatte Otto die Witwe des Königs von Italien geheiratet und damit einen Anspruch auf die Krone Italiens erlangt. So gelangte auch Rom, die Heimat des Kaisertums, in seine Reichweite. Zunächst sträubte sich der Papst noch, Otto zur Kaiserkrönung in Rom zu empfangen, aber Otto konnte warten. Er war ein mächtiger Mann, die selbstbewussten Worte, die er zu seinen Kriegern sprach, waren durchaus begründet. Im Sommer 955 bot sich ihm bei Augsburg die Gelegenheit zu einem entscheidenden Kampf. Die Ungarn hatten ihre westlichen Nachbarn schon in der Zeit Heinrichs I. immer wieder überfallen. Sie waren schnelle, geschickte Reiterkrieger, deren Spezialität der überraschende Angriff war. Sie ließen sich selten auf ernsthafte Schlachten ein. Sie waren Heiden, aber dennoch hatten sie verschiedentlich Allianzen mit christlichen Herren geschlossen, die in ihren Konkurrenzkämpfen Verbündete brauchten. Auch im Sommer 955 sollen sie sich mit Gegnern Ottos abgestimmt haben. Anders als bei ihren sonstigen Überfällen ließen sie sich im August 955 auf eine Belagerung Augsburgs ein. Die Stadt war notdürftig gerüstet und verfügte über einige einfache Befestigungsanlagen. Aber sie wurde durch einen energischen Mann geführt, Bischof Ulrich, der später heilig gesprochen wurde. Ulrich gelang es, den Widerstandswilllen seiner Leute so zu mobilisieren, dass sie die ersten Angriffe der Ungarn zurückschlugen und die Stadtbefestigungen verstärken konnten. König Otto zog bereits mit einem Heer zur Unterstützung heran. Die Ungarn waren seinen Panzerreitern an Zahl deutlich überlegen, verfügten aber über erheblich leichtere Bewaffnung. Es scheint, als hätten sie in Änderung ihrer üblichen Taktik eine Entscheidung gesucht. Bis heute wird die Geschichtsforschung nicht müde, originelle Erklärungen für die überraschende Tatsache zu präsen-

tieren, dass Ottos Krieger einen deutlichen Sieg erran-
gen. Tatsächlich gelang es Ottos Kämpfern nach manchen
Schwierigkeiten, das Schlachtfeld zu behaupten und die
Ungarn zu schlagen. Anders als bei den Kämpfen mit
Mitgliedern der eigenen Familie zeigte sich der Sieger
diesmal nicht großmütig. Die Schlacht auf dem Lechfeld
beendete die Bedrohung des Reiches durch die Ungarn.
Die Sieger verfolgten die geschlagenen Reiterkrieger und
ließen mit den Gefangenen keine Gnade walten. Auch
die Anführer wurden aufgehängt. Es war eine blutige
Lösung eines schon älteren Konflikts.

Die siegreichen Krieger Ottos sollen ihren König nach
Art der römischen Truppen noch auf dem Schlachtfeld
zum Kaiser ausgerufen haben. 962 wurde Otto durch den
Papst in Rom zum Kaiser gekrönt. Damit gelangte die
Kaisertradition Karls des Großen in das Ostfrankenreich,
wo sie in den kommenden Jahrhunderten blieb, als aus
dem Ostfrankenreich langsam das Reich und das spätere
Deutschland hervorgingen. Obwohl also auf dem Lechfeld eine Entscheidung von erheblicher Tragweite fiel, ist
in Ottos Worten zunächst eine relativ einfache Ethik des
„Die oder Wir" zu erkennen. Er war sich des göttlichen
Beistandes gewiss, aber darüber hinaus sprach er nicht
davon, ein Gemeinwesen zu beschützen, oder für ab-
strakte Werte wie Freiheit zu kämpfen. Er beschwor zwar
die Gefahr der drohenden Knechtschaft, aber er setzt ihr
kein eigenes Bewusstsein einer christlichen Staatsord-
nung entgegen. Noch lebte Europa in einfachen Verhältnissen. Die Ethik, die Otto beschwor, wurde von einer
vergleichsweise kleinen aristokratischen Elite geteilt. Sie
bestimmte die Geschicke des Reiches und sie konnte die
Mittel für die Waffen und die Rüstungen aufbringen. Auf
dem Lechfeld wurde nach einfachen Regeln gekämpft.
Die Entwicklung, die sich daran anschloss, führte dann
schon bald zu erheblich komplexeren Weltbildern.

Rede

In dieser Schicksalsstunde ist von uns Tapferkeit verlangt, das seht Ihr selbst, meine Krieger, die Ihr den Feind nicht fern, sondern vor uns aufgestellt seht. Bis jetzt habe ich mithilfe Eurer rastlosen Hände und dem ruhmreichen Einsatz Eurer niemals besiegten Waffen jenseits der Grenzen meines Bodens und meines Reiches überall gesiegt, und nun wende ich in meinem Land und in meinem Königreich den Rücken? Wir werden nur durch ihre Menge übertroffen, aber nicht durch Tapferkeit und nicht durch Waffenstärke. Wir wissen ja, dass ein großer Teil von ihnen gänzlich ohne Rüstung ist, und was für uns besonders tröstlich ist, ohne den Beistand Gottes. Diese sichert allein ihre Verwegenheit, uns die Hoffnung und der göttliche Schutz. Schämen müssten wir uns, wenn wir uns jetzt als die Herren von nahezu ganz Europa den Feinden ergäben. Lieber wollen wir im Kampf, wenn das Ende vor uns liegt, ruhmreich sterben, meine Krieger, als den Feinden unterworfen, ein Leben in Knechtschaft zu führen, oder mit Gewissheit nach der Art schlechter Tiere erdrosselt dahin zu sinken. Ich würde mehr sagen, meine Krieger, wenn ich wüsste, wie Eure Tapferkeit oder die Kühnheit Eurer Herzen durch Worte zu steigern wäre. Wir wollen die Zusammenkunft jetzt lieber mit Schwertern als mit Worten beginnen.

FRIEDRICH BARBAROSSA

Rede auf dem Hoftag in Roncaglia

IM JAHR 1158

EINFÜHRUNG

Im Herbst des Jahres 1158 hielt Kaiser Friedrich Barbarossa bei Roncaglia in der Poebene einen feierlichen Hoftag ab. Es war schon sein zweiter Zug nach Italien. Der Staufer war 1152 zum römischen (deutschen) König gewählt worden. Sein Herrschaftsantritt war mit großen Hoffnungen verbunden, denn in den Jahren zuvor hatte es zwischen den mächtigen Familien eine scharfe Konkurrenz um den Thron gegeben. Barbarossa traute man zu, die Gräben zu überwinden. So hatte er bereits 1155 in Rom die Kaiserkrönung empfangen und konnte 1158 seine Untertanen als *Imperator* (Kaiser) mit Herrschaftsgewalt in Deutschland und Italien (außerdem in Burgund) versammeln. Mit ihm waren hohe geistliche und weltliche Würdenträger aus Deutschland gekommen, die Reichsfürsten, und bei Roncaglia stießen die italienischen Herren und Vertreter der Städte zu diesem Zug. Die Städte Italiens waren deutlich größer als die deutschen Städte und sie verfügten über ein eigenes politisches Gewicht. Für die deutschen Fürsten und ihren Kaiser war dies eine neue Erfahrung. Sie kamen aus einer agrarischen Welt, die durch den landbesitzenden Adel geprägt wurde. Mit Verwunderung nahmen die mächtigen Adligen, die Barbarossa begleiteten, die Freiheitsbestrebungen der italienischen Städte zur Kenntnis, die von Stadträ-

69

ten regiert wurden. Allerdings unterstanden auch diese italienischen Städte dem Kaiser. Anlässlich des Hoftages entstand eine regelrechte provisorische Stadt. Der kaiserliche Zug errichtete ein Heerlager, das sich am Vorbild der römischen Antike orientierte, und daran lagerten sich kleine Vororte an, die durch die Zelte der Handwerker und Kaufleute entstanden. Waren und Neuigkeiten wurden ausgetauscht, aber es gab auch klare ordnungspolitische Anliegen zu verhandeln.

Friedrich Barbarossa nahm die Italienpolitik der Kaiser, die durch Otto I. begründet worden war, wieder auf, und er verbrachte einen gewichtigen Teil seiner fast 40jährigen Herrschaft (1152–1190) südlich der Alpen. Das war nicht immer so gewesen. Seine Vorgänger waren seltener nach Italien gezogen, weswegen sich die italienischen Untertanen an manchen Freiraum gewöhnt hatten. Barbarossa sprach diese Situation am Ende seiner Rede an (*während die Gesetze der Königreiche, bei denen das, was vorher galt, nachher durch Nichtbeachtung in Vergessenheit geraten ist, durch kaiserliche Heilmittel und durch Eure Umsicht erst wieder aufgehellt werden müssen*). Er hatte sich zum Ziel gesetzt, die Rechte des Reiches, und das bedeutete, die Rechte des Kaisers, in Italien wieder geltend zu machen. Das war für den Herrscher durchaus attraktiv, denn diese Rechte, die sogenannten *Regalien* wie Zölle, Münzrechte, Abgaben auf den Märkten, waren in dem wirtschaftlich starken Milieu Italiens ein realer Wert. Entsprechend zurückhaltend reagierten die Vertreter der betroffenen Städte. Sie zweifelten an der Rechtmäßigkeit von Barbarossas Ansprüchen. Doch in dieser Frage war der Kaiser entschieden. Sein Redetext lässt das erkennen. Er räumt dem Recht in seiner Herrschaft einen hohen Stellenwert ein. Neben der Waffengewalt, über die ein König immer verfügen musste, denn der Frieden war stets bedroht, war das Recht die wichtigste Stütze des Königs. Er war der oberste Richter seines Königreiches und er musste den Gesetzen Geltung verschaffen. *Wir jedoch, die wir den königlichen Namen tragen, wünschen lieber eine gesetzmäßige Herrschaft zu führen* – auch der Herrscher stand nicht über dem Gesetz, sondern musste seine Richtlinien respektieren. Sonst drohte die Tyrannei, und die Herrschaft des Königs verlor ihre Legitimität.

Friedrich Barbarossa räumte dem Recht eine besondere Rolle in seinem herrschaftlichen Selbstverständnis ein. Seine Rede ist ein entschiedener Ausdruck dieser Haltung. Eine wichtige Quelle für die Rechtsvorstellungen Barbarossas war das alte römische Recht. Dieses Recht war in der späten Antike in Byzanz aufgezeichnet worden, wobei sich die Rechtsgelehrten, die mit seiner Zusammenstellung beauftragt waren, bemüht hatten, die Rechtstraditionen des römischen Kaiserreichs umfassend zu dokumentieren. Für Barbarossa war dieses römische Recht so attraktiv, weil es dem Kaiser eine zentrale Rolle zuwies. Und dort wurde die Herrschaftsgewalt des Kaisers so beschrieben: *Die kaiserliche Majestät muss nicht allein mit Waffen geschmückt, sondern auch mit Gesetzen gerüstet sein.* Dieses Vorbild klang in Barbarossas Ansprache in Roncaglia an. Seit dem frühen 12. Jahrhundert nannte sich der deutsche König *König der Römer (rex Romanorum)*. Einen eigenen deutschen Königstitel gab es nicht. Dieser Titel war Ausdruck der engen Verbindung, die zwischen der deutschen Krone und dem Kaisertitel bestand. Friedrich Barbarossa trat unmittelbar in die Fußspuren seiner antiken Vorgänger, indem er eigene Ergänzungen (Novellen) zum römischen Recht erließ – so als lebe diese Kaisertradition ungebrochen fort. Ein Jahr vor dem Hoftag in Roncaglia hatte er seine kaiserliche Stellung folgendermaßen formuliert: *Weil wir durch die Gnade der göttlichen Vorsehung die Regierung der Stadt [Rom] und des Erdkreises innehaben, müssen wir je nach den wechselnden Ereignissen und Zeitläuften Sorge tragen für das geheiligte Reich und den göttlichen Staat.* Die Stilisierung des Reiches zum *geheiligten Reich* setzte unter Barbarossa ein. All dies diente einer besonderen Aura der Kaiserherrschaft.

Die Beschäftigung mit dem römischen Recht, auf das sich Barbarossa berief, wurde im 12. Jahrhundert insbesondere von den Juristen an den Schulen in Bologna vorangetrieben. Hier war das Zentrum der Rechtsstudien, und die berühmtesten Lehrer aus Bologna kamen nach Roncaglia, um den Kaiser zu beraten. Barbarossa soll die Rechtsexperten bei einem gemeinsamen Ausritt gefragt haben, ob der Kaiser nach dem Recht der Herr über die Welt sei. Die gefragten Experten waren sich nicht einig, und der Kaiser soll dem, der ihm die Herrschaft über die Welt zusprach, sein wertvolles Reitpferd geschenkt haben. Dies war ein frühes Beispiel dafür, dass sich die geschmeidige Beratung der Mächtigen auszahlen konnte. Die Berufung auf das Recht und die Gesetze, die die Rede so entschieden formulierte, war ein wichtiges Moment der kaiserlichen Herrschaft. Es war beruhigend zu wissen, dass der Kaiser seine Macht nicht willkürlich einsetzen wollte und dass er sich selbst an seine Gesetze gebunden sah. Dies war es, was Barbarossa betonte, und der Bericht hebt hervor, dass der Kaiser dafür große Zustimmung erfuhr.

Barbarossas Rede erscheint zunächst als Bekenntnis zu gemäßigter Machtausübung (Es gab immerhin auch eine römische Rechtstradition, die feststellte: *Was dem Kaiser gefällt, hat die Kraft des Gesetzes.* Davon grenzte Barbarossa sich hier ab). Allerdings waren Recht und Macht keineswegs deckungsgleich. So tat Barbarossa gut daran, zu versichern, dass der Kaiser sein Amt nicht zum persönlichem Vorteil missbrauchen wollte (das hätte ihn zum Tyrannen gemacht), aber war der Kaiser auch stark genug, das reklamierte Recht durchzusetzen? Dies war eine Frage der Macht und der Machtmittel, und in dieser Frage sollte sich zeigen, dass der Weg, den Barbarossa mit seiner Rede auf dem Hoftag von Roncaglia beschritt, sehr beschwerlich wurde. Tatsächlich zeigten die großen italienischen Städte dem Stauferkaiser seine Grenzen deutlich auf. Der starke Beginn der Italienpolitik Barbarossas, den die Rede in Roncaglia so eindrucksvoll markierte, verlor seinen Schwung in den Mühen der Poebene. Das große Mailand widersetzte sich schließlich den Ansprüchen des Kaisers, und nach schweren Niederlagen konnten die Mailänder mit der Hilfe der anderen lombardischen Städte ihren selbstbewussten Standpunkt gegenüber Barbarossa behaupten. Dies waren Kämpfe, die 1158 noch in einiger Ferne lagen. Barbarossas Rede auf dem Hoftag in Roncaglia war der Ausdruck eines neuen staufischen Bewusstseins von der Würde des kaiserlichen Amtes. Dieses Bewusstsein hat die deutsche Geschichte in den hundert Jahren nach Roncaglia tief geprägt.

Rede

Da es der göttlichen Ordnung, von der alle Gewalt im Himmel und auf Erden stammt, gefallen hat, dass wir das Ruder des römischen Reiches halten, so fördern wir, soweit wir mit Gottes Gnade vermögen, nicht mit Unrecht das, was wir zur Erhaltung der Würde desselben als nötig erkennen. Und wie wir recht wohl wissen, dass es die Pflicht der kaiserlichen Majestät ist, die Gottlosen und Ruhestörer durch unsere angestrengte Wachsamkeit und durch Furcht vor Strafen im Zaume zu halten, die Guten zu erhöhen und in der Ruhe des Friedens zu hegen, so wissen wir auch, welche Rechte und Ehren sowohl göttliche als menschliche Gesetze dem Gipfel der göttlichen Erhabenheit zugestanden haben. Wir jedoch, die wir den königlichen Namen tragen, wünschen lieber eine gesetzmäßige Herrschaft zu führen und zwar, um jeden bei seiner Freiheit und seinem Recht zu erhalten, als nach dem bekannten Wort: „alles ungestraft tun, das heißt König sein", durch Schrankenlosigkeit übermütig zu werden und das Amt der Herrschaft in Hoffart und Tyrannei zu verkehren. Unter Gottes Beistand werden wir mit dem Glück nicht unsern Charakter ändern; durch dieselben Eigenschaften werden wir das Reich zu erhalten trachten, durch die es zuerst erworben ward. Auch werden wir nicht dulden, dass durch unsere Lässigkeit jemand den Ruhm des Reiches und seine Hoheit vermindere. Weil man nun sowohl im Kriege wie im Frieden berühmt werden kann, und es dahinsteht, ob es besser sei, das Vaterland mit Waffen zu schützen oder durch Gesetze zu lenken, da beide Tätigkeiten einander ergänzen, so wollen wir, nachdem durch die Gnade der Gottheit die Stürme des Krieges sich gelegt haben, an den Erlass von Friedensgesetzen gehen. Ihr wisst aber, dass die bürgerlichen Rechte durch unsere Fürsorge aufs Höchste gefördert, befestigt und den Sitten der Rechtsuchenden angepasst, genügsam in Geltung stehen, während die Gesetze der Königreiche, bei denen das, was vorher galt, nachher durch Nichtbeachtung in Vergessenheit geraten ist, durch kaiserliche Heilmittel und durch Eure Umsicht erst wieder aufgehellt werden müssen. Mag nun unser oder Euer Recht niedergeschrieben werden, so muss bei seiner Feststellung darauf geachtet werden, dass es ehrbar, gerecht, möglich, notwendig, nützlich, Ort und Zeit entsprechend sei. Und darum müssen wir, ebenso wir Ihr, während wir das Recht begründen, mit großer Vorsicht zu Wege gehen, weil, wenn die Gesetze einmal aufgestellt sind, es nicht freistehen wird, über dieselben zu urteilen, sondern man nach den Richtlinien derselben wird urteilen müssen.

Martin Luther

Rede auf dem Reichstag zu Worms

18. April 1521

Einführung

Der Auftritt Martin Luthers vor Kaiser Karl V. und den Reichsständen im April 1521 in Worms hat Geschichte gemacht. Auch wenn die berühmten Worte „Hier stehe ich. Ich kann nicht anders" an dieser Stelle nicht so gesagt worden sind, so passen sie doch zu dem, was der Reformator sagte. Es scheint, als musste er es sagen. Die Reise Luthers nach Worms war nicht unumstritten. Sowohl seine entschiedenen Gegner, als auch seine Anhänger sahen sie mit Skepsis. Die Kritik Luthers an der römischen Kurie war klar, deutlich und öffentlich formuliert worden. Im Jahr 1520 hatte er seine Schriften „An den christlichen Adel deutscher Nation", „Von der babylonischen Gefangenschaft der Kirche" und „Von der Freiheit eines Christenmenschen" veröffentlicht. Es waren Reformschriften, und viele Fürsten auf dem Wormser Reichstag sahen sie als Schriften, deren Ziel die Reform der katholischen Kirche war. Forderungen nach einer Refom der Kirche hatten eine lange Tradition, und es war durchaus nicht unüblich, diese Forderungen in scharfem Ton vorzutragen. Viele Reichsfürsten billigten diese Sprache. Freilich gab es Grenzen. Das Beispiel von Jan Hus, der 1415 unter der Zusicherung des freien Geleits zum Konzil nach Konstanz gereist war, um seine Reformschriften zu verteidigen, diente als Warnung. König Siegmund hatte sich 1415 nicht an seine Schutzzusage gehalten, zu schwer würden die Vergehen von Jan Hus gegen den Glauben wiegen. Der böhmische Reformator wurde auf dem Scheiterhaufen verbrannt, sein Tod galt seinen Anhängern als Martyrium und er entfachte eine heftige religiöse und politische Bewegung. Manche Anhänger von Martin Luther befürchteten eine ähnliche Absicht hinter der kaiserlichen Ladung nach Worms. Doch Luther verwarf die Warnungen. Dabei gingen seine Anliegen bereits deutlich über eine Reform der Kirche im Rahmen der bestehenden Ordnung hinaus.

Der Zeitpunkt, an dem sich Martin Luther von der katholischen Kirche abwandte, ist nicht eindeutig zu bestimmen. Begonnen hatte er als Novize des strengen Augustinereremitenordens, dem er 1505 beigetreten war. Aber das klösterliche Leben stellte seinen unruhigen Geist nicht zufrieden. Er studierte die großen Theologen des Mittelalters, reiste nach Rom und wurde 1512 schließlich Professor in Wittenberg. Das Erlebnis Roms hatte seinen kritischen Geist herausgefordert. Er nahm an dem kaufmännischen Umgang mit den göttlichen Gnadengaben Anstoß. Allzu berechnend erschien ihm dieses Milieu. Doch war es nicht auf Rom beschränkt. Der große reformerische Auftritt Martin Luthers, der in dem – mittlerweile unter Historikern umstrittenen – Thesenanschlag an der Schlosskirche in Wittenberg seinen Höhepunkt fand, wird traditionell als Antwort auf den römischen Ablasshandel verstanden. Der Nachlass zeitlicher Sündenstrafen, also die Verkürzung der Zeit im vermeintlichen Fegfeuer, für die Zahlung von Geld, erlebte unmittelbar vor dem Schritt Luthers in die Öffentlichkeit 1517 einen Höhepunkt.

Der Markgraf von Brandenburg und Erzbischof von Magdeburg war 1514 noch zum Erzbischof von Mainz gewählt worden, und er musste die notwendigen Gebühren für seinen Amtsantritt durch eine großangelegte Ablasskampagne einholen. Der Auftrag ging an den Dominikaner Johannes Tetzel, der einen enormen Eifer entfaltete, dem auch die Gläubigen in Luthers Umfeld bereitwillig folgten. Dadurch sah sich Martin Luther herausgefordert, und er prangerte die zeitgenössische Ablasspraxis leidenschaftlich an. So wurde man in Rom auf ihn aufmerksam, und man sah in dem Wittenberger Professor einen möglichen Gegner. So begann der Konflikt Martin Luthers mit der römischen Kurie, der im Jahr 1520 einen ersten Höhepunkt erreichte. In diesem Jahr erschienen die bereits genannten Schriften Luthers, und in Rom veröffentlichte die Kurie eine Bannandrohungsbulle gegen den Wittenberger Theologen. Martin Luther zeigte sich unbeeindruckt. Am 10. Dezember zog er mit einigen Anhängern vor die Tore Wittenbergs und verbrannte dort die Bücher des Kanonischen Rechts und die päpstliche Bulle. Es war der offene Bruch mit der katholischen Kirche. Das Kanonische Recht enthielt in den Grundsatzentscheidungen großer Päpste und in zahllosen Einzelbestimmungen das ganze hierarchische Gebäude der mittelalterlichen Kirche. Dieses Recht zu verbrennen, bedeutete, die Kirche in ihrer bestehenden Form zu verneinen.

Das Reich hatte seit kurzem einen neuen Kaiser. Einige Diplomatie und noch mehr finanzieller Einsatz hatten schließlich zur Wahl des habsburgischen Kandidaten geführt: Im Juni 1519 hatten die deutschen Kurfürsten den Herzog von Burgund und König von Spanien Karl V. zum neuen Reichsoberhaupt gewählt, im Oktober 1520 wurde er in Aachen gekrönt, wo die Lieblingspfalz des ersten Kaisers seines Namens gewesen war (Karl der Große) und wo man im Mittelalter die römisch-deutschen Könige gekrönt hatte. Nun war Karl V. Kaiser – das bedeutete, er war der Beschützer der Kirche, und er befand sich im Reich, wo seit kurzem ein leidenschaftlicher Streit um die Zukunft dieser Kirche entbrannt war. So lud der Kaiser Martin Luther zu einem Reichstag nach Worms – am

6. März 1521, ein halbes Jahr nach seiner Krönung in Aachen.

Reichstage waren keine Stätten herrschaftlicher Auftritte. Dazu fehlte dem Kaiser die Machtgrundlage. Es waren sorgfältig ausbalancierte Zusammenkünfte des Reichsoberhauptes mit den Fürsten, die die eigentliche Macht im Reich ausübten – allerdings in ihren Territorien. Der Herrscher konnte sich über die Anliegen und Interessen dieser Männer nicht hinwegsetzen. Karl V. hatte in diesem politischen Spiel wenig Erfahrung. Eigentlich widerstrebte es ihm und seinen Beratern, einen Mann zu hören, den die Kirche bereits verurteilt hatte. Der päpstliche Nuntius Aleander wirkte im Umfeld des Kaisers energisch auf eine Verhaftung und Bestrafung Luthers hin, und er verlangte von den Reichsständen die Verhängung der Acht über den unbotmäßigen Theologen. Dazu aber waren die Stände ohne vorherige Anhörung Martin Luthers nicht bereit. Die Fürsten und Herren hatten die große Zustimmung erlebt, die Luthers Positionen in der Bevölkerung erfuhren. Sie fürchteten die Konsequenzen einer Verurteilung. So sah sich der Kaiser aus politischen Erwägungen – aus Rücksichtnahme auf die Stände – gezwungen, Martin Luther gegen die Zusicherung freien Geleits nach Worms zu laden, obwohl Karl V. und seine Berater davon überzeugt waren, dass Luther Irrlehren verbreite und seine Verfolgung geboten sei. Eine Bestrafung Luthers war zu diesem Zeitpunkt nicht durchsetzbar.

Martin Luther erhielt die Vorladung nach Worms am 26. März. Wenige Tage später brach er auf. Es war eine riskante Mission. Der Kaiser, seine Berater und der päpstliche Nuntius würden Argumenten kaum zugänglich sein. Sie waren von seiner Schuld überzeugt und taten mit der Ladung vor das Forum des Reichstages einer Form Genüge, die ihnen eigentlich fremd war. Das

Schicksal von Jan Hus erschien als eindringliche Mahnung. Doch zunächst erlebte Martin Luther allerorten großen Zuspruch. Der Weg von Wittenberg nach Worms war ein Weg quer durch das Reich. In Leipzig und Erfurt empfing man ihn ehrenvoll, an vielen Orten erhielt er die Gelegenheit zu predigen, und er fand ein großes Publikum. Am Morgen des 16. April erreichte er Worms, wo ihm die Menschen in den Straßen zujubelten. Schon am nächsten Tag trat er vor den Kaiser. Die Spielregeln für das Zusammentreffen standen fest: Luther durfte nur auf Fragen antworten, eine von ihm angestrebte Disputation über seine theologischen Positionen würde es nicht geben. Tatsächlich war dies ein Verhör. Luther wurden in Worms nur zwei Fragen gestellt: ob er die vorliegenden Schriften als die seinen anerkenne und ob er sie widerrufen wolle? Während er die erste Frage bejahte, und die ihm vorliegenden Werke als seine anerkannte (es waren etwa 20 Titel, die man auf einer Bank ausgelegt hatte), erbat er für die Antwort auf die zweite Frage einen Tag Bedenkzeit. Sie wurde ihm gewährt. In dieser Bedenkzeit bereitete Martin Luther die Antwort vor, deren Text im Folgenden wiedergegeben ist. Sein vorsichtiger Auftritt am ersten Tag – Luther hatte so leise gesprochen, dass er kaum zu verstehen war – erfüllte seine Gegner mit der Hoffnung, er möge einlenken. Das war ein Irrtum, wie sich am folgenden Tag erweisen sollte.

Luthers Auftritt vor dem Kaiser vermied den offenen Bruch, aber er war doch so eindeutig, dass Karl V. die Stände veranlasste, in einem gemeinsamen Edikt, die offenkundige Ketzerei in Luthers Lehren festzustellen. Das Wormser Edikt verlangte die Verhaftung des Ketzers und seine Auslieferung an den Kaiser. Martin Luther hatte Worms vier Wochen zuvor verlassen, fünf Tage nach seinem Auftritt vor Karl V. Es folgte der vorgetäuschte Überfall auf den Reformator, in dessen Folge Luther als Junker Jörg auf der Wartburg an einer Übersetzung der

Bibel in die deutsche Sprache arbeitete. Eineinhalb Jahre nach seinem mutigen Auftritt vor dem Kaiser war sie fertig. Die großen Glaubenskämpfe standen noch bevor. Der Reichstag in Worms war erst der Auftakt.

Rede

Allerdurchlauchtigster Großmächtigster Kaiser, Durchlauchtigste Fürsten, Gnädigste und Gnädige Herren! Auf den Termin und Bedenkzeit, mir des gestrigen Abends angestellt und ernennet, erschein ich als der Gehorsame und bitt durch die Barmherzigkeit Gottes, Euer kaiserliche Majestät und Gnaden geruhen, als ich hoff, diese Sachen der Gerechtigkeit und Wahrheit gnädiglich anzuhören. Und so ich von wegen meiner Unerfahrung jemand entweder seine gebührenden Titel nit geben würd oder aber mit einigen Gebärden und Weise wider die hoflichen Sitten handeln, mir solches gnädiglich zu verzeihen als einem, der nicht an fürstlichen Höfe erzogen, sondern in Mönchswinkeln aufkommen und erwachsen, welches ich von mir nicht anders erzeigen kann, denn dass ich bisher mit solcher Einfalt des Gemüts geschrieben und gelehrt habe, dass ich auch auf Erden nichts anders denn Gottes Ehre und die unentgänzte Unterweisung der Christgläubigen gesucht hab.

Allergnädigster Kaiser, Gnädigste und Gnädige Kurfürsten, Fürsten und Herren! Auf die zwei Artikel, gestern von Euer Kaiserlichen Majestät und Euern Gnaden vorgelegt, als nämlich: ob ich die erzählten Büchlein und in meinem Name ausgegangen für die meine bekennte und dieselben zu vertreten beharren wollt oder aber dieselben widerrufen, darauf ich meine bereite und klare Antwort geben hab auf den ersten Artikel, darauf ich nochmals besteh und ewiglich bestehn will, als nämlich, dass dieselben Bücher mein sind, es hätt sich denn mittlerweile begeben, dass durch meiner Missgünstigen entweder Betrug oder aber unfügliche Weisheit etwas darin verändert oder verkehrlich ausgezogen wäre. Denn ich bekenne mich zu nichts anderm, denn das mein allein oder aber von mir allein geschrieben ist ohne alle andern Sorgfältigkeit, Auslegung und Deutung.

Weil ich aber auf den andern Artikel Antwort geben soll, bitte Euer kaiserliche Majestät und Gnaden ich untertäniglich, sie wollen ein flaches Aufachten haben, dass meine Bücher nicht einerlei Art sind. Denn es sind etliche, in welche ich die Güte des Glaubens und der Sitten so evangelisch und schlechtlich gehandelt hab, dass sie auch meine Widerwärtigen müssen bekennen für nutzbar und unschädlich und allenthalben würdig, dass sie von christlichen Leuten gelesen werden. Es macht auch die Bulle, wiewohl sonst an sich grimmig und grausam, etliche meiner Bücher unschädlich, wiewohl sie auch dieselben durch ein widernatürlich Urteil verdammet. Wenn ich nun dieselbe anhöbe zu widerrufen, was täte ich anders, denn dass ich allein unter allen Menschen die Wahrheit verdammte, welche die Freunde und Feinde zugleich bekennen und ich allein dem gemeinen und einträchtigen Bekenntnis entgegen wäre?

Die andere Art meiner Bücher ist, so wider das Papsttum und der Päpstischen Vornehmen und Handlung geht, als wider die, so mit ihren allerbösesten Lehren und Exempeln die christliche Welt mit beiden Übeln des Geistes und Leibes verheert, verwüstet und verderbet haben. Denn dies mag niemand weder verneinen noch verhehlen, weil die Erfahrung aller Menschen und die Klage allermänniglich Zeugen sind, dass durch die Gesetze des Papstes und Lehre der Menschen die Gewissen der Christgläubigen allerjämmerlichste gefangen, beschwert, gemartert und gepeinigt sind, auch die Güter und Habe bevor in dieser hochrühmlichen deutschen Nation durch unglaubliche Tyrannei verschlungen und erschöpft und nachmals ohn Ende verschlungen werden...

Wenn ich nun dieselben auch widerrufen würde, so würde ich nichts anders tun denn diese Tyrannei stärken und einem so großen unchristlichen Wesen nicht allein die Fenster, sondern die Türen auftun, die weiter und freier toben und schaden wird, denn sie sich bisher je hat dürfen unterstehen, und würde durch das Zeugnis dieses meines Widerspruchs das Reich ihrer allerfrechsten und allerunsträflichsten Bosheit dem armen, elenden Volk auf allerunleidlichste werden und dennoch bestätigt und befestigt werden, zuvor wenn man sagen würde, dass dies aus Macht und Geschäft Euer Kaiserlichen Majestät und des ganzen Römischen Reichs geschehen sei. Mein lieber Gott, wie ein groß Schanddeckel der Bosheit und Tyrannei würd ich sein!

Die dritte Art ist der Bücher, welche ich wider etliche sonderliche und ungemeine Personen geschrieben hab, als nämlich wider die, so sich unterwunden haben, die römische Tyrannei zu beschützen und den göttlichen Dienst, so ich gelernt, zu vertilgen; wider dieselben bekenne ich mich, heftiger gewest zu sein, denn dem christlichen Wesen und Stand geziemt. Denn ich mach mich nicht zu einem Heiligen, ich disputiere auch nicht von meinem Leben, sondern von der Lehre Christi. Ich kann dieselben Bücher aber auch nicht widerrufen darum, dass aus demselben meinem Widerspruch erfolgen würde, dass ihr tyrannisch, grimmig und wüterlich Regiment durch meinen Schitz, Handhabung und Rückhaltung regieren und herrschen würde und das Volk Gottes ungütlich und unbarmherzig handeln würde und viel geschwinder, denn sie bisher regiert und geherrscht haben.

Aber dieweil ich ein Mensch und nicht Gott bin, so mag ich meine Büchlein durch keine andere Handhabung erhalten, denn mein Herr Christus seine eigene Lehre unterhalten hat, welcher, als er von Annas nach seiner Lehr gefragt und vom Diener an einem Backen geschlagen war, sagt′ er: „Hab ich übel geredet, so gib mir Zeugnis von dem Übel!" Weil der Herrr selbst, der da gewusst hat, dass er nicht könne irren, sich dennoch nit geweigert hat, anzuhören Zeugnis wider seine Lehre auch von dem allerschnödesten Knecht, wieviel mehr ich Hefe, die nichts anders vermag denn irren, soll begehren und erwarten, ob mir jemand Zeugnis wollt geben wider meine Lehre! Derhalben ich bitt durch die Barmherzigkeit Gottes, Euer Kaiserliche Majestät und Gnaden oder alle andere von den Höchsten oder Niedersten wollen mir das Zeugnis geben, die Irrtümer erweisen, mich mit evangelischen und prophetischen Schriften überwinden. Denn ich will auf das allerbereiteste und willigste sein, so ich des unterwiesen werde, alle Irrtümer zu widerrufen und der allererste sein, der meine Bücher in das Feuer werfen will.

Aus welchem allen, ich meine, offenbar werde, dass ich genugsam bedacht, bewogen und ermessen hab die Gefahr, Besorglichkeit, Zwietracht, Aufruhr und Empörung, von wegen meiner Lehr in der Welt erwachsen, davon ich gestern ernstlich und festiglich bin erinnert worden. Wahrlich, mir ist das das Allerlustigste, zu sehen, dass von wegen des göttlichen Worts Parteien, Misshellung und Uneinigkeit werden. Denn das ist der Lauf, Fall und Ausgang des göttlichen Worts, wie der Herr selbst sagt: „Ich bin nicht kommen, den Frieden, sondern das Schwert zu senden; denn ich bin kommen, den Menschen abzusondern wider seinen Vater." Derhalben zu bedenken ist, wie wunderlich und erschrecklich Gott in seinen Räten, Vornehmen und Anschlägen ist, damit nicht vielleicht das, so die Parteien und Uneinigkeit hinzulegen vorgewandt wird, wenn wir anheben an der Verdammung des Worts Gottes, es wird gereichen zu einer Sintflut unleidlicher Übel, und dass man zu besorgen hat, damit nicht dieses allerfrömmsten Jünglings Kaiser Karl (in dem nächst Gott eine große Hoffnung ist) kaiserlich Regiment eines unglückseligen Anfangs sei.

Ich mocht mit viel Exempeln der Heiligen Schrift, von dem Pharao, vom König zu Babylon und den Königen zu Israel erklären und anzeigen, dass sie sich die Zeit am allermeisten verderbt haben, als sie mit den allerklügsten Räten und Anschlägen ihre Königreiche zu befreien und befesten sich unterstanden und beflissen haben. Denn er ist der, so die Arglistigen in ihrer eigenen Listigkeit fängt und die Berge umkehrt, ehe sie es inne werden, also dass man der Furcht Gottes bedarf. Ich sag dies nicht darum, dass so großen Häuptern meine Lehre und Ermahnung vonnöten sei, sondern dass ich meiner Heimat, deutschen Landen meinen Dienst nit haben sollen und wollen entziehen.

Und hiermit befehle Euer Kaiserlichen Majestät und Gnaden ich mich untertäniglich, in Demut bittend, sie wollen nit gestatten, mich gegen sie durch meiner Abgünstigen Übelmeinung verunglimpfen und in Ungnaden bringen.

Weil denn Eure Kaiserliche Majestät und Eure Gnade eine schlichte Antwort begehren, so will ich eine Antwort ohne Hörner und Zähne geben diesermaßen: Es sei denn, dass ich durch Zeugnisse der Schrift oder einleuchtende Gründe überwunden werde – denn ich glaube weder dem Papst noch den Konzilien allein, dieweil es am Tag ist, dass sie öfters geirrt und sich selbst widersprochen haben –, so bin ich überwunden durch die heiligen Schriften, so von mir angeführt und mein Gewissen ist gefangen in Gottes Wort. Derhalben kann und will ich nichts widerrufen, dieweil wider das Gewissen zu handeln beschwerlich, unheilsam und gefährlich ist. Ich kann nicht anders. Hier stehe ich. Gott helf mir. Amen.

ELISABETH I.

Die Goldene Rede

EINFÜHRUNG

Die goldene Rede Elisabeths I. erscheint als die ethische Bilanz einer langen Herrschaft. Elisabeth I. war inzwischen 68 Jahre alt und hatte England seit 43 Jahren regiert. Es war eine Herrschaft in bewegter Zeit, in einer Phase der europäischen Geschichte, in der sich politische Kämpfe um die Vormacht in Europa mit den Glaubenskämpfen des Reformationszeitalters überschnitten. Und es war die Herrschaft einer Frau in einem Milieu, das es schon für Männer schwierig machte, sich zu behaupten. Elisabeth musste um ihre Position als legitime Erbin und als unverheiratete Frau kämpfen. So konnte sie 1601 in der Tat auf eine ereignisreiche Herrschaft zurückblicken und ihre Erfahrungen mit der königlichen Haltung verklären, die ihr während all der Jahre geholfen hatte, sich gegen ihre Konkurrenten zu behaupten. Schon ihre Thronfolge war lange unwahrscheinlich gewesen. Elisabeth war die Tochter des berühmt-berüchtigten Heinrichs VIII. und seiner zweiten Frau Anna Boleyn. Anna war eine Hofdame aus dem englischen Hochadel, die sich nicht damit zufrieden gab, eine Mätresse des Königs zu sein, und so hatte sie seine Hand verlangt. Heinrichs Bemühen, seine Ehe mit seiner ersten Frau scheiden zu lassen, die ihm noch keinen Sohn geboren hatte, stieß auf den Widerstand des Papstes und führte schließlich zum Bruch Heinrichs mit der katholischen Kirche. Als Anna Boleyn keinen Sohn, sondern die Tochter Elisabeth zur Welt brachte, und auch später keine Söhne gebar, wandte

sich Heinrich VIII. von ihr ab. Er entdeckte neue Leiden-
schaften und heiratete insgesamt sechs Mal. Anna Boleyn
wurde wegen angeblichen Ehebruchs hingerichtet, als
Elisabeth noch keine drei Jahre alt war.

Die eifrigen Eheschließungen des Königs führten zu
komplizierten Familienverhältnissen. Die weniger erfolgreichen Ehen des Königs wurden annulliert, und die
Kinder aus diesen Ehen wurden dadurch illegitim (wenn
auch illegitime Königskinder). So durfte Elisabeth lange
Zeit nicht auf eine Thronfolge hoffen, zumal sie schließlich doch noch einen jüngeren Halbbruder bekam, und
ihr Vater damit den ersehnten Thronfolger (Edward,
1527). Elisabeth wuchs am Hof des Königs auf, denn die
letzte Frau Heinrichs VIII. war ihr zugetan, und sie er-
wies sich als ein sehr wissbegieriges Mädchen. Sie sprach
und las nicht nur Französisch, Italienisch und Spanisch,
sondern beherrschte auch die alten Sprachen. Ihr Latein
war ausgezeichnet, und sie hat auch als Königin regelmäßig Latein geschrieben und gesprochen. Dabei umfasste
die höfische Erziehung aber auch den Unterricht im Rei-
ten und Fechten. Elisabeth war noch keine vierzehn Jahre
alt, als ihr Vater starb.

Ihr Halbbruder Edward, der Thronfolger, war 4 Jahre
jünger als sie. So erhielt er nun die Krone, konnte aber
nicht selbstständig regieren, und Elisabeth geriet in das
Mächtespiel derjenigen, die die Situation nutzen wollten,
um sich einen Platz an der Macht zu sichern. Doch Edward
konnte die Hoffnungen seines Vaters nicht erfüllen, denn
er starb schon mit 16 Jahren. Die Thronfolge war mehr als
nur eine Personalfrage, denn der Abfall Heinrichs VIII.
von Rom lag noch nicht so lange zurück, dass Englands
Entscheidung für die Reformation unumkehrbar gewesen
wäre. Und die ältere Schwester Elisabeths, Maria, war die
Tochter Heinrichs VIII. und Katharinas von Aragón gewesen. Katharinas Heimat war eine katholische Bastion,
sie selber war eine Tante Karls V. Wenn Maria auf dem
Thron die alten Verbindungen wieder aufleben ließ, dann

machten sich die Anhänger der Reformation in England begründete Sorgen. Dies umso mehr, als Maria den König von Spanien, Philipp II. heiratete. Die Gefahr einer gewaltsamen Rekatholisierung erschien real. Elisabeth, die am Hof ihres Vaters nach dessen Abkehr von Rom aufgewachsen war, und die reformatorische Ideale hatte, musste nun erstmals in einem gefährlichen Geflecht von dynastischer Eifersucht, religiösen Überzeugungen und politischer Positionierung agieren, und sie tat dies mit leidlichem Erfolg. Sie entging den verschiedenen Gefahren, und so konnte sie im November 1558, als ihre Halbschwester verbittert starb, den Thron Englands einnehmen. Sie war 25 Jahre alt, und sie hatte eine schwere Aufgabe vor sich. Ihrem Land ging es wirtschaftlich nicht gut, größere militärische Unternehmungen erschienen nicht geraten. Es kam darauf an, in einem schwierigen Umfeld geschickt zu agieren.

Das habsburgische Spanien, das durch seine südamerikanischen Kolonien über weitgespannte Interessen verfügte (und trotz seiner reichen Edelmetallvorkommen am Rande des Staatsbankrotts agierte) war eine katholische Großmacht in Europa. Spanien blieb von der Reformation unberührt. Nicht so sein Konkurrent auf dem Festland: Frankreich. Das französische Königreich wurde von internen Machtkämpfen im Zeichen konfessioneller Gegensätze erschüttert, blieb aber schließlich katholisch, als Heinrich IV. 1593 seine hugenottische Überzeugung für die Übernahme von Paris zugunsten des Katholizismus ablegte („Paris ist eine Messe wert"). Doch blieb der Gegensatz zwischen Frankreich und dem habsburgischen Spanien trotz des gemeinsamen Bekenntnisses bestehen. Für die Spanier war die Aussicht, dass England zum Katholizismus zurückkehren könne, aus dem Blickwinkel der europäischen Kräfteverteilung nicht wünschenswert. Denn dann hätte sich eine Allianz des katholischen Frankreich mit dem klassischen Verbündeten Schottland und England ergeben können, die den Habsburgern Schwierigkeiten bereitet hätte. Das Verhältnis Englands und Spaniens war auf diese Weise immer heikel. In England war man zunächst durch eine gute Flotte geschützt, aber die erfahrenen spanischen Landtruppen waren den untrainierten englischen Milizen weit überlegen, was im Falle einer möglichen Invasion zu einer Gefahr werden konnte. Das Thema der spanischen Bedrohung durchzieht die Goldene Rede deutlich, wenn Elisabeth von der Verteidigung der Freiheit gegen die Tyrannei spricht. Sie vermochte es, die Konfrontation lange hinauszuzögern, aber schließlich kam es zu einem langen Kriegszustand, der auch bei ihrem Tod noch nicht beigelegt war.

Elisabeth versuchte, in der Herrschaftsausübung Konfrontationen zu vermeiden. Die Religionsfrage war ungeklärt. Dabei ging es nicht nur um die Frage, wie sich England zum Katholizismus verhalten solle, sondern angesichts einer Königin mit reformatorischen Überzeugungen darum, wie radikal die Reformen sein sollten. Es gab eine starke Fraktion, die einen entschieden reformierten Kurs in der Lehre und in der Liturgie verlangte, aber Elisabeth vermied es, als Oberhaupt der englischen Kirche den katholischen Kult öffentlich abzuwerten. Sie steuerte einen pragmatischen Kompromisskurs, der die Katholiken nicht brüskierte, der aber auch viele radikalere Kleriker, die mehr von ihr erhofft hatten, enttäuschte. Doch verhielt sie sich in dieser schwierigen Frage taktisch geschickt, indem sie durch Zurückhaltung die Bischöfe nötigte, ihrerseits innerhalb des Klerus auf Disziplin zu drängen und den Zorn darüber von der Königin abzulenken.

Das englische Königtum hatte bereits im späten Mittelalter darauf achten müssen, das Parlament nicht zu verstimmen, immerhin waren Steuerbewilligungen von der Zustimmung des Parlaments abhängig. Tatsächlich hatte das Parlament auch bei der Erhebung von Königen im 15. Jahrhundert eine wichtige Rolle gespielt, so dass es für

Elisabeth von Bedeutung war, sich das Einverständnis des Parlaments mit ihrer Politik zu sichern. Das fiel ihr nicht sehr schwer, zumal die Parlamentarier ihr nicht kritisch begegneten. Das Königtum Elisabeths kam noch ohne einen größeren Herrschaftsapparat aus, viel hing von dem persönlichen Auftritt der Königin ab. Elisabeth zeigte im Umgang mit ihren Untertanen immer wieder großes Geschick und Fingerspitzengefühl. Die starke Betonung der „Liebe" in ihrer Ansprache an die Parlamentarier ist von manchem Historiker für ein rhetorisches Mittel gehalten worden. Das ist möglich, wenngleich die besondere Betonung dieser persönlichen Hingabe an ihr Amt ohne tatsächlichen Einsatz niemanden beeindruckt hätte. Die Engländer hatten eine robuste Tradition im Umgang mit ihren Königen. Doch der häufige Verweis auf die Liebe zu ihren Untertanen führt uns die starke persönliche Dimension von Elisabeths Herrschaft vor Augen. Das Königtum war noch keine wirklich bürokratische Macht, es gewann und es verlor mit dem Auftritt und der Haltung des jeweiligen Herrschers oder der Herrscherin.

Elisabeth war sich ihrer begrenzten Mittel bewusst, darauf spielt sie in ihrer Rede auch an. Dem Land ging es wirtschaftlich nicht gut, dies war auch ein Grund, warum sie sich dem spanischen König gegenüber lange Zeit zurückhaltend verhielt. Auch als die Spannungen ab 1585 in offene Konfrontation übergingen, beschränkte sich Elisabeth auf eine hinhaltende Defensive. Die Krone stellte in größerer Zahl Kaperbriefe für englische Seeleute und Abenteurer aus, die die wertvollen spanischen Transporte aus der Neuen Welt überfielen und den Spaniern schwere Verluste zufügten. Francis Drake war der berühmteste dieser Freibeuter. Der lange Kriegszustand mit Spanien blieb auch in England nicht ohne Folgen. Die bisherige Duldung der Katholiken und ihres Klerus wurde zunehmend in Frage gestellt, die Fronten in der Religionsfrage verhärteten sich. Elisabeths ausgleichende Politik verlor allmählich an Boden, und in der längeren Schlussphase ihrer Herrschaft verdichteten sich die Krisenzeichen.

Die Goldene Rede war keine Rede in goldenen Zeiten. Sie selber sprach verschiedene Fälle an, in denen man ihr Vertrauen missbraucht hatte, um persönliche Vorteile zu erlangen. Das Parlament, vor dem Elisabeth ihre große Rede hielt, hatte ihr die Zustimmung zu den erbetenen Steuerbeschlüssen versagt, und es hatte sich selbstbewusst als politische Kraft erwiesen. Im direkten Umfeld des Hofes schien Elisabeth die Kontrolle über ihre Vertrauten und deren Taten im Namen der Krone zu verlieren. Insbesondere der Earl of Essex, dem sie längere Zeit erhebliches Vertrauen entgegen gebracht hatte und dem sie wichtige Aufgaben anvertraute, verlor die Grenzen seiner Befugnisse aus dem Blick. Im Namen der Königin ernannte er großzügig seine Gefolgsleute zu Rittern, eine Praxis, die Elisabeth immer äußerst zurückhaltend gehandhabt hatte, und die sie entschieden verurteilte. Der Earl of Essex hielt sich nicht an die Regeln von Elisabeths Hof und bereitete schließlich einen Umsturz vor. Er wurde entdeckt und Essex wurde im Februar 1601 hingerichtet. Es war ein Schlag für Elisabeth, die ihn lange gefördert hatte. Die Goldene Rede stand noch unter dem Eindruck dieses Geschehens.

Dagegen war es Elisabeth gelungen, die Gefahr einer spanischen Invasion der Inseln abzuwenden. 1588 hatte die englische Flotte die gewaltige spanische Armada von der Küste Englands abdrängen können, und die Spanier hatten durch Seegefechte und Schiffbruch große Verluste erlitten. Elisabeth hatte nach der überstandenen Gefahr in Tilbury vor ihren Truppen eine berühmt gewordene Rede gehalten, in der sie ihren Einsatz für ihre Untertanen beschwor („um unter Euch zu leben oder zu sterben"). Auch in der Folge konnte Philipp II. von Spanien keine schlagkräftige Invasionsflotte mehr mobilisieren, und als er 1598 starb, wurde die Gefahr einer Landung spanischer Truppen in England immer unwahrscheinlicher.

Ihr Volk vor dieser „Tyrannei" beschützt zu haben, das beanspruchte Elisabeth zu Beginn der Goldenen Rede.

Elisabeths Rede war ihr letzter großer Auftritt vor den Mitgliedern des Unterhauses, des politisch aktiveren Teils des englischen Parlaments. Es war eine Rede in einer schwierigen Situation, und doch war sie mehr als eine Stellungnahme in politischer Absicht. Sie sprach die aktuellen Probleme an, aber sie sprach grundsätzlicher. Es war die Rede einer Königin, die in bewegten Zeiten ihr Land lange erfolgreich regiert hatte.

Rede

Wir verstehen Eure Anwesenheit als Zeichen Eurer Dankbarkeit uns gegenüber. Ich empfange sie mit keiner geringeren Freude, als Eure Liebe empfand, als sie den Wunsch verspürte, ein solches Geschenk darzubringen, und ich rechne es höher an als alle materiellen Schätze, die wir durchaus zu schätzen wissen. Jedoch Loyalität, Liebe und Dankbarkeit, die ermesse ich als unschätzbar, und obwohl Gott mich so sehr erhöht hat, so sehe ich doch den Ruhm meiner Krone darin, dass ich mit Eurer Liebe regiert habe. Deswegen freue ich mich nicht so sehr, dass Gott mich ausersehen hat, Königin zu sein, als vielmehr die Königin eines solch dankbaren Volkes zu sein, und als Gottes Werkzeug Eure Sicherheit bewahren zu können, und Euch vor der Gefahr zu schützen, ja sogar das Instrument zu sein, um Euch von der Ehrlosigkeit zu erlösen, von der Schande und der Niedertracht, um Euch vor der Knechtschaft zu bewahren und vor der Versklavung durch Eure Feinde, und vor der grausamen Tyrannei und der grausamen Unterdrückung, die man für uns vorgesehen hatte. Um darin standhaft sein zu können, nehmen wir Eure angebotene Hilfe gerne an, und wir verstehen sie besonders als ein Zeichen Eurer Liebe und Großherzigkeit gegenüber Eurem Souverän. Über mich selbst muss ich sagen, dass ich niemals ein habsüchtiger, gieriger Raffer war, noch ein Fürst, der an allem entschieden festhielt, aber auch kein Verschwender. Niemals habe ich mein Herz an irgendein weltliches Gut gehängt, sondern allein an das Wohl meiner Untertanen. Was Ihr mir zuwendet, das werde ich nicht anhäufen, sondern ich nehme es an, um es Euch zurückzugeben, sogar meinen eigenen Besitz sehe ich als den Euren an, der zu Eurem Wohl verwendet wird, und mit Euren Augen sollt Ihr sehen, wie er zu Eurem Wohle eingesetzt wird.

Herr Sprecher, Ich möchte Euch und die Anderen bitten, aufzustehen, denn ich fürchte, dass ich Euch noch mit einer längeren Rede behelligen werde.

Herr Sprecher, Ihr dankt mir, aber es ist an mir, Euch zu danken, und ich trage Euch auf, dankt den Mitgliedern des Unterhauses in meinem Namen, denn hätte ich von Euch keine Nachrichten erhalten, so hätte ich einen Irrtum begehen können, nur aus Mangel an wahrer Information.

Seit ich Königin bin, habe ich niemals eine Bewilligung unterschrieben, es sei denn, es erschien mir, dass es zum Wohle und Nutzen meiner Untertanen im Allgemeinen sei, oder auch schon einmal zum Vorteil eines meiner alten Diener, der es wohl verdient hatte. Aber dass meine Konzessionen Kummer über mein Volk bringen würden, und Bedrückungen in der Gestalt unserer Urkunden erscheinen würden, das würde unsere fürstliche Würde nicht zulassen.

Als ich davon vernahm, konnte ich meinen Gedanken keine Ruhe gönnen, bis ich den Zustand geändert hatte, und diese Schufte, diese liederlichen Personen, die meine Großzügigkeit missbrauchen, sollen wissen, dass ich es nicht dulden werde. Und Herr Sprecher, sagen Sie dem Haus in meinem Namen, dass ich außerordentlich dankbar bin, dass ich durch sie Kenntnisse dieser Dinge erlangt habe. Und obwohl unter ihnen die bedeutendsten Mitglieder nicht persönlich betroffen sind, und daher nicht über irgendeinen eigenen Kummer sprechen müssten, so haben wir doch gehört, dass andere Gentlemen dieses Hauses, die ebenso frei sind, ebenso frei dort gesprochen haben, woraus wir ersehen, dass keine Vorbehalte oder Interessen sie geleitet haben, als die Entschlossenheit, keine Minderung unserer Ehre und der Liebe unserer Untertanen hinzunehmen. Den Eifer dieser Zuneigung, der mein Volk tröstet und seine Herzen an uns knüpft, empfange ich mit einer fürstlichen Zuneigung stärker als gegenüber allen weltlichen Schätzen. Mir liegt viel an der Liebe meines Volkes, und mehr als sie würde ich nicht verdienen wollen. Gott, der mir diesen Platz gab, und der mich über Euch setzte, weiß, dass ich niemals auf mich selbst geachtet habe, sondern dass Euer Wohl in mir aufgehoben war, allein, welche Gefahren, welche Schlichen, welche Risiken ich durchlebt habe, das wissen Einige von Euch, wenn nicht sogar Alle; aber keine dieser Angelegenheiten berührt mich, oder hat mir jemals Furcht eingeflößt, denn Gott hat mich gerettet.

Und während ich dieses Land regierte, habe ich immer Gottes Gericht vor Augen, um so zu regieren, dass ich mich vor dem höchsten Richter dafür verantworten werde, an dessen Richterstuhl ich appelliere, dass ich niemals einen Gedanken in meinem Herzen bewegt habe, der nicht dem Wohl meines Volkes galt.

Und wenn meine königliche Großzügigkeit missbraucht worden ist, und meine Bewilligungen entgegen meiner Absicht so verdreht wurden, dass sie meinem Volk geschadet haben, oder wenn jemand in meinem Auftrag meine Anweisungen außer acht ließ oder sie veränderte, so hoffe ich, dass Gott mir ihre Schuld nicht zur Last legen wird.

Ein König zu sein, und eine Krone zu tragen, ist für die, die es sehen, glorreicher, als es denen angenehm ist, die sie tragen. Was mich angeht, so habe ich niemals so viel Wert auf den ruhmvollen Titel eines Königs oder die herrschaftliche Autorität einer Königin gelegt, als ich

Freude daran empfand, dass Gott mich zu seinem Werkzeug gemacht hat, um seine Wahrheit und seinen Ruhm zu bewahren, und sein Königreich gegen Ehrlosigkeit, Schaden, Tyrannei und Unterdrückung zu verteidigen. Doch sollte ich nur eine dieser Errungenschaften mir selbst zuschreiben, oder der Schwachheit meines Geschlechts, so verdiente ich nicht zu leben, und wäre der Gnaden, die ich aus den Händen Gottes empfing, gänzlich unwürdig, denn von ihm allein und ganz von ihm stammt all dies.

Die Sorgen und Mühen einer Krone kann ich nur mit den Mitteln eines erfahrenen Arztes vergleichen, parfümiert mit einem aromatischen Geschmack, oder mit bitteren Pillen, die durch einen Überzug einfacher zu nehmen sind, und uns nicht so sehr abstoßen, da sie tatsächlich bitter und unangenehm schmecken. Was mich angeht, wäre da nicht das Gewissen, so könnte ich die Aufgabe abgeben, die Gott mir auferlegt hat, seinen Ruhm zu bewahren und Eure Sicherheit zu erhalten; ich selber wäre bereit, meinen Platz an jeden anderen abzutreten, und ich wäre froh, mit den Ehren auch von all den Mühen befreit zu sein, denn es ist nicht mein Wunsch, länger zu leben oder länger zu regieren, als mein Leben und meine Herrschaft zu Eurem Wohle beitragen. Und obwohl Ihr viele mächtigere und verständigere Könige hattet und vielleicht haben werdet, die in diesem Thronsessel saßen, so hattet Ihr doch niemals und werdet niemals einen solchen haben, der Euch mehr liebt.

Herr Sprecher, Ich empfehle mich Eurer loyalen Zuneigung, und Euch meiner besonderen Fürsorge und Euren künftigen Ratschlüssen, und ich bitte Euch, Herr Kontrolleur, und Herr Sekretär, und Euch Mitglieder meines Rates, dass Ihr diese Gentlemen alle zu mir bringt, bevor sie in ihre Grafschaften abreisen, um meine Hand zu küssen.

George Jacques Danton

Verteidigungsrede vor dem Revolutionstribunal

Einführung

„Die Revolution frisst ihre Kinder". Dieser Ausspruch von Vergniaud, einem der führenden Köpfe der sogenannten Girondisten, einer der Parteiungen im erbitterten Kampf um die Führung des revolutionären Geschehens in Frankreich, erreichte im Frühjahr 1794 einen finsteren Höhepunkt. Im Herbst 1793 waren die führenden Köpfe der Girondisten, die den revolutionären Krieg gegen die Nachbarn entschieden verlangt hatten, hingerichtet worden. Zu diesem Zeitpunkt gehörte Danton noch zu den Dirigenten des Geschehens, aber ein halbes Jahr später erreichte die Dynamik des Terrors auch ihn. Er stand selber vor dem Gericht, dessen Einsetzung er mit veranlasst hatte. Danach erfuhr der Terror noch einmal eine Steigerung: mit der *Grand Terreur* am 10. Juni 1794. Der Schrecken erreichte einen Höhepunkt – und überschritt ihn. Keine vier Monate nach Dantons Tod fiel Maximilian Robbespierre der revolutionären Gewalt zum Opfer und erst allmählich ließ der Einsatz der Guillotine nach. 1793 und 1794 waren schlimme Jahre gewesen.

Die französische Revolution war ein Einschnitt von gewaltiger historischer Tragweite. Sie erschütterte eine politische und soziale Ordnung, die in Europa seit Jahrhunderten geherrscht hatte. In Frankreich wurde diese Ordnung, die auf dem selbstverständlichen Vorrecht alter adliger Familientradition und Landbesitz aufbaute – das sogenannte *Ancien Régime,* in dem der Kirche eine zentrale Rolle zukam, in aller Radikalität infrage gestellt. Das war umso dramatischer, weil die französischen Könige seit dem Mittelalter in ihrem Königreich eine besonders starke Stellung inne gehabt hatten. Welch ein Schritt von dem mächtigen *Sonnenkönig* Ludwig XIV. zu der brutalen Hinrichtung Ludwigs XVI. auf dem Schafott. Die Umwälzungen, die die französische Revolution auslöste, haben bis in die Gegenwart nachgewirkt. Eine verbindliche Gesamtdarstellung des revolutionären Geschehens, auf die sich die maßgeblichen Historiker einigen könnten, gibt es bis heute nicht. Die Fülle der Literatur ist unüberschaubar.

In dieser Entwicklung ist die Bedeutung der französischen Revolution für die Moderne erkennbar. Mit der Rede Dantons vor seinen Richtern hat eine der gewaltigsten und umstrittensten Figuren des revolutionären Geschehens ihren letzten großen Auftritt. Der Wortlaut stammt in dieser Form aus Georg Büchners Theaterstück, aber Büchner hat sich eng an die historische Überlieferung gehalten und in Büchners Worten hat Dantons revolutionäres Bekenntnis lange nachgewirkt. Danton war ein begabter und gefürchteter Redner. Geschult an antiken Vorbildern und geübt in vielen öffentlichen Debatten wusste er seinen letzten Auftritt entsprechend zu inszenieren. Die Namen, die er aufrief, lassen noch einmal alte Kämpfe aufleben. Der Graf Mirabeau, der General Dumouriez, Männer, die zunächst auf Seiten der Revolution gestanden hatten, und sich dann mit ihren Gegnern verbündet hatten, waren in Dantons Augen Verräter. Saint Just, der Vertraute Robbespierres, der seine Anklage betrieben hatte, war ihm zum Feind geworden. Aus Dantons Worten wird klar, dass er selber ein leidenschaftlicher und rücksichtsloser Kämpfer der Revolution war. Ein Jahr zuvor hatte er gefordert: „ Seien wir schrecklich, damit das Volk es nicht zu sein braucht. Dies ist ein Gebot der Humanität". Nun traf es ihn selbst. Er zeigte sich vorbereitet.

Die Französische Revolution war ein so komplexes Geschehen, dass es sich hier nicht in wenigen Sätzen darstellen lässt. Tatsächlich versteht die neuere Forschung (Furet/Richet) die Revolution als ein Ineinander von drei Revolutionen: die Revolution der Abgeordneten der Generalstände in Versailles, die städtische Revolution der Kleinbürger und unterbürgerlichen Schichten und die Revolution der Bauern. Diese Revolutionen wurden durch eine aktuelle Finanzkrise in den 1780er Jahren ausgelöst und nahmen zum Teil einen zunächst unabhängigen Verlauf, um sich dann zu überlagern. Die Verfassung war monarchisch, aber die Zustände auf dem Land – wo die meisten Menschen lebten – wurden dadurch bestimmt, dass der Adel über ausgedehnte Besitzrechte verfügte, die die Bauern an ihr Land banden und in persönlicher Unfreiheit hielten. Die absolutistische Herrschaft Ludwigs XVI. hatte dem Adel Manches abverlangt. Diese Schicht hatte ihr eigenes Selbstbewusstsein und verstand sich durchaus nicht nur als Stütze des Königs. Als der König in einer aktuellen Finanzkrise 1788 die Parlamente seines Königreichs einberief, um sie zur Bewilligung neuer Anleihen zu veranlassen, erhielt die Unzufriedenheit mit den Zuständen in Frankreich eine Bühne. Es war der Prolog zu einem revolutionären Geschehen von enormer Tragweite – verschärft durch aktuelle Missernten.

Die Parlamente verweigerten die einfache Zustimmung zu den königlichen Wünschen, so dass es schließlich zur Einberufung der Generalstände kam. Hier wurde nun über die Lage des Königreichs verhandelt. Dabei galt es, die heikle Frage zu klären, wie das Bürgertum, der dritte Stand, abstimmen durfte. Er stellte etwas mehr als die Hälfte der Delegierten, aber er lief Gefahr, durch den Adel und die Geistlichkeit überstimmt zu werden.

Tatsächlich aber gelang es angesichts des wenig kons-
truktiven Auftritts des Königs, die Vertreter der anderen
Stände davon zu überzeugen, dass sich die Versammlung als Nationalversammlung konstituierte, deren Aufgabe es nun war, eine Verfassung zu erarbeiten (Ballhaus-
schwur). In Paris wuchs derweil die Unruhe, der keine
klare Ordnungsmacht entgegentrat. Am 14. Juli stürmte
das Volk von Paris das königliche Gefängnis, die Bastille.
Das Datum sollte zum Nationalfeiertag werden. Im Oktober zwang die Bevölkerung den König, aus Versailles
nach Paris zu kommen und dort zu residieren. Unterdes-
sen formierten sich die Lager, auch der König hatte starke Verbündete. Aber noch herrschte ein einmütiger Geist,
und der erste Jahrestag des Sturmes auf die Bastille konnte in einem großen Fest gefeiert werden. Doch ein Jahr
später hatte sich die Lage verändert. Frankreich stand vor
einem Krieg mit seinen Nachbarn, und der König hoffte
auf eine Niederlage. Seine Distanz zu den Geschehnissen
wurde klar, als er versuchte, mit seiner Familie zu fliehen. Die unglücklich organisierte Flucht misslang. Doch
die Nachbarn hielten die Gelegenheit für günstig und der
Krieg begann, der Frankreich zunächst unter ungünsti-
gen Bedingungen traf.

Die Truppen waren nicht gut vorbereitet. Die Belas-
tungen des Krieges führten zu einer Radikalisierung im
Land. Die Maßnahmen wurden schärfer. Im September
1792 ermordeten radikale Revolutionäre die Anhänger
des alten Regimes in den Gefängnissen von Paris – Danton bezieht sich in seiner Rede ausdrücklich darauf. Diese Revolutionäre – weil sie die Kniehosen (culotte) nicht
trugen, die unter dem alten Regime üblich waren, „Sans-
culottes" (ohne Hosen) genannt – zwangen den National-
konvent im Juni 1793, ihre bürgerlichen Gegner (Gironde)
verhaften zu lassen. Die Stimmung war unbarmherzig
geworden. Am 21. Januar 1794 hatte man Ludwig XVI.
hingerichtet. In der Folge kam es in der Vendée zu einem
langen und für die Revolution gefährlichen Aufstand.

Diese Region war nicht die einzige, die auf Unabhängigkeit von der Zentrale in Paris drängte. Auch in Marseille, in Bordeaux und in Lyon widersetzten sich die Menschen der revolutionären Regierung. Im Juli wurde mit Marat einer der führenden Propagandisten der Revolution ermordet. Auch der Krieg mit den Nachbarn verlief nicht günstig.

In dieser Situation wurde Maximilian Robespierre an die Spitze des erst im April geschaffenen neuen Exekutivgremiums, des Wohlfahrtsausschusses gewählt – nachdem Danton sich aus der Leitung zurückgezogen hatte. Auf die Bedrohung im Innern und im Äußern antworteten die Revolutionäre mit äußerster Entschlossenheit. Erstmals in der europäischen Geschichte wurde eine allgemeine Wehrpflicht eingeführt und das ganze Volk zu den Waffen oder der Unterstützung der Kämpfenden gerufen. Dadurch wurde die Revolution vor ihren äußeren Feinden gerettet. Die Aufstände im Innern wurden mit großer Brutalität und grausamer Konsequenz niedergeworfen. Die Opferzahlen schwanken, aber dass es über 100 000 Tote waren, kann als sicher gelten. Obwohl sich im Herbst die militärische Lage entspannt hatte und die Aufstände niedergeschlagen waren, begannen nun die politischen Prozesse, die das Bild dieser Phase der Französischen Revolution verdunkeln. Es waren kurze Prozesse, die die Dauer von drei Tagen nicht überschreiten sollten. Ihre Zahl stieg schnell, im Dezember 1793 sollen über 3000 Menschen abgeurteilt worden sein. Damals war Danton noch unter den Anklägern. Einige Monate später hatte er die Kontrolle verloren und wurde selber zu einem Opfer.

Die Revolution hatte ihre Zuversicht eingebüßt und auf die Befreiung war zunächst die Ernüchterung gefolgt, dass die Menschen von ihren neuen Möglichkeiten nicht in dem tugendhaften Sinne Gebrauch machten, wie es die Vordenker der Revolution von ihnen erwarteten. Misstrauen und Bedrängnis setzten eine verhängnisvolle

Dynamik frei. Dies war die dunkle Zeit der Revolution. Sie ging vorüber, und die Kraft der Ideale, die aus Dantons keineswegs unproblemtischem Bekenntnis sprach, begann ihre lange Wirkungsgeschichte.

REDE

Herman (zu Danton): Ihr Name Bürger.

Danton: Die Revolution nennt meinen Namen. Meine Wohnung ist bald im Nichts und mein Name im Pantheon der Geschichte.

Herman: Danton, der Konvent beschuldigt Sie, mit Mirabeau, mit Dumouriez, mit Orleans, mit den Girondisten, den Fremden und der Faktion Ludwigs XVI. konspiriert zu haben.

Danton: Meine Stimme, die ich so oft für die Sache des Volkes ertönen ließ, wird ohne Mühe die Verleumdung zurückweisen. Die Elenden, welche mich anklagen, mögen hier erscheinen, und ich werde sie mit Schande bedecken. Die Ausschüsse mögen sich hierher begeben, ich werde nur vor ihnen antworten. Ich habe sie als Zeugen und Kläger nötig. Sie mögen sich zeigen.

Übrigens, was liegt mir an Euch und Eurem Urteil? Ich habe es Euch schon gesagt: das Nichts wird bald mein Asyl sein. – Das Leben ist mir zur Last, man mag es mir entreißen, ich sehne mich danach, es abzuschütteln.

Herman: Danton, die Kühnheit ist dem Verbrecher, die Ruhe der Unschuld eigen.

Danton: Privatkühnheit ist ohne Zweifel zu tadeln, aber jene Nationalkühnheit, die ich so oft gezeigt habe, mit welcher ich so oft für die Freiheit gekämpft habe, ist die verdienstvollste aller Tugenden. – Sie ist meine Kühnheit, sie ist es, der ich mich hier zum Besten der Republik gegen meine erbärmlichen Ankläger bediene. Kann ich mich fassen, wenn ich mich auf eine so niedrige Art verleumdet sehe? – Von einem Revolutionär wie mir darf man keine kalte Verteidigung erwarten. Männer meines Schlages sind in Revolutionen unschätzbar, auf ihrer Stirne klebt das Genie der Freiheit.

Mich klagt man an, mit Mirabeau, mit Dumouriez, mit Orleans konspiriert, zu den Füßen elender Despoten gekrochen zu haben, mich fordert man auf, vor der unentrinnbaren, unbeugsamen Gerechtigkeit zu antworten...

Du elender St. Just wirst der Nachwelt für diese Lästerung verantwortlich sein!

Herman: Ich fordere Sie auf, mit Ruhe zu antworten; gedenken Sie Marats, er trat mit Ehrfurcht vor seine Richter.

Danton: Sie haben die Hände an mein ganzes Leben gelegt, so mag es sich denn aufrichten und ihnen entgegentreten; unter dem Gewicht jeder meiner Handlungen werde ich sie begraben. – Ich bin nicht stolz darauf. Das Schicksal führt uns die Arme, aber nur gewaltige Naturen sind seine Organe.

Ich habe auf dem Marsfeld dem Königtum den Krieg erklärt; ich habe es am 10. August geschlagen, ich habe es am 21. Januar getötet und den Königen einen Königskopf als Fehdehandschuh hingeworfen. Wenn ich einen Blick auf diese Schandschrift werfe, fühle ich mein ganzes Wesen beben. Wer sind denn die, welche Danton nötigen mussten, sich an jenem denkwürdigen Tag (dem 10. August) zu zeigen? Wer sind denn die privilegierten Wesen, von denen er seine Energie borgte? – Meine Ankläger mögen erscheinen! Ich bin ganz bei Sinnen, wenn ich es verlange. Ich werde die platten Schurken entlarven und sie in das Nichts zurückschleudern, aus dem sie nie hätten hervorkriechen sollen.

Herman (schellt): Hören Sie die Klingel nicht?

Danton: Die Stimme eines Menschen, welcher seine Ehre und sein Leben verteidigt, muss deine Schelle überschreien.

Ich habe im September die junge Brut der Revolution mit den zerstückelten Leibern der Aristokratie geätzt.

Meine Stimme hat aus dem Golde der Aristokraten und Reichen dem Volke Waffen geschmiedet. Meine Stimme war der Orkan, welcher die Satelliten des Despotismus unter Wogen von Bajonetten begrub.

Herman: Danton, Ihre Stimme ist erschöpft. Sie sind zu heftig bewegt. Sie werden das nächstemal Ihre Verteidigung beschließen, Sie haben Ruhe nötig. – Die Sitzung ist aufgehoben.

Danton: Jetzt kennt Ihr Danton –, noch wenige Stunden, und er wird in den Armen des Ruhmes entschlummern.

HÄUPTLING SEATTLE

Meine Worte sind wie Sterne, die niemals untergehen

Antwort an den Amerikanischen Präsidenten IM JAHR 1854
(Nach der Fasssung von Henry Smith)

EINFÜHRUNG

Die berühmte Rede von Häuptling Seattle (1786–1866) ist ein viel zitierter Text. Es sind Worte von poetischer Kraft, deren Grundgedanken eindringlich jene Probleme zu benennen scheinen, die ein wachsendes ökologisches Bewusstsein in der modernen Welt erst spät erkannt hat. Es hat mit dieser Rede allerdings eine besondere Bewandtnis, die ihre Popularität sicher befördert hat. Es gibt keine verbürgte Originalversion, vielmehr gibt es verschiedene Annäherungen an die Rede, die der Häuptling der Duwamish Indianer im Nordwesten der USA (im heutigen Bundesstaat Washington) um das Jahr 1855 gehalten hat. Es gibt sicher fünf verschiedene Versionen dieses Textes, jede ist ein wenig an die Bedürfnisse dessen angepasst, der sie verbreitet. Das hat mit der eigentümlichen Überlieferung von Seattles Worten zu tun.

Der Anlass für Seattles Rede war ein Vertrag, den der Häuptling mit dem Gouverneur von Washington schloss. Seattle hatte verschiedene kleinere Stämme unter seiner Führung vereinigt, und er hatte die kriegerischen Formen seiner frühen Jahre allmählich abgelegt. Er hatte seine Stämme in eine Form des Zusammenlebens mit den Weißen geführt, und er hatte sich selber um das Jahr 1830 taufen lassen. So heißt es zumindest. Von da an war er ein

Christ, der allerdings noch einige Überzeugungen seiner indianischen Tradition bewahrt hatte. In jedem Fall vermittelt seine Rede diesen Eindruck. Doch ist das nicht untypisch in der Geschichte der christlichen Mission. Die Rede gesteht die indianische Niederlage angesichts der weißen Einwanderung unumwunden ein.

Die weiße Übermacht trat dem Häuptling in der Gestalt des Gouverneurs Stevens entgegen, der Seattles Stamm eine kleine Reservation zuwies. Stevens sprach eine andere Sprache als Häuptling Seattle, doch das einfache Englisch, das er für gewöhnlich bei solchen Anlässen benutzte, war unter der Würde des Häuptlings. Er bestand anlässlich der Vereinbarung mit dem Gouverneur darauf, einige erklärende Worte in seiner eigenen Sprache zu sagen. Das Problem für die Überlieferung ist, dass keiner der Anwesenden, der ein dienstliches Interesse an der Aufzeichnung dieser Worte gehabt hätte, Seattles Sprache verstand. Das war angesichts der Vielzahl indianischer Dialekte auch kaum zu erwarten. Der Gouverneur kam als Vertreter der Sieger, nicht als Ethnologe.

Der Text der Rede geht auf eine Aufzeichnung zurück, die Henry Smith, ein Siedler, der schon länger im Gebiet von Washington lebte und der offenbar ein gewisses Verständnis der indianischen Dialekte entwickelt hatte, am 29. Oktober 1887 im *Seattle Sunday Star* veröffentlichte. Es waren Erinnerungen an die Frühzeit der Siedlung im Nordwesten. Seit der Rede des Häuptlings waren über 30 Jahre vergangen, der Häuptling selber war schon lange tot. Henry Smith soll mehrfach mit Seattle über den Text seiner Rede gesprochen haben, und er gab den Text schließlich mit Worten wieder, die aus kritischer Perspektive zu viktorianisch klingen. Dies ist ein typisches Problem einer solchen Überlieferungssituation. Da es ohnehin Zweifel an der Echtheit des Wortlautes gab, sah sich mancher spätere Zeitgenosse berufen, den Worten des Häuptlings durch eigene Zusätze verschiedene Akzentuierungen zu geben. Es gab allerdings auch den

Versuch, durch die Aussonderung allzu viktorianisch erscheinender Stilmittel eine Annäherung an die tatsächlichen Worte des Häuptlings zu erzielen. Dazu zog William Arrowsmith, der an der Universität von Texas klassische Literatur lehrte, vergleichende indianische Texte dieser Jahre heran. So entstand die Arrowsmith-Version von Seattles Rede, eine purifizierte Version der Aufzeichnung von Henry Smith. Hier wird dennoch der Text von Smith wiedergegeben, da er dem Geschehen am nächsten war. Für Historiker ist die Überlieferungssituation nicht so ungewöhnlich und eine philologische Rekonstruktion bietet eine große Zahl von Unsicherheiten.

Häuptling Seattle wurde ein alter Mann. Er überlebte den Zug in die Reservation um etwa zwölf Jahre. Auch wenn seine Worte die Aussichtslosigkeit eines indianischen Widerstandes gegen die Übermacht der neuen Siedler sehr deutlich benennen, standen die großen Auseinandersetzungen noch bevor. Das Winchester Gewehr wurde erst 1860 erfunden, die Niederlage Custers am Little Big Horn fiel in das Jahr 1876, die Tötung der Sioux am Wounded Knee in das Jahr 1890. Seattle hatte also vor dem Ausbruch der großen Kämpfe eine friedliche Lösung gesucht und die eigene Niederlage eingestanden. Seine Worte überdauerten seinen Stamm, der zu Beginn des 20. Jahrhunderts ausstarb. Genau lassen sie sich nicht mehr rekonstruieren, aber die hier abgedruckte Version liefert immerhin einen nahe verwandten Text. Manche Stilelemente mögen viktorianisch sein, die Gedanken, die sie ausdrückten, waren es nicht. Wenn der Text heute als eine prophetische Stimme zitiert wird, so muss man dennoch festhalten, dass es um die Mitte des 19. Jahrhunderts, als diese Worte gesprochen wurden, die Worte einer Kultur waren, die dem Andrang der Siedler wenig entgegen zu setzen hatte.

Rede

Jener Himmel, der seit unvordenklichen Zeiten barmherzige Tränen auf unsere Väter weint, und den wir für ewig halten, könnte sich ändern. Heute noch klar, könnten ihn morgen Wolken verhüllen. Meine Worte sind wie Sterne, die niemals untergehen. Den Worten Seattles kann der große Häuptling in Washington ebenso vertrauen, wie unsere Brüder mit den bleichen Gesichtern auf die Wiederkehr der Jahreszeiten vertrauen können.

Der Sohn des weißen Häuptlings sagt, dass sein Vater uns freundschaftliche Grüße und Zeichen seines guten Willens sendet. Das ist freundlich von ihm, denn wir wissen, dass er seinerseits unserer Freundschaft kaum bedarf, da sein Volk zahlreich ist. Es ist wie das Gras der weiten Prärien, wogegen wir nur wenige sind und eher den einzelnen Bäumen in den windgepeitschten Ebenen gleichen.

Der große, und wie ich vermute, der gute weiße Häuptling lässt uns wissen, dass er unser Land kaufen will, er will uns aber genug davon lassen, dass wir ein angenehmes Leben führen können. Das erscheint in der Tat großzügig, denn der rote Mann hat keine Rechte mehr, die jener beachten müsste, und das Angebot scheint auch vernünftig zu sein, da wir nicht länger ein großes Land benötigen.

Es gab eine Zeit, da bevölkerten wir das ganze Land, so wie die Wellen des windgekräuselten Meeres über den muschelübersäten Meeresgrund rollen. Doch diese Zeit ist lange vorbei, und mit ihr verging die Größe nun fast vergessener Stämme. Ich will über unseren Niedergang vor der Zeit nicht trauern, noch will ich meine bleichgesichtigen Brüder tadeln, dass sie ihn beschleunigt haben, denn in gewisser Weise tragen auch wir Schuld daran. Wenn unsere jungen Männer wütend werden über wirkliches oder über scheinbares Unrecht und ihre Gesichter mit schwarzer Bemalung entstellen, dann werden auch ihre Herzen entstellt und schwarz, und ihre Grausamkeit ist unerbittlich und ohne Maß, und unsere Alten können sie nicht mehr zurückhalten. Aber wir haben die Hoffnung, dass die Feindschaft zwischen dem roten Mann und seinen bleichgesichtigen Brüdern niemals wieder aufflammt. Wir hätten alles zu verlieren und nichts zu gewinnen.

In der Tat ist für unsere jungen Krieger die Rache eine Genugtuung, selbst dann, wenn sie mit dem Leben bezahlt werden muss, aber wir alten Männer, die in Zeiten des Krieges zuhause bleiben, und die alten Frauen, die ihre Söhne zu verlieren haben, wissen es besser.

Unser großer Vater in Washington, denn ich nehme an, er ist nun auch unser Vater, seit George seine Grenzen nach Norden verschoben hat –, unser großer und guter Vater lässt uns also durch seinen Sohn, der ohne Zweifel bei den Seinen ein großer Häuptling ist, wissen, dass er uns beschützen wird, wenn wir seinem Wunsch entsprechen. Seine tapferen Heere werden ein bewaffneter Schutzwall für uns sein, und seine großen Kriegsschiffe, werden eng beieinander in unseren Häfen liegen, damit unsere alten Feinde weit oben im Norden, die Tsiamshians und Haidas, für unsere Frauen und Alten kein Schrecken mehr sein werden.

Er wird dann unser Vater und wir werden seine Kinder sein.

Aber ist das möglich? Euer Gott liebt euer Volk, er hasst meines; er hält den weißen Mann liebevoll in seinen starken Armen und führt ihn wie einen Vater seinen kleinen Sohn, doch seine roten Kinder hat er verlassen; mit seiner Hilfe wächst Euer Volk täglich, und bald wird es das Land überfluten, während mein Volk versiegt, wie der fallende Wasserspiegel, der nicht mehr steigt. Der Gott des weißen Mannes kann seine roten Kinder nicht lieben, sonst müsste er ihnen beistehen.

Sie sind wie Waisen, von nirgendwo kommt Hilfe. Wie können wir da Brüder werden? Wie kann Euer Vater zu unserm Vater werden und uns ein gutes Leben bringen und in uns Träume von neuer Größe erwecken? Euer Gott erscheint uns voreingenommen. Er zeigte sich dem weißen Mann. Wir haben ihn nie gesehen. Wir haben nicht einmal seine Stimme vernommen. Er gab dem weißen Mann Gebote, aber für seine roten Kinder, die auf diesem weiten Kontinent so zahlreich waren wie die Sterne am Firmament, hatte er kein einziges Wort.

Nein, wir sind zwei verschiedene Rassen, und wir werden es immer bleiben. Wir haben kaum etwas gemeinsam. Die Asche unserer Ahnen ist uns heilig, die Stätte, wo sie begraben sind, ist für uns heiliger Boden, während Ihr offenbar ohne Traurigkeit die Gräber Eurer Väter verlasst.

Eure Religion schrieb ein wütender Gott mit eisernem Finger auf Tafeln aus Stein, damit Ihr sie nicht vergesst. Der rote Mann könnte sich daran nicht erinnern und er könnte sie nicht verstehen.

Unsere Religion ist die Tradition unserer Vorfahren, sind die Träume der Alten, die der große Geist ihnen eingab, und es sind die Visionen unserer Friedenshäuptlinge. Sie ist in die Herzen unseres Volkes eingeschrieben. Eure Toten lieben Euch und die Orte, aus denen sie kamen, nicht mehr, nachdem sie ihre Grabstätte gefunden haben. Sie ziehen weit hinaus jenseits der Sterne, sie sind schon bald vergessen und kehren niemals zurück. Unsere Toten behalten die schöne Welt, die ihnen ihr Leben geschenkt hat, immer in Erinnerung. Sie lieben die gewundenen Flüsse immer noch, die mächtigen Berge und die entlegenen Täler, voll Mitgefühl sehnen sie sich nach den Lebenden, die einsam sind, und kehren häufig zurück zu ihnen, um ihnen Trost zu spenden. Tag und Nacht können nicht gleichzeitig bestehen. Der rote Mann ist stets geflohen, wenn der weiße Mann anrückte, wie Nebel an einem Berghang vor der warmen Morgensonne fliehen.

Wie dem auch sei. Euer Vorschlag erscheint gerecht, und ich denke, mein Volk wird ihn annehmen und sich in die Reservation zurückziehen, die ihr uns anbietet. Wir werden dort für uns in Frieden leben. Die Worte des großen weißen Häuptlings klingen wie die Stimme der Natur. Sie dringt zu uns aus einer dunklen Nacht, die uns umfängt wie dichter Nebel, der vom mitternächtlichen See landeinwärts zieht. Es ist kaum von Bedeutung, wo wir die Tage verbringen, die uns noch bleiben. Viele sind es nicht.

Es sieht so aus, als würde die Nacht des Indianers schwarz. Kein heller Stern erscheint am Horizont. Der Wind klagt aus der Ferne mit trauriger Stimme. Es scheint, als würde der rote Mann von einem bitteren Schicksal seines Volkes ereilt, und wohin er sich auch wenden mag, dort wird er den harten Tritt seines Verfolgers hinter sich hören, so wie die verletzte Hirschkuh die näher kommenden Schritte des Jägers hört, und sich ihrer Bestimmung fügt. Noch einige Monde, noch einige Winter, und niemand wird aus diesen gewaltigen Scharen, die einst dieses weite Land bewohnten, oder die jetzt in licht gewordenen Reihen durch die einsamen Wälder wandern, übrig bleiben, um an den Grabstätten eines Volkes zu trauern, das einst so mächtig und hoffnungsvoll war, wir Ihr jetzt.

Doch warum sollten wir klagen? Warum sollte ich über das Schicksal meines Volkes murren? Ein Stamm besteht aus einzelnen Menschen, und als Ganzes ist er auch nicht mehr als jeder Einzelne. Menschen kommen und gehen wie die Wogen des Meeres. Eine Träne, ein Tamanawus, ein Klagegesang, und für immer verschwinden sie aus unserem sehnsuchtsvollen Blick. Sogar der weiße Mann, dessen Gott ihn begleitet hat, und der mit ihm gesprochen hat wie ein Freund, teilt dieses Schicksal aller. Vielleicht sind wir doch Brüder. Wir werden sehen.

Wir werden Euren Vorschlag erwägen und wir werden Euch mitteilen, wie wir uns entschieden haben. Doch wenn wir ihn annehmen, so stelle ich schon heute diese Bedingung: dass man uns nicht daran hindert, auf eigenen Wunsch und ohne Belästigung die Gräber unserer Vorfahren und unserer Freunde aufzusuchen. Jeder Teil dieses Landes ist meinem Volk heilig. Jeder Berg, jedes Tal, jede Ebene, jedes Wäldchen wird durch eine wertvolle Erinnerung oder ein trauriges Erlebnis meines Stammes heilig.

Sogar die Felsen, die sich schweigend in sengender Sonne die stille Küste entlangziehen, feierlich und hoheitsvoll, selbst sie erzittern bei der Erinnerung an das Vergangene, das mit dem Schicksal meines Volkes verwoben ist, und noch der Staub unter Euren Füßen empfängt unsere Schritte lieber als Eure, denn er ist die Asche unserer Vorfahren, und unsere nackten Füße fühlen ihre sanfte Berührung, denn der Boden ist erfüllt vom Leben unserer Verwandten.

Die grimmigen Krieger, die liebevollen Mütter und die zuversichtlichen Jungfrauen, die kleinen Kinder, die einmal hier gelebt haben, und die glücklich waren, ihre Namen sind nun vergessen, aber sie lieben diese einsamen Gegenden noch immer, deren kräftige abendliche Farben durch das Erscheinen dunkler Geister schattengrau werden. Wenn der letzte rote Mann von der Erde verschwunden ist, und wenn die Erinnerung des weißen Mannes sich zur Legende gewandelt hat, dann werden diese Gegenden überfüllt sein von den unsichtbaren Toten meines Stammes, und wenn Eure Enkel glauben, draußen auf dem Feld, in den Geschäften, auf der Straße oder in der Stille des Waldes allein zu sein, dann werden sie nicht für sich sein. Auf der ganzen Welt gibt es keinen Ort, an dem man ganz für sich allein ist. In der Nacht, wenn die Straßen in Euren Städten und Dörfern ruhig daliegen, und sie Euch verlassen erscheinen, dann sind sie tatsächlich voll von all denen, die einst in diesem Land lebten, und die es immer noch lieben. Der weiße Mann wird zu keiner Zeit allein sein.

Möge er gerecht handeln und gut zu meinem Volk sein, denn auch die Toten haben Macht.

Abraham Lincoln

Gettysburg Address 19. November 1863

Einführung

Die Gettysburg Address von Abraham Lincoln ist ein Lehrstück für den eigentümlichen Weg eines Textes in die Geschichte. Auf den ersten Blick erscheint der Befund eindeutig. Der Präsident der Vereinigten Staaten von Amerika hielt nach dem Sieg der Armee der Nordstaaten in der erbitterten Schlacht bei Gettysburg in Virginia anlässlich der Einweihung eines Soldatenfriedhofs eine ehrende Rede auf die Gefallenen. Der Text wurde berühmt und seine Schlusspassage ist heute in goldenen Buchstaben auf der Wand des imposanten Lincoln Memorial in der Hauptstadt Washington verewigt. Es ist ein berühmter Text und sein Erfolg erscheint als eine geradlinige Geschichte. Der historische Vergleich mit der Gefallenenrede des Perikles liegt nahe. Und doch ist er irreführend. Denn Abraham Lincoln hatte in Gettysburg nicht die Rolle des Perikles. Obwohl er der Präsident war, hatte er bei dem Festakt nur einen kleinen Auftritt. Die große Gefallenenrede hielt einer der berühmtesten Redner dieser Jahre, ein Mann, der als Professor für altgriechische Geschichte in Harvard die antiken Vorbilder kannte, und der sich auf elegante Zitate aus den Klassikern verstand. Er sprach deutlich über zwei Stunden, und seine Rede wurde begeistert aufgenommen. Heute ist sie vergessen.

Abraham Lincoln trat erst nach ihm auf die Rednerbühne und er sprach nur drei Minuten. Ehe die meisten Zuhörer sich auf ihn einstellen konnten, war er fertig. Die Reaktion war sehr verhalten. Viele Zeitungsberichte äußerten sich abfällig über die Worte Lincolns, nur einige aufmerksame Zuhörer erkannten die Bedeutung des Augenblicks. Abraham Lincoln hatte in sorgfältig formulierten Worten den Charakter des blutigen Bürgerkrieges und die Kriegsziele seiner Regierung formuliert. Es waren Worte, die weit über den Anlass hinauswiesen. Vielleicht war ihre Bedeutung auch deshalb in diesem kurzen Augenblick ihres Vortrages so schwer zu fassen. Die Gettysburg Address gehört zu den großen Texten in der Geschichte der modernen Demokratie. Ihre Bedeutung hat sicher auch durch das persönliche Schicksal Abraham Lincolns gewonnen, der am Karfreitag 1865 durch die Kugeln eines Attentäters starb und dadurch zu einem Märtyrer der Freiheit für alle Amerikaner wurde. 100 Jahre später stand Martin Luther King auf den Stufen vor dem Lincoln Memorial und hielt seine große Rede „Ich habe einen Traum". Er berief sich direkt auf Lincoln und das Versprechen der Freiheit für alle Amerikaner. Es war ein vernehmbares Echo einer sehr kurzen, zum Zeitpunkt ihres Vortrags eher ignorierten Ansprache.

Abraham Lincoln hatte in Gettysburg keinen großen Auftritt. Aber es scheint, dass er sich der Bedeutung seiner Worte sehr bewusst war. Er fomulierte seine Reden stets sorgfältig und er trug sie mit deutlicher Stimme langsam vor. Tatsächlich war er ein erfahrener und auch gefürchteter politischer Redner, der die Wirkung öffentlicher Auftritte sehr gut kannte. Seine Fähigkeiten in öffentlichen Streitgesprächen mit politischen Gegnern waren bekannt und sie waren ein wichtiges Mittel seiner politischen Kampagnen als Vertreter der republikanischen Partei aus Illinois. Er war Anwalt in Springfield gewesen, bevor er Präsident wurde, und er hatte den Ehrgeiz und die Berufung für ein öffentliches Amt deutlich erkennen lassen. Mit Umsicht organisierte er seine Wahlkampagne und verstand es durch öffentliche Auftritte in den Städten entlang der Eisenbahn seinen Anliegen und seiner Person politisches Profil zu verleihen. Als politischer Redner verband er feste Überzeugung mit Fairness. Abraham Lincoln besaß die Souveränität, eigene Fehler öffentlich einzugestehen und jeder triumphale Auftritt lag ihm fern. Er hatte eine harte Schule durchlaufen. Aufgewachsen unter einfachen Verhältnissen hatte er als Kind und Jugendlicher die Bedingungen des Pionierlebens in den neuen Siedlungsgebieten im Westen kennengelernt. Diese für das amerikanische Selbstverständnis so wichtige Erfahrung der *frontier* (Grenze) hatte ihn geprägt. Zum Anwalt war er eher durch Zufall geworden, nachdem er eine Reihe unterschiedlicher Arbeiten kennengelernt hatte. Die Lebensläufe waren im Westen damals noch nicht sehr eingefahren.

Lincoln glaubte an das politische System der Vereinigten Staaten von Amerika, das nach seiner Überzeugung auf der Unabhängigkeitserklärung von 1776 und auf der Verfassung von 1788 beruhte. Dreizehn Staaten hatten sich zu einem Bundesstaat zusammengeschlossen und ihm die erste demokratische Verfassung der Neuzeit gegeben (*Wir, das Volk der Vereinigten Staaten ...*). Die Frage, welche Freiheiten den einzelnen Mitgliedern zugestanden werden sollten, war lange umstritten gewesen, und man war verschiedene Kompromisse eingegangen. Die Staaten des Süden mit ihrer agrarischen Struktur hielten an der Sklaverei fest, auch wenn die Unabhängigkeitserklärung vom 4. Juli 1776 den berühmten Satz enthielt: *Wir halten diese Wahrheiten für ausgemacht, daß alle Menschen gleich erschaffen worden, daß sie von ihrem Schöpfer mit gewissen unveräußerlichen Rechten begabt worden, worunter sind, Leben, Freyheit und das Bestreben nach Glückseligkeit* (Wortlaut der deutschsprachigen Fassung). Die wirtschaftliche Dynamik des 19. Jahrhunderts hatte den Konflikt zwischen den zunehmend industrialisierten und deutlich dichter besiedelten und urbanisierten Nordstaaten und dem agrarischen Süden weiter verschärft. Die Staaten des Südens, die ihre Lebensweise (die in *Vom Winde verweht* eine eindrucksvolle Darstellung und Verklärung gefunden hat) durch die Haltung und die Dynamik des Nordens in Frage gestellt sahen, waren bereit, eher den Bundesstaat zu verlassen, als die Sklaverei in Frage zu stellen. Als Abraham Lincoln, dessen Ablehnung der Sklaverei bekannt war, 1860 einen deutlichen Sieg in den Präsidentschaftswahlen errang, da nahmen diese Staaten Lincolns Erfolg zum Anlass, die Union zu verlassen. Bis zum Februar 1861 hatten sieben Staaten ihren Austritt erklärt (Sezession). Sie schlossen sich zu einer eigenen Konföderation zusammen und wählten Jefferson Davis zu ihrem Präsidenten.

Dies war noch keine Kriegserklärung. Allerdings wurde die Frage, ob es überhaupt möglich sei, die Vereinigten Staaten zu verlassen und einen neuen Staatenbund zu gründen, im Norden ganz überwiegend verneint. Der Schritt galt als offener Verfassungsbruch, und die Möglichkeit eines Krieges gegen die *Rebellen* nahm damit zu. Für Abraham Lincoln war es keine Frage, dass er den Bund der Vereinigten Staaten, auf deren Verfassung er einen Amtseid geleistet hatte, zusammenhalten musste. Die Einheit war sein oberstes Ziel. Von der Einheit hing auch die wirtschaftliche Lebenskraft der Vereinigten Staaten ab. Wenn die Möglichkeit der Sezession zugelassen wurde, dann mochten sich in Zukunft andere Staaten bei missliebigen Entscheidungen ebenfalls zum Austritt entschließen. So wäre eine zukunftsweisende Politik kaum denkbar. Lincoln stellte diese Frage in der Gettysburg Address: In diesem Krieg ginge es darum herauszufinden, ob eine Nation, die auf dem Grundsatz aufbaue, dass alle Menschen gleich geschaffen seien, auf Dauer bestehen könne. Der Bestand dieses Staates, der auf der Unabhängigkeitserklärung basierte, war in Gefahr. Dabei ging es Lincoln zunächst nicht darum, die Sklaverei abzuschaffen. Aber da man im Süden die Zukunft der

Sklaverei unter einem Präsidenten Lincoln für gefährdet hielt, gelang eine friedliche Lösung des Konflikts nicht. Am 12. April 1861 kam es in South Carolina zu ersten Kampfhandlungen, als die Konföderierten die Übergabe eines Stützpunktes der Unionstruppen verlangten. Als der Kommandeur von Ford Sumter die Übergabe verweigerte, eröffneten die konföderierten Kanoniere das Feuer. Der Bürgerkrieg hatte begonnen.

Es wurde ein blutiger Krieg. 620 000 Soldaten kamen ums Leben, bei einer Bevölkerung von etwa 30 Millionen Menschen. Es war ein Krieg, der in mancher Hinsicht bereits moderne Züge trug, und es war ein brutaler Krieg, in dem der Norden mit aller Entschlossenheit gegen die Infrastruktur des Südens vorging. Im Grunde war die wirtschaftliche Übermacht des Nordens erdrückend. Allein New York hatte mehr Fabriken, als alle Staaten der Konföderation zusammengenommen. Der Norden produzierte die 15fache Menge des Eisens, die 30fache der Kohle und die 32fache Menge der Schusswaffen des Südens. In Hinblick auf die Bedeutung der Eisenbahn auch im Krieg waren dies enorme Vorteile. Das Verhältnis der weißen Einwohner zwischen Nord- und Südstaaten betrug etwa 20 zu 6 Millionen. Die Zahl der Sklaven im Süden betrug etwa 3,5 Millionen Menschen.

Dennoch begann der Krieg mit militärischen Erfolgen des Südens, dessen Truppen besser trainiert und vorbereitet waren. Die Armeeführung des Nordens verfolgte längere Zeit eine eher zögerliche Strategie. Man war sich über die Kriegsziele und über das Vorgehen nicht ganz im Klaren und agierte verhalten. Die Abschaffung der Sklaverei gehörte nicht zu den ursprünglichen Zielen des Nordens. Doch in dem Maße, in dem der Krieg sich in die Länge zog, und in dem die Truppen des Nordens nicht nur bei den Soldaten des Südens, sondern auch bei den Zivilisten auf scharfe Gegenwehr stießen, wuchs die Bereitschaft, die Emanzipation der Sklaven zu einem Kriegsziel zu erheben. Am 1. Januar 1863 trat eine Bestimmung in Kraft, die die Aufhebung der Sklaverei in eroberten Gebieten vorsah. Dies war ein erheblicher Schritt, der die zunächst konservativen Kriegsziele einer Wiederherstellung der Union hinter sich ließ und der eine neue Grundlage für die Zukunft des Bundesstaates vorsah, wenn der Norden den Krieg gewann. Doch der Süden war noch nicht in der Defensive. Im Sommer 1862 hatte Robert E. Lee, der Oberbefehlshaber der konföderierten Armee einige Erfolge erzielt und nach der Emanzipationserklärung wuchs die Bereitschaft beider Seiten, eine Entscheidung zu suchen.

Robert E. Lee war durch das Shenandoah Tal mit seinen Truppen nach Norden gezogen, um nach Pennsylvania vorzustoßen. Pennsylvania war das Territorium des Nordens, und die Truppen des Südens zogen gegen die Hauptstadt Washington, die sie zunächst umgingen. Gettysburg liegt nördlich von Washington. Die Truppen des Nordens schirmten die Hauptstadt ab und zogen parallel zu den Konföderierten nach Norden. Bei Gettysburg trafen die Armeen Anfang Juli 1863 aufeinander. Der Verlauf der Schlacht ist vielen Zuschauern aus dem eindrucksvollen Film einigermaßen bekannt. Die Konföderierten Truppen versuchten zunächst durch Angriff über die Flügel die Stellungen des Nordens aufzurollen. Dabei kam es zu jenem dramatischen Zwischenfall, dass das 20. Regiment des Nordens unter dem Kommando des Theologen und Altphilologen Joshua Chamberlain einen entscheidenden Hügel gegen eine Übermacht halten musste, aber über keine Munition mehr verfügte. Chamberlain entschloss sich zur Offensive, und seine Männer warfen allein mit dem Bajonett die Konföderierten Regimenter zurück. Ein Versuch der Truppen des Südens, die Stellungen des Nordens am nächsten Tag durch einen großen Frontalangriff zu überwinden, endete in einem blutigen

Fiasko. Lee musste sich schließlich zurückziehen. In den drei Tagen von Gettysburg hatten etwa 50 000 Soldaten ihr Leben gelassen. Die Offensive des Südens hatte den entscheidenden Schwung eingebüßt. Ein Sieg über den Norden war auf diesem Wege nicht mehr möglich.

Den Krieg hatte der Süden im November 1863 allerdings noch nicht verloren. Die Gettysburg Address lässt den entscheidenden Charakter jener Phase des Krieges erkennen, in der beide Seiten aufs Ganze gingen und sich über den Charakter ihres Kampfes Rechenschaft ablegten. Die Gettysburg Address von Abraham Lincoln ist unter dem Eindruck dieser Schlacht mit ihren vielen Toten ein sehr grundsätzlicher Text geworden. Die Übersetzung kann den Charakter des Textes nur annähernd wiedergeben. Eine Lektüre des englischen Originals sei unbedingt empfohlen. Der Ton und die Würde des Textes, denn davon muss man in diesem Fall sprechen, sind im Original ungleich stärker. Perikles war ein Jahr nach seiner großen Gefallenenrede gestorben. Abraham Lincoln starb zwei Jahre nach der Gettysburg Address. Mit ihm verlor Amerika einen großen Politiker. Ähnlich wie Winston Churchill im Sommer 1940 ist Abraham Lincolns Präsidentschaft durch eine Haltung in der Krise gekennzeichnet, die ihm jene besondere Glaubwürdigkeit sichert, die nur wenige Politiker erlangen, und die daraus erwächst, dass man sein eigenes Verhalten an jenen Prinzipien ausrichtet, für die man zu kämpfen vorgibt.

Rede

Vor siebenundachtzig Jahren haben unsere Väter auf diesem Kontinent eine neue Nation zur Welt gebracht, empfangen in Freiheit und der Annahme verpflichtet, dass alle Menschen gleich geschaffen sind.

Jetzt kämpfen wir in einem großen Bürgerkrieg, um herauszufinden, ob diese Nation, oder irgendeine Nation, so empfangen und solchermaßen verpflichtet, lange bestehen kann. Wir sind auf einem großen Schlachtfeld dieses Krieges zusammengekommen. Wir sind zusammengekommen, um einen Teil davon als letzten Ruheplatz für jene zu weihen, die hier ihr Leben gaben, damit diese Nation leben möge. Es ist angemessen und richtig, dass wir dies tun.

Aber in einem weiteren Sinne können wir diesen Boden nicht weihen, wir können ihn nicht segnen, und wir können ihn nicht heiligen. Die tapferen Männer, lebend und tot, die hier gekämpft haben, haben ihn auf eine Art geweiht, die weit über das hinausgeht, wo wir noch etwas hinzufügen oder abziehen könnten. Die Welt wird kaum zur Kenntnis nehmen oder sich lange daran erinnern, was wir hier sagen, aber sie kann niemals vergessen, was sie hier taten. Es ist eher an uns, den Lebenden, uns hier der unvollendeten Arbeit zu widmen, die sie auf so noble Weise vorangebracht haben. Es ist eher an uns, uns hier der großen Aufgabe zu widmen, die vor uns liegt – dass wir von diesen verehrten Toten eine größere Hingabe zu der Sache empfangen, für die sie das volle Maß an Hingabe erbrachten, – dass wir hier entschlossen feststellen, dass diese Toten nicht umsonst gestorben sein sollen, dass diese Nation, mit Gottes Beistand, eine neue Geburt in Freiheit erleben soll, und dass das Regieren des Volkes durch das Volk, und für das Volk nicht vom Angesicht der Erde vergehen darf.

Sherburn

Rede gegen die Lynchversammlung ca. 1884

(Mark Twain, Die Abenteuer des Huckleberry
Finn (1884/85) Kap. 22)

Einführung

Es ist eine klassische Szene. Bekannt aus so manchem
Western aber auch aus der bitteren Realität des amerikanischen Südens in der Zeit des Rassismus. Die Lynchjustiz
war lange Zeit eine Realität, die viele unschuldige Leben
gekostet hat. Die Anlässe waren ganz unterschiedlich,
aber das Bild einer Menge, die sich vor dem Gefängnis
einfindet, und allein durch ihre Zahl immer drohender
auftritt, ist immer dasselbe. Derjenige, der das Gesetz
vertritt, ein Sheriff, ein Richter oder ein Anwalt, sieht sich
vor eine schwere und gefährliche Wahl gestellt. Er ist selber in Gefahr, und es ist nicht nur die aktuelle Gefahr für
sein Leben, wenn er den Weg nicht freimacht, es ist auch
die Gefahr für seine Zukunft in der Stadt. Seine Nachbarn
sind auch in der Menge, die sich zunächst schweigend,
dann lautstark darauf beruft, dem Recht zur Geltung zu
verhelfen, auf dem das Zusammenleben in diesem Ort
beruht. Wer dieser Forderung entgegentritt, riskiert viel.
Man muss Stellung beziehen. Daraus resultiert die Dramatik dieser Szene.

Es gibt die zivilisierte Strategie, den Appell an die Vernunft und die Mitmenschlichkeit des Einzelnen in der
Menge. Es ist eine sinnvolle Strategie, und manchmal hilft
es, die Anonymität des Mobs zu durchbrechen, und ein

bekanntes Gesicht anzusprechen. In sehr eindrucksvoller Weise gelingt dies in Harper Lees „Wer die Nachtigall stört". Wer die Szene in der Verfilmung gesehen hat, in der Gregory Peck als Anwalt Atticus Finch im Schein einer mitgebrachten Stehlampe vor dem Gerichtsgebäude lesend Wache hält, um seinen schwarzen Mandanten zu schützen, der unschuldig angeklagt ist, der vergisst sie nicht. Der erwartete Mob, der zum Teil aus seinen Mandanten besteht, erscheint drohend, und wird schließlich durch den kindlichen Auftritt von Atticus´ kleiner Tochter zerstreut, die erfolgreich an die menschliche Schwäche eines Bekannten appelliert. So verliert die Versammlung ihre düstere Anonymität. Dies ist die menschliche und rationale Vorgehensweise, die damit rechnet, dass auch der finstere Mob letztlich aus Nachbarn besteht, die inakzeptable Beweggründe, aber dennoch ein Gewissen haben. Mark Twain präsentiert in dem hier vorgestellten Text eine ganz andere Strategie. Es ist allerdings auch eine andere Situation.

Der Text zielt in brutaler Konsequenz auf die Schwächen der menschlichen Natur („Der durchschnittliche Mann ist ein Feigling"). Der Mann, der der aufgebrachten Menge gegenübertritt, die erschienen ist, um ihn zu lynchen, ist kein Sheriff, Richter oder Anwalt, der einen Unschuldigen verteidigt. Er selbst ist derjenige, der gelyncht werden soll. Er tritt auf in eigener Sache. Es ist eine Sache, die er mit der gleichen rücksichtslosen Konsequenz umgesetzt hat, mit der er nun der Versammlung begegnet. Er hatte einen Mann erschossen, einen harmlosen, betrunkenen, aber lästigen Wichtigtuer („the best-natured old fool in Arkansas – never hurt nobody, drunk, nor sober."). Dieser unbeherrschte Zeitgenosse mit Namen Boggs kam einmal im Monat in die Stadt, um sich angemessen zu betrinken und verlor dann alle Zurückhaltung. Ein alter Groll gegen Colonel Sherburn – man erfährt die Ursache nicht – veranlasste ihn dann, gegen Sherburn ausfällig zu werden. Er ritt immer wieder durch die Hauptstraße der kleinen Stadt und beschimpfte seinen Gegner mit wüsten Worten, hielt vor Sherburns Geschäft ("the biggest store in town") und forderte ihn auf, herauszukommen. Was Sherburn schließlich tat, wobei er in trockenen Worten ein Ultimatum verkündete: er würde die Beschimpfungen noch bis ein Uhr ertragen, wenn Boggs danach noch einmal etwas gegen ihn vorbringen würde, würde er Ernst machen. Die Zuschauer begriffen den Ernst der Lage, aber Boggs begriff ihn nicht. Er entzog sich allen guten Ratschlägen und so war er trotz der massiven Warnung auch um ein Uhr noch in der Stadt. Sherburn trat ihm auf der Haupstraße kühl entgegen, hob seine Pistole und erschoss den Störenfried. Dies war die unmittelbare Vorgeschichte, die die Versammlung vor seinem Haus heraufbeschwor.

Als die Menge vor Sherburns Haus zusammenkam, wartete der Colonel eine zeitlang und trat dann in völliger Ruhe und Entschlossenheit vor die Versammlung („perfectly calm and deliberate") – eine doppelläufige Flinte im Arm – und sprach die abgedruckten Worte. Er appelliert nicht an Vernunft oder Rechtsgefühl, und doch richtet sich seine Rede an den Einzelnen. Er zeigt ihm seine Verachtung. Es ist ein rücksichtsloser und wirkungsvoller Auftritt, denn dies ist eine Situation, die keine Halbheiten erlaubt. Sherburn zeigt keine Angst, seine Rede ist frei von jedem Pathos (man vergleiche nur was er über den Kampfgeist von Armeen sagt, mit der vorangehenden Gettysburg-Address Abraham Lincolns), ein illusionsloser Blick auf die menschliche Natur. Es ist durchaus berechtigt, hier vom Gesetz des Dschungels zu sprechen, denn die Welt, die Mark Twain hier porträtiert, hat in dieser Situation kaum zivilisierte Züge.

Die Episode entstammt Huck Finns berühmter Reise auf dem Mississipi. Nicht lange, bevor ihn die Fahrt in den kleinen Ort in Arkansas brachte, wo die geschilderte Szene sich ereignete, hatte Huck erlebt, wie der alte Streit zweier nobler Familien, dessen Ursache niemand mehr kannte, zur weitgehenden Auslöschung der Familie geführt hatte, die ihn zuvor gastfreundlich aufgenommen hatte. Aber so zivilisiert die Umgangsformen waren, die archaischen Prinzipien der Blutrache standen nicht in Frage. Der rücksichtslose und unerschrockene Auftritt von Colonel Sherburn gegenüber der Menge, die ihn lynchen will, ist bei allem Zynismus ein nützliches Lehrstück über die mitunter allzu einfachen Gesetze der menschlichen Natur. Vollständig wird das Bild aber erst durch Harper Lees zivilisiertes Plädoyer in „Wer die Nachtigall stört".

REDE

Die Vorstellung, dass Ihr jemanden lyncht! Es ist zum Lachen. Die Vorstellung, dass Ihr denken könntet, Ihr hättet genug Mut, um einen Mann zu lynchen. Weil Ihr mutig genug seid, eine arme, ausgestoßene Frau ohne Freunde, die hier durchkommt, zu teeren und zu federn, denkt Ihr, Ihr hättet genug Mumm, Eure Hände gegen einen Mann zu erheben? Wie kommt Ihr darauf – ein Mann ist sicher in den Händen von Zehntausend Eurer Sorte –, solange es heller Tag ist und Ihr nicht in seinem Rücken steht.

Kenne ich Euch? Ich kenne Euch gut. Ich wurde im Süden geboren und wuchs hier auf, und ich habe im Norden gelebt. Daher kenne ich den Durchschnitt gut genug. Der durchschnittliche Mann ist ein Feigling. Im Norden lässt er jedermann, der dies tun will, auf sich herumtrampeln, dann geht er nach Hause und erfleht die Demut, um es zu ertragen. Im Süden hat ein Mann ganz allein bei Tageslicht eine Kutsche voller Männer gestoppt und den Haufen ausgeraubt. Eure Zeitungen nennen Euch ein tapferes Volk; so sehr, dass Ihr denkt, Ihr seid tapferer als irgend ein anderes Volk – wobei Ihr nur so tapfer seid wie die anderen und nicht mehr. Warum hängen Eure Geschworenen keine Mörder? Weil Sie Angst haben, dass die Freunde des Mannes ihnen in den Rücken schießen, in der Dunkelheit – und genau das würden sie tun.

Also sprechen sie niemals jemanden schuldig; und dann geht ein Mann in die Nacht hinaus, mit hundert maskierten Feiglingen hinter sich und lyncht den Schuft. Euer Fehler ist, dass Ihr keinen Mann mitgebracht habt; das ist der eine Fehler, und der andere Fehler ist, dass Ihr nicht in der Dunkelheit gekommen seid, und dass Ihr Eure Masken nicht mitgebracht habt. Ihr habt den Teil eines Mannes mitgebracht – Buck Harness dort – und wenn Ihr ihn nicht gehabt hättet, um Euch in Bewegung zu setzen, dann hättet Ihr nur ein wenig Dampf abgelassen.

Ihr wolltet nicht kommen. Der durchschnittliche Mann mag Ärger und Gefahr nicht. Aber wenn nur ein halber Mann – so wie Buck Harness da – schreit: „Lyncht Ihn, Lyncht Ihn" habt Ihr Angst, zurückzustehen – Angst, dass jemand herausfindet, wie Ihr wirklich seid – Feiglinge – und so fangt Ihr an zu schreien, und Ihr hängt Euch an den Rockzipfel eines halben Mannes, und Ihr kommt tobend hierher, wobei Ihr Schwüre leistet, was für große Dinge Ihr tun werdet. Ein Mob ist eine armseligste Erscheinung; das gilt für eine Armee: sie ist ein Mob; die Soldaten kämpfen nicht mit einem Mut, der von innen kommt, sondern sie kämpfen mit dem Mut, der aus ihrer Masse kommt, und von ihren Offizieren. Aber ein Mob ohne irgendeinen Mann an der Spitze, ist noch weniger als armselig. Also, was Euch bleibt, ist, klein beizugeben, nachhause zu gehen und Euch in ein Loch zu verkriechen. Wenn hier wirklich jemand gelyncht wird, dann geschieht das im Dunkeln, nach Art des Südens; und wenn sie kommen, dann bringen sie ihre Masken mit und haben einen richtigen Mann dabei. Jetzt geht – und nehmt Euren halben Mann mit.

Marie Juchacz

Rede in der Weimarer Nationalversammlung

19.2.1919

(Die erste Rede einer Frau im deutschen Parlament)

Einführung

Mit der Rede von Marie Juchacz begann ein neues Kapitel in der Geschichte des deutschen Parlaments. Erstmals in der deutschen Geschichte hatten Frauen nicht nur ihre Stimme bei der Wahl der Abgeordnetenversammlung abgeben können, sie hatten sich auch zur Wahl gestellt. Unter den 423 Abgeordneten des deutschen Reichstages, der im Januar 1919 zusammentrat, waren 37 Frauen. 300 Frauen hatten sich als Kandidatinnen aufstellen lassen. Obwohl die Wahlstatistiken dieser frühen Jahre noch nicht jene Differenzierungen erlauben, die uns heute im Anschluss an jede Wahl eine genaue Aufstellung des Wählerverhaltens liefern, lässt sich doch erkennen, dass die Einführung des Wahlrechts für Frauen eher die politische Mitte und die Parteien auf dem konservativen Flügel stärkten. Die Sozialdemokraten, die am stärksten für die Einführung des Frauenwahlrechts gekämpft hatten, profitierten allem Anschein nach nicht davon. Marie Juchacz spielte darauf in ihrer Rede an, als sie die nach wie vor bestehende starke Vertretung des konservativen Adels in der Weimarer Volksvertretung ansprach. Das Wahlrecht für Frauen war am 12. November 1918 vom „Rat der Volksbeauftragten" postuliert worden: *Alle Wahlen zu öffentlichen Körperschaften sind fortan nach dem gleichen, geheimen, direkten, allgemeinen Wahlrecht auf Grund des proportionalen Wahlsystems für alle mindestens 20 Jahre alten männlichen und weiblichen Personen zu vollziehen."*

Dieses neue Wahlrecht war eine Konsequenz der Revolution vom November 1918, als sich Matrosen und Soldaten im militärisch besiegten Deutschland gegen sinnlose Befehle erhoben. Kaiser Wilhelm II. wurde dadurch zur Abdankung bewegt (am 9. November). Der amerikanische Präsident Wilson hatte diese Abdankung zuvor als Bedingung für einen Frieden verlangt, und die Erhebung von Matrosen und Soldaten gegen das alte Regime hatte eine neue Regierung ins Amt gebracht: den sogenannten „Rat der Volksbeauftragten" unter einem Reichskanzler Friedrich Ebert (SPD). Die revolutionäre Regierung setzte sich aus Sozialdemokraten zusammen und sie verkündete zwei Tage nach ihrem Amtsantritt die Neuregelung des Wahlrechts. Nach diesem Wahlrecht wurde die Entscheidung über die Zusammensetzung der verfassunggebenden Nationalversammlung getroffen, die im Januar 1919 zusammentrat. Von den wahlberechtigten 15 Millionen Männern und 17,7 Millionen Frauen beteiligten sich etwa 82 % an der Wahl. Für die Frauen war dies die erste Gelegenheit zu einer Stimmabgabe bei der Wahl eines Parlaments gewesen. Allerdings war dies nicht allein eine Geschlechterfrage. Auch für viele Männer war das Wahlrecht nicht selbstverständlich. Zwar wurden die Abgeordneten des Reichstags seit 1871 nach einem allgemeinen Wahlrecht gewählt, aber für die Parlamente der einzelnen Länder, denen in der Reichsverfassung eine besondere Bedeutung zukam, galten deutlich restriktivere Wahlkriterien. Insbesondere Preußen, das im Reichsverband eine dominierende Stellung innehatte, hielt an einem Dreiklassenwahlrecht nach einem Steuerzensus fest. So fanden sich viele Arbeiter und Angestellte weit von dem Prinzip „one man, one vote" entfernt.

Der Kampf um das Frauenwahlrecht war daher für viele politisch engagierte Frauen ein doppelter Kampf. Es war ein Ringen um die politische Emanzipation der Arbeiter, denen eine politische Mitsprache durch restriktive Gesetze lange Zeit verboten war, und es war ein Ringen um die Behauptung im eigenen Milieu, das die Bemühungen um ein Frauenwahlrecht durchaus nicht selbstverständlich unterstützte. Der Anspruch auf ein eigenes Wahlrecht für Frauen hatte einen deutlichen emanzipatorischen Zug, der die Entscheidungsfähigkeit der Männer in allen Milieus als Oberhaupt der Familie nicht mehr als selbstverständlich annahm. Bisher war man davon ausgegangen, dass der wahlberechtigte Mann die Interessen seiner Frau angemessen berücksichtigte, wenn er seine Wahlentscheidung traf. Daran wurden seit dem Vormärz 1848 immer wieder Zweifel geäußert. Vorkämpferinnen für das Frauenwahlrecht wie Helene Lange wiesen darauf hin, dass es Männern in spezifisch weiblichen Lebensbereichen an Erfahrung fehle. Die Felder weiblicher Politik waren in dieser frühen Phase weitgehend auf die Sozialpolitik konzentriert. Die europäische Gesellschaft des späten 19. und frühen 20. Jahrhunderts war eine patriarchalische Gesellschaft.

Tatsächlich war Frauen in Deutschland eine politische Tätigkeit seit 1850 verboten, weswegen sich die Frauen der sozialdemokratischen Bewegung, wie etwa Marie Juchacz, in Bildungsvereinen organisierten. Erst 1908 wurde dieses Verbot aufgehoben. Marie Juchacz war 1906 als geschiedene junge Mutter mit zwei Kindern nach Berlin gekommen und hatte gemeinsam mit ihrer Schwester Anschluss an einen Frauenbildungsverein gefunden. Nach dem Wegfall des Verbots politischer Betätigung schloss sie sich der Sozialdemokratischen Partei an und wurde schließlich eine hauptamtliche Mitarbeiterin der SPD in Köln. Sie wurde zu einer leidenschaftlichen Sozialpolitikerin, die zu den Aktivistinnen der Arbeiterwohlfahrt gehörte. Dieses Interesse lässt ihre Rede von 1919 deutlich erkennen. Seit 1917 war sie als zunächst einzige Frau in den Parteivorstand der SPD gewählt worden, und 1919 errang sie ein Mandat für die verfassunggebende Nationalversammlung.

Tatsächlich hatte die deutsche Niederlage und die Revolution, die das Kaiserreich beendete, die Entwicklung deutlich beschleunigt. Denn der Kampf für ein aktives und passives Frauenwahlrecht wurde keineswegs nur in Deutschland geführt. In Ländern mit einer deutlich älteren parlamentarischen Tradition hatte es schon früher Ansätze eines Frauenwahlrechts gegeben, so etwa in Wyoming, Neuseeland und Australien. Die europäischen Parlamente taten sich dagegen schwer, von der Exklusivität eines männlichen aktiven und passiven Wahlrechts Abstand zu nehmen. Die Sieger des ersten Weltkrieges sahen zunächst keinen Handlungsbedarf. In der politischen Kultur Deutschlands haben revolutionäre Ereignisse in der Regel keine zentrale Rolle gespielt. In einer so eminent demokratischen Entwicklung wie der Einführung des Frauenwahlrechts wurde die Novemberrevolution von 1918 jedoch zum entscheidenden Moment. Mit der Einführung des allgemeinen und freien Wahlrechts für Männer und Frauen war die Weimarer Republik zur Vorreiterin einer demokratischen Verfassung geworden, die beim Wahlrecht nicht mehr nach dem Geschlecht unterschied.

Rede

Meine Herren und Damen! (Heiterkeit). Es ist das erstemal, dass in Deutschland die Frau als Freie und Gleiche im Parlament zum Volke sprechen darf, und ich möchte hier feststellen, und zwar ganz objektiv, dass es die Revolution gewesen ist, die auch in Deutschland die alten Vorurteile überwunden hat. (Sehr richtig! bei den Soz.) Die Frauen besitzen heute das ihnen zustehende Recht der Staatsbürgerinnen. Gemäß ihrer Weltanschauung konnte und durfte eine vom Volke beauftragte sozialistische Regierung nicht anders handeln, wie sie gehandelt hat. Sie hat getan, was sie tun musste, als sie bei der Vorbereitung dieser Versammlung die Frauen als gleichberechtigte Staatsbürgerinnen anerkannte. (Sehr richtig! bei den Soz.).

Ich möchte hier feststellen und glaube damit im Einverständnis vieler zu sprechen, dass wir deutschen Frauen dieser Regierung nicht etwa in dem althergebrachten Sinne Dank schuldig sind. Was diese Regierung getan hat, das war eine Selbstverständlichkeit: sie hat den Frauen gegeben, was ihnen bis dahin zu Unrecht vorenthalten worden ist. (Sehr richtig! bei den Soz.)

Wollte die Regierung eine demokratische Verfassung vorbereiten, dann gehörte zu dieser Vorbereitung das Volk, das ganze Volk in seiner Vertretung. Die Männer, die dem weiblichen Teil der deutschen Bevölkerung das bisher zu Unrecht vorenthaltene Staatsbürgerrecht gegeben haben, haben damit eine für jeden gerecht denkenden Menschen, auch für jeden Demokraten selbstverständliche Pflicht erfüllt. Unsere Pflicht aber ist es, hier auszusprechen, was für immer in den Annalen der Geschichte festgehalten werden wird, dass es die erste sozialdemokratische Regierung gewesen ist, die ein Ende gemacht hat mit der politischen Unmündigkeit der deutschen Frau. (Bravo! bei den Soz.) Durch die politische Gleichstellung ist nun meinem Geschlecht die Möglichkeit gegeben zur vollen Entfaltung seiner Kräfte. Mit Recht wird man erst jetzt von einem neuen Deutschland sprechen können und von der Souveränität des ganzen Volkes. Durch diese volle Demokratie ist aber auch zum Ausdruck gebracht worden, dass die Politik in Zukunft kein Handwerk sein soll. Scharfes, kluges Denken, ruhiges Abwägen und warmes menschliches Fühlen gehören zusammen in einer vom ganzen Volke gewählten Körperschaft, in der über das zukünftige Wohl und Wehe des ganzen Volkes entschieden werden soll.

Der Herr Ministerpräsident hat in seinem Regierungs-
programm einen Ausblick gegeben für unser Arbeiten
in der Zukunft. Er hat aber auch zu gleicher Zeit einen
besonderen Ausblick gegeben für das Wirken der Frau-
en im neuen Deutschland. Er hat uns weite hoffnungs-
volle Perspektiven gegeben für unser Arbeiten. Ich
möchte hier sagen, dass die Frauenfrage, so wie sie jetzt
in Deutschland, in ihrem alten Sinne nicht mehr besteht
(Sehr richtig! bei den Soz.), dass sie gelöst ist. Wir werden es nicht mehr nötig haben, mit Versammlungen, mit
Resolutionen, mit Eingaben um unser Recht zu kämpfen.
Der politische Kampf, der immer bestehen bleiben wird,
wird sich von nun an in anderen Formen abspielen. Innerhalb des durch Weltanschauung und selbstgewählte
Parteigruppierungen gezogenen Rahmens haben wir
Frauen nunmehr Gelegenheit, unsere Kräfte auswirken
zu lassen.

Aber damit begeben wir uns nun keineswegs des
Rechts, andersgeartete Menschen, weibliche Menschen
zu sein. Es wird uns nicht einfallen, unser Frauentum zu
verleugnen, weil wir in die politische Arena getreten sind
und für die Rechte des Volkes mitkämpfen. (Bravo! bei
den Soz.) Kein Punkt des neuen Regierungsprogramms
ist da, an dem wir sozialdemokratischen Frauen ohne Interesse wären.

Ich begrüße es ganz besonders, dass im Regierungs-
programm bekundet wird, dass auch das Verwaltungswesen demokratisiert werden soll, so dass in Zukunft den
Frauen auch Gelegenheit gegeben sein wird, mit in alle
offenstehende Ämter einzutreten. (Sehr richtig! Links)
Ich betrachte den Punkt des Arbeitsprogramms, der da
sagt: Heranziehung der Frauen zum öffentlichen Dienst,
entsprechend den auf allen Gebieten vermehrten Frauen-
aufgaben, nur als eine Konsequenz des jetzt gegebenen
Zustandes. (Sehr richtig! links.) Ich bringe diesem Passus
durchaus kein Misstrauen entgegen, sondern betrachte
es als eine Selbstverständlichkeit, dass auch in der neuen

Verfassung, die wir mit schaffen helfen werden, die Frau als gleichberechtigte und freie Staatsbürgerin neben dem Manne stehen wird. Ich wünsche ganz besonders, dass bei den jetzt schon fälligen Aufgaben im Verwaltungswesen die Frauen mit herangezogen werden, und denke dabei in allererster Linie an eine Stelle, die nach meinem Dafürhalten im Arbeitsamt des Reiches eingerichtet werden müsste, wo Frauen selbständig arbeiten, bei der Witwen- und Waisenfürsorge, bei der Regelung der Fürsorge für Kriegshinterbliebene. (Sehr richtig! bei den Soz.) Das ist ein Gebiet, in welches die Frauen einfach hineinpassen und hineingehören nach ihrer ganzen Veranlagung und wo sie für das Wohl das Volkes Ersprießliches leisten können.

Wir Frauen werden mit ganz besonderem Eifer tätig sein auf dem Gebiet des Schulwesens, auf dem Gebiet der allgemeinen Volksbildung, und ich glaube, hier aussprechen zu dürfen, dass die Mütter es ganz besonders begrüßen müssen, dass auch nun wir Frauen Gelegenheit haben werden, unsere Kinder den Bildungsanstalten zuzuführen, welche das neue Deutschland ihnen öffnen wird.

Die gesamte Sozialpolitik überhaupt, einschließlich des Mutterschutzes, der Säuglings- und Kinderfürsorge, wird im weitesten Sinne Spezialgebiet der Frauen sein müssen. Die Wohnungsfrage, die Volksgesundheit, die Jugendpflege, die Arbeitslosenfürsorge sind Gebiete, an denen das weibliche Geschlecht besonders interessiert ist und für welche das weibliche Geschlecht ganz besonders geeignet ist. (Sehr richtig! links)

Hier möchte ich einflechten und glaube, damit einem Wunsche weiter großer Kreise Ausdruck zu geben: es ist jetzt schon im Moment bitter notwendig, dass die Bezüge unserer Alters- und Invalidenrentner aufgebessert werden. (Sehr richtig! links.) Es ist absolut keine Kategorie von Menschen da, die so unter der Not des Krieges, unter dem Elend, den Folgeerscheinungen des Krieges leiden muss, wie diese Ärmsten und Bedauernswerten (Erneute Zustimmung links.).

An einem gesunden Aufbau unseres Wirtschaftslebens sind wir Frauen gleicherweise interessiert wie die Männer und jede einzelne Frau wird in ihrer Partnergruppe nach ihrer Weltanschauung das Beste dazu geben, dass wir wieder zu einer Gesundung unseres Wirtschaftslebens kommen. Wissen doch gerade wir Frauen und Mütter am besten, was auf dem Spiele steht, wenn es uns nicht gelingt, uns wieder aus diesem Elend zu erheben, in dem wir uns jetzt befinden. (Sehr richtig! bei den Soz.)

Wir Frauen sind uns sehr bewusst, dass in zivilrechtlicher wie auch in wirtschaftlicher Beziehung die Frauen noch lange nicht die Gleichberechtigten sind. Wir wissen, dass hier noch mit sehr vielen Dingen der Vergangenheit aufzuräumen ist, die nicht von heute auf morgen aus der Welt zu schaffen sind. Es wird hier angestrengtester und zielbewusstester Arbeit bedürfen, um den Frauen im staatsrechtlichen und wirtschaftlichen Leben zu der Stellung zu verhelfen, die ihnen zukommt.

Zu all diesen Dingen, die wir uns vorstellen, hat die Umgestaltung unserer Staatsform zur Demokratie uns die Wege geöffnet. Jetzt heißt es, diese Wege zu beschreiten und das zu schaffen, was zum Glück unseres Volkes in der Zukunft notwendig ist. Zum Glück dieses Volkes, zur vollen Befreiung des Volkes ist aber notwendig, dass alle Parteien wissen, worauf es in jeder Stunde ankommt, und da möchte ich ganz besonders sagen, dass wir den Zug der Zeit nicht aufhalten dürfen, dass wir nicht bremsen dürfen, sondern immer mit vorwärtsschreiten müssen, dass wir den Strömungen der Zeit ein psychologisches Verständnis entgegenbringen müssen.

Diese Strömungen, die aus der wirtschaftlichen und kulturellen Entwicklung geboren werden, sind lange genug mit Gewalt, mit starrer Gewalt, die in unserem alten System wurzelte, zurückgehalten worden und konnten nicht zur Entfaltung kommen, bis es explodierte. Es ist

131

hier in der politischen Debatte so manches gesagt worden, was mich zum Widerspruch reizte und zum Nachdenken gebracht hat.

Herr Graf v. Posadowsky hat zum Beispiel hier die Frage gestellt: Was ist unter Junkernherrschaft zu verstehen? (Lachen bei den Soz.) Das weiß alle Welt (Sehr richtig! bei den Soz.) mit Ausnahme einer ganz kleinen Gruppe, die sich bisher gegen dieses Wissen verschlossen hat. (Erneute Zustimmung bei den Soz.) Ich möchte Herrn Graf v. Posadowsky-Wehner den Rat geben, einmal bei den deutschen Frauen anzufragen, was man unter den Junkern bisher in Deutschland verstanden hat und auch noch heute versteht. Dieses freieste Wahlrecht, unter dem diese Nationalversammlung gewählt worden ist, hat die Stärke der Gruppe des Herrn Grafen v. Posadowsky und seiner Freunde gezeigt, und wir alle wissen – und es hat mich gewundert, dass es niemand bisher hier gesagt hat –, dass auch unter dem demokratischen Wahlrecht zum Deutschen Reichstag es nicht möglich gewesen ist, der Volksmehrheit so zu ihrem Rechte zu verhelfen, wie es eigentlich hätte sein müssen, weil unsere Auffassung das nicht zugelassen hat. Der Einfluss der Junker war stets stärker, als er ihnen zahlenmäßig gebührte. (Glocke des Präsidenten).

Es ist weiter von Herrn Graf v. Posadowsky gefragt worden, warum wir uns diesen Waffenstillstand haben gefallen lassen. Die Antwort ist bisher in diesem Hause schon gegeben worden, aber ganz kurz will ich meine Meinung dazu sagen. Der Herr Graf v. Posadowsky und seine Freunde wissen ganz genau, warum wir uns diesen Waffenstillstand gefallen lassen müssen. (Sehr richtig! bei den Soz.) Weil dieser Krieg durch ihre Politik bis zum moralischen Zusammenbruch unseres Volkes geführt hat. (Lebhafte Zustimmung bei den Soz. – Zurufe rechts: Weltrevolution) Und die Revolution! Ja, meine Herren, Sie werden diese Revolution nicht verstehen, Sie werden sie niemals buchen als das, was sie ist, eine geschichtliche

Tatsache, die herauswachsen musste aus den Verhältnissen, zu denen Sie getrieben haben. (Zustimmung bei den Soz. – Zurufe rechts)

Wilsons Urteil früherer Zeit ist hier angeführt worden. Warum wird es dann nicht in Vergleich gestellt mit dem, was Wilson jetzt sagt? Das ist doch das Maßgebende, dass er nicht verhandeln und nicht Frieden schließen wollte mit einer Regierung, die nicht aus der Demokratie hervorgegangen ist. (Sehr gut! bei den Soz. – Zurufe rechts.) Nicht, was vor vier Jahren gesagt worden ist, sondern was gesagt wurde mit Bezug auf die heutigen Zustände, das ist das Maßgebende, nach dem man sich richten muss.

Es ist die Frage gestellt worden, woher denn plötzlich die vielen Feinde gekommen seien, mit denen Deutschland zu rechnen hatte. Es ist gesagt worden, der Deutsche sei vor dem Kriege geehrt und geachtet gewesen. Ja, eine Gegenfrage: War das nicht Selbsttäuschung, sind diese Feinde nun plötzlich aus dem Boden herausgewachsen, nachdem der Krieg da war, oder ist es nicht vielleicht so, dass das, was gedacht und gefühlt worden ist, nunmehr zum Ausdruck kam? Preußen-Deutschland hatte keine Sympathien im Ausland (Sehr richtig! bei den Soz.), das hat uns der Krieg gezeigt. Wenn wir dafür sorgen helfen, dass Deutschland wieder zu vernünftigen Zuständen kommt, dass Deutschland wieder das Land wird, in dem alle seine Bewohner Gerechtigkeit genießen und sich wohlfühlen können, wenn wir aufgrund demokratischer Verhältnisse zu anderen Zuständen kommen, als wir sie heute haben (ironische Zurufe rechts: Sehr richtig!), vielleicht ist es dann einmal möglich, eine geachtete Stellung im Ausland zu bekommen (Zurufe rechts), aber mit einer ganz anderen Politik, als sie unter dem alten Regiment mit Ihrer Hilfe gemacht worden ist. (Sehr richtig! bei den Soz.)

Herr Graf Posadowsky sagte, die staatliche Ordnung wäre jetzt gestört, alle öffentliche Ordnung läge darnieder. Mord, Raub, Plünderung, Diebstahl, Verbrechen aller

Art wären an der Tagesordnung. (Lebhafte Zurufe: Sehr richtig! Rechts.) Wie war es denn im Kriege? Hat denn das alte Regiment vermeiden können, dass täglich neue Plakate an die Litfaßsäulen unserer Großstädte geschlagen wurden, worin 100 000, 50 000, 20 000 und 10 000 Mark Belohnung ausgesetzt wurden für Diebe, Räuber, Mörder aller Art? Ist das eine Erscheinung, die erst jetzt aus den revolutionären Zuständen herausgewachsen ist, oder ist es nicht vielleicht so, dass wir all diese schlimmen Zustände infolge des Kriegselends bekommen haben? (Sehr richtig! bei den Soz.)

Schon zu Anfang des Krieges und während der Kriegsjahre sind ganze Postzüge ausgeraubt worden, und es ist begreiflicherweise nicht alles, was geschehen ist, in die Zeitungen gekommen. Aber all das ist unter dem alten Regiment geschehen. Ich verwahre mich von vornherein ganz stark dagegen, dass ich etwa unsere Beamtenschaft verunglimpfe, wenn ich hier feststelle, dass auch Beamte an dieser Ausplünderung ganzer Eisenbahnwaggons mit beteiligt waren. Ich will nur feststellen, dass sich auch unter dem alten Regiment Raub, Mord, Diebstahl und Verbrechen aller Art in so erschreckender Weise gehäuft haben (Sehr wahr! bei den Soz. – Widerspruch rechts), dass wir wirklich nicht mit Stolz auf die vier Kriegsjahre zurückblicken können.

Ich werte alle diese Erscheinungen rein menschlich; sie sind geboren aus der Not und dem Elend des Volkes. Der Krieg ist kein Jungbrunnen der Moral. (Sehr richtig! bei den Soz.) Physisch und moralisch hat das Volk unter diesem Kriege ganz ungeheuer gelitten und leidet heute noch unter seinen Folgeerscheinungen. Deshalb soll man nicht wie ein Philister über die verschiedensten Taten, die uns nicht gefallen, herziehen. Man soll von ihnen sprechen und auf Abhilfe sinnen.

Von dem Herrn Grafen v. Posadowsky wurde auch die Unterdrückung der Presse als etwas ganz Neues angeführt. Wir billigen die Unterdrückung der Presse von heute durchaus nicht; das brauche ich nicht besonders festzustellen. Aber wo war denn die Preßfreiheit während des Krieges? (Sehr gut! bei den Soz.) Wer erinnert sich nicht der endlosen Zensurdebatten, die wir bis zum Überdruss in den Zeitungen gelesen haben. Wir haben niemals einen Erfolg der vielen Proteste zu sehen bekommen, bis das alte System zusammengebrochen ist. So lange hatten wir auch die schimpfliche Knebelung der Presse auch in politischer Beziehung. (Zurufe rechts: In den anderen Ländern war es schlimmer!) Die Zeitungen der verschiedensten Richtungen, auch die Zeitungen Ihrer Partei (nach rechts) haben ja bitter darüber Klage geführt. Deshalb mutet es heute ganz besonders an, wenn gerade Herr Graf v. Posadowsky als Ihr Vertreter sich über die Knebelung der Presse beklagt. Wir stellen die Freiheit der Presse und die Freiheit der Versammlungen über alles.

Während des Krieges aber ist es hundertfach vorgekommen, dass auch Abgeordnete des Reichstags aufgefordert wurden, die Manuskripte ihrer Beiträge in Versammlungen einzureichen, und dass sie mit einer Unmenge behördlicher Schikanen kämpfen mussten. (Zustimmung bei den Soz.) Dem Tüchtigen freie Bahn, das ist die Parole, die wir auch zu jeder Zeit anerkennen. Aber es ist in Preußen-Deutschland nicht so gewesen, wie er Herr Graf v. Posadowsky es hier hat hinstellen wollen. Wo waren denn die sozialdemokratischen Schöffen und Geschworenen, wo hatte man den sozialdemokratischen Lehrer gefunden in dem Lande, in dem nicht einmal ein sozialdemokratischer Nachtwächter angestellt werden konnte? Ein Aufatmen ist durch die Reihen der Beamtenschaft und der Lehrer am 9. November gegangen. (Sehr richtig! bei den Soz.) Das können wir am allerbesten beurteilen. Die Tausende von Zuschriften, die wir bekommen haben, die vielen Anmeldungen für unsere Bewegung (sehr richtig! bei den Soz.), die wir aus diesen Kreisen erhalten haben, sind uns ein Beweis, und das Gros der Beamtenschaft zweifelt gar nicht daran, dass sie unter der neuen Regierung und unter dem neuen System sich zweifellos auch wirtschaftlich besserstehen werden.

Die Sozialdemokratie hat es in der Zeit ihres Wirkens, schon bevor sie eine solche Machtstellung eingenommen hat wie heute, bewiesen, dass sie die Interessen der Beamtenschaft wohl zu wahren weiß. (Sehr richtig! bei den Soz.) Ähnlich verhält es sich mit dem Mittelstand. Die Beamtenschaft ist politisch geknebelt worden, und die warmen Befürworter des Mittelstandes, sie haben ihre Machtstellung in der Vergangenheit mit dazu benützt, auch den Mittelstand vor ihren Wagen zu spannen, indem sie ihn wirtschaftlich in Fesseln schlugen. (Sehr richtig! bei den Soz.) Die einfachen und mittleren Verhältnisse, aus denen die höheren Staatsbeamten hervorgegangen sind, mit denen ist es auch nicht allzuweit her. Ich habe nicht oft davon gehört, dass Söhne und Töchter von Arbeitern und Taglöhnern in höhere staatliche Dienste genommen worden wären. (Widerspruch rechts und Ruf: Beispiele.) Welche Geheimräte, welche Landräte, welche Regierungspräsidenten, welche Staatssekretäre und Minister sind denn unter dem alten System aus so einfachen Verhältnissen hervorgegangen? Können Sie solche nennen? Ich bezweifle es.

Hatten wir Offiziere aus Arbeiterkreisen? Nein, die hatten wir nicht. (Rufe rechts: Giesberts, Erzberger. – Heiterkeit) Es ist ja wunderbar, wie wir jetzt von allen Seiten Helfershelfer für die sozialpolitischen Arbeiten bekommen, nur sieht man bei all den Vorschlägen, die Sie (nach rechts) machen, sehr den Pferdefuß. Es ist der ganzen Welt bekannt, dass es in unserem sozialpolitischen Leben immer so gewesen ist, dass es uns nicht genug war, was geschehen, aber Ihnen (nach rechts) stets zuviel. (Sehr richtig! bei den Soz.)

Wir Frauen können uns ja dessen nur freuen, wenn Sie jetzt plötzlich den Hang verspüren, fruchtbare sozialpolitische Arbeit zu leisten. Wir können dabei ja gar nicht genügend Bundesgenossen bekommen. Wenn alle Parteien bis zum äußersten rechten Winkel hier den starken Willen zur Sozialpolitik bekunden, dann kann es ja mit dieser Fortentwicklung in Deutschland nicht schlecht bestellt sein. Ganz (?...?) mutet es mich an, als an die bürgerlichen Parteien hier von dem Herrn Grafen das Ersuchen zum Zusammenschluss gerichtet wurde, nach einem so starken Bekenntnis zur Monarchie. Ich habe die Ansicht, dass es ganz konsequent ist nach diesem starken Bekenntnis zur Monarchie, wie es hier abgelegt worden ist, dass Ihre Partei isoliert bleiben muss in diesem Hause.

Es ist selbstverständlich Sache der bürgerlichen Parteien selbst, sich gerade dazu zu äußern, aber ich möchte hierbei doch sagen, da es ganz komisch anmutete, und zwar roch es sehr stark nach der alten Kampfmaxime gegen die Sozialdemokratie. Ich bin überzeugt, dass Sie sich keinen Augenblick bedenken würden, die große Mehrheit des deutschen Volkes auch heute noch nach dem alten Muster zu vergewaltigen, wenn Sie dazu die Macht hätten. (Sehr wahr! bei den Soz.) Ich möchte noch einiges andere sagen.

Es ist hier von Herrn Haase einiges über die Politik der Unabhängigen Sozialdemokratie ausgesprochen worden. Nach seinem Dafürhalten müssen wir Deutsche stillhalten unter allen Umständen, auch wenn wir sehen, dass – und ich gebrauche mit Absicht dieses so viel benutzte Schlagwort – die Errungenschaften der Revolution kaputtgemacht werden, dass Pressefreiheit und Freiheit der Staatsbürger, Versammlungsfreiheit vernichtet werden, dass der Demokratie mit Maschinengewehren und bedrohlichen Umzügen das Grab gegraben wird. Dazu haben wir nicht den Willen; das Bekenntnis zur Demokratie, welches ich im Anfang meiner Ausführungen hier für uns eingelegt habe, verbietet es uns und macht es uns grundsätzlich zur Unmöglichkeit, die Wege einzuschlagen, wie sie von jener Seite beliebt werden. (Sehr richtig! und Bravo! bei den Soz.) Es muss noch einmal festgestellt werden, obwohl es schon des öfteren geschehen ist, dass die Unabhängige Sozialdemokratie die Spartakuspolitik unterstützt hat. (Sehr richtig! bei den Soz.) Ich erinnere daran, dass zwischen dem 6. und 13. Januar dieses Jahres, als die Presse in Berlin geknebelt war, die Aufrufe, die von der Spartakusgruppe, von den revolutionären Obleuten und von der Unabhängigen Sozialdemokratie unterzeichnet waren, die Volksgenossen, die Arbeiter zur Bewaffnung aufgefordert haben. Ich meine, dass dieses mit dem vielen anderen zusammengenommen, was hier gesagt worden ist, die Rechtfertigung dafür abgibt, dass eine solche Politik von der Sozialdemokratie nicht gutgeheißen werden kann, weil sie all dem widerspricht, was uns in den langen Jahren vor dieser Zeit von den Führern und Führerinnen der Unabhängigen Sozialdemokratie gesagt und gelehrt worden ist, die sich jetzt auf der anderen Seite befinden. (Sehr wahr! bei den Soz.)

Es ist gesagt worden, in dem Programm der Regierung fehle jeder Tropfen Sozialismus. Darauf möchte ich erwidern, dass es heißt, die Augen vor den Realitäten des heutigen Lebens zu schließen. (Sehr richtig! bei den Soz. und den Demokraten) Wir sind es der Arbeiterschaft einfach schuldig, eine solche Politik zu verfolgen, wie wir es heute tun, weil wir es vor der Masse der Arbeiter, vor den Männern und Frauen und vor unseren Kindern nicht verantworten könnten, wenn wir durch eine derart verkehrte Politik, wie es von jener Seite beliebt wird, dazu beitragen würden, dass alles das, was die Arbeiterschaft in den ersten Novemberwochen sich errungen hat, die Freiheit des Staatsbürgers bis zur letzten Konsequenz wieder verscherzt würde und dass damit dem Fortschritt die Wege wieder verschlossen würden. (Sehr wahr! bei den Soz.)

Die befreiten Frauen Deutschlands sollten den Söhnen, Vätern, Brüdern, Freunden, die sich in Feindesland befinden, heute hier von dieser Stelle ihre herzlichen Grüße zurufen. (Bravo! bei den Soz.) Wir bedauern es aufs tiefste, dass sie dort die ganzen seelischen und körperlichen

Qualen der Gefangenschaft durchmachen müssen, und wir bedauern die vielen Angehörigen hier in unserem armen unglücklichen Deutschland, die auch heute noch bangen müssen um ihre Lieben da draußen, denen der Krieg noch immer nicht zu Ende gegangen ist, weil sie ihre Lieben noch nicht in die Arme schließen können, weil die Frauen, die hier in Seelenqual um ihre Männer bangen, das Verlangen danach haben, all die Qual der letzten viereinhalb Jahre auszulöschen in den Herzen derer, mit denen sie verbunden sind.

Das soll hier mit diesen Worten zum Ausdruck gebracht werden. Wir wollen unsere Stimme laut ertönen lassen, damit auch die Frauen in den anderen Ländern, damit die Völker der anderen Länder es hören, dass es deutsche Frauen, deutsche Männer und Frauen sind, die sich innerlich empören gegen dieses furchtbare Unrecht, das uns hier geschieht. (Lebhafter Beifall bei den Soz. und Demokraten. – Zurufe von den Unabhäng. Soz.) Es ist nicht berechtigt, dass man unsere Volksgenossen uns so lange fernhält. Wir wenden uns auch hier an dieser Stelle gegen die furchtbare Blockade, die uns auch heute noch und jede Stunde mit dem Hungertod bedroht. Dieser Hunger, der schon so viele unserer Volksgenossen dahingerafft hat, weicht auch heute noch nicht von unserer Seite, trotzdem der Friede vor der Türe stehen sollte und trotzdem der Völkerhass heute schweigen müsste, und es ist das Furchtbarste, was die Entente sich heute in dieser Stunde noch zuschulden kommen lässt, dass sie dieses wehrlose deutsche Volk auch noch weiter dem Hunger überliefert, nachdem sie viereinhalb Jahre und länger diese Blockade aufrechterhalten hat.

Unser einziger wirtschaftlicher Reichtum ist unsere Arbeitskraft. Nur vermöge dieser Arbeitskraft und ihrer Anwendung ist es möglich, uns wieder aus diesem tiefen Elend zu erheben. Aber wenn man uns nicht die Nahrungsmittel und unserer Industrie nicht die Rohstoffe gibt, wenn man uns nicht in anderer Weise durch Ge-

währung von Kredit und anderen Hilfsmitteln entgegen-
kommt, dann macht man uns dieses Aufrichten so bitter
schwer, und die Völker der ganzen Welt benachteiligen
sich selbst. Denn was ein Volk leistet in der Welt, kommt
dem anderen zugute. (Sehr richtig! bei den Mehrheits-
parteien) Genau so, wie der einzelne Mensch arbeiten
muss, um die Volkskraft zu stärken in dem Lande, dem
er angehört, so sollten auch die Völker zusammenwirken
zu ihrem eigenen Wohl und Besten (Lebhafter Beifall bei
den Soz.)

OTTO WELS

Rede gegen das „Ermächtigungsgesetz"
in der Reichstagssitzung

VOM 23. MÄRZ 1933

EINFÜHRUNG

„Freiheit und Leben kann man uns nehmen, die Ehre nicht." Die Worte von Otto Wels klingen heute pathetisch, aber es war keine pathetische Rede, die der Parteivorsitzende der SPD am 23. März in der Krolloper zu Berlin hielt. Es war die letzte freie Rede, die im Weimarer Reichstag gehalten wurde, bevor er sich mit der überwiegenden Mehrheit der Stimmen als Verfassungsorgan selber entmachtete. Otto Wels hatte nichts von einem Danton, der angesichts seiner Verurteilung schon seinen Platz im Pantheon der Geschichte ins Auge fasste. Sein Versuch, angesichts der im Parlament aggressiv auftretenden Nationalsozialisten, den Widerstand der Sozialdemokraten gegen das Ermächtigungsgesetz auch mit Zitaten von Adolf Hitler zu begründen, wirkt nicht sehr kämpferisch. Aber es ist unabdingbar, sich die konkrete Situation vor Augen zu führen, in der sich der SPD-Vorsitzende befand, um den Mut zu ermessen, den Otto Wels für seine Worte aufbringen musste. Und dieser Mut gewinnt durch den Vergleich mit den anderen Rednern dieses Tages deutliche Kontur. Sie hatten zwar zaghafte Bedenken formuliert, aber ansonsten die nationalsozialistischen Erwartungen ohne großen Widerstand erfüllt. Die Sprecher der Zentrumspartei, der Bayerischen Volkspartei oder der Deutschen Staatspartei waren nicht mehr bereit, für den Erhalt der Weimarer Republik einzustehen. Das Ermächtigungsgesetz setzte die erste demokratische Verfassung Deutschlands außer Kraft, und es waren allein die Abgeordneten der SPD, die gegen dieses Gesetz stimmten. Die Abgeordneten der KPD, die ihren eigenen Beitrag zum Niedergang der Republik geleistet hatten, konnten an der Abstimmung nicht mehr teilnehmen. Viele von ihnen waren bereits verhaftet, andere waren auf der Flucht. Die bürgerlichen Parteien hatten angesichts der Mehrheitsverhältnisse resigniert und hofften, durch ihre Zustimmung zum Ermächtigungsgesetz, einige Positionen wahren zu können. An die Zukunft der Demokratie glaubten sie nicht mehr.

Die Demokratie hatte in den letzten Jahren der Weimarer Republik ihre Grundlage verloren. Die Mehrheit der Parteien wandte sich vom parlamentarischen System ab. Für die KPD und die NSDAP war die antiparlamentarische Haltung Programm. Aber noch waren diese Parteien nicht in der Lage, Mehrheiten zu bilden. Zum Problem wurde die Erosion des bürgerlichen Lagers als demokratischer Kraft. Im März 1930 war eine Große Koalition unter der Führung des Sozialdemokraten Hermann Müller gescheitert. Die Politik, die nun folgte, ließ in ihrer zunehmenden Missachtung des Parlaments die Möglichkeit eines Auswegs aus der Krise im Rahmen der Verfassungsordnung immer geringer werden. Die schwere wirtschaftliche Krise, die zu einem dramatischen Anstieg der Arbeitslosenzahl führte, bildete den immer dunkler werdenden Hintergrund des letzten Aktes der Weimarer Geschichte.

Die Verfassung gab dem Reichspräsidenten die Möglichkeit, in dem Falle, in dem „Sicherheit und Ordnung" gefährdet waren, die Befugnisse des Parlaments zu umgehen, und mit dem Mittel der Notverordnung (Art. 48) direkt zu regieren. Der Präsident ernannte den Reichskanzler und er hatte zudem das Recht den Reichstag aufzulösen. Diese Instrumente entfalteten in den letzten drei Jahren der Weimarer Republik eine beklemmende Dynamik. Die Reichstagwahlen 1930 hatten der NSDAP 18,3 % und der KPD 13,1 % der Stimmen gebracht, und als im Frühjahr 1932 der Reichspräsident neu gewählt wurde, gelang es nur dadurch, die Wahl Adolf Hitlers in dieses mächtigste Staatsamt zu verhindern, dass die SPD den alten Hindenburg unterstützte. Er galt als letzte Bastion der Weimarer Ordnung. Die Kabinette wechselten und ihre Amtszeiten wurden immer kürzer.

Auf Heinrich Brüning und seinen harten Wirtschaftskurs folgten die Kabinette von Papen und Schleicher, trostlose Schauspiele von Intrigen und Selbstüberschätzung, die den Kontakt mit den parlamentarischen Kräften gar nicht mehr suchten. Auf den Straßen nahm die Gewalt weiter zu. Am 17. Juli 1932 wurden in Altona 17 Menschen Opfer der Kämpfe von NSDAP und KPD. Und doch war der Weg der NSDAP an die Macht keineswegs von der Geschichte vorgezeichnet. In den Monaten vor der verhängnisvollen Ernennung Hitlers zum Reichskanzler am 30. Januar 1933 erlebten Hitler und die Partei schwere Rückschläge. Sie konnten die Führung des Staates aus eigener Kraft nicht erlangen und profitierten letztlich von der Fehleinschätzung von Papens, Hitler „zähmen" zu können.

Als die Nationalsozialisten dann an den Schaltstellen der Macht waren, gingen sie mit aller Rücksichtslosigkeit daran, die parlamentarische Ordnung abzuschaffen. Diesem Zweck diente das Ermächtigungsgesetz, das die Weimarer Verfassung außer Kraft setzte. Es war die Außerkraftsetzung der Verfassung durch die legitime Instanz, nachdem die demokratische Ordnung in den Wochen zuvor schon durch die brutale Verfolgung von Demokraten, Sozialisten und Kommunisten aufgehoben worden war. Die nationalsozialistische Gewalt beherrschte die Straßen. Unter diesen Bedingungen waren am 5. März 1933

Reichstagswahlen abgehalten worden, die der NSDAP
43,9 % der Stimmen einbrachten. Für die Verabschiedung
des Ermächtigungsgesetzes war allerdings eine Zweidrit-
telmehrheit erforderlich, die ohne die bürgerlichen Stimmen nicht zu erzielen war. Hitler erreichte diese Mehrheit
durch verschiedene Zusagen, die er später nicht einhielt.

Als Otto Wels am frühen Abend des 23. März an das
Rednerpult trat, wusste er, dass er für eine verlorene Sache eintrat. Am Mittag hatte Adolf Hitler eine von seinen
Anhängern umjubelte Rede im Reichstag gehalten, dar-
aufhin war die Sitzung für drei Stunden unterbrochen
worden, und nun sprach Otto Wels. Er begründete die
Ablehnung des Ermächtigungsgesetzes durch die sozialdemokratische Fraktion mit einfachen, anständigen Worten. Es war kein Kampfaufruf, sondern es war eine letzte
parlamentarische Rede in einem untergehenden Parlament. In dem streng legalen Geist, der in dieser Haltung
zum Ausdruck kam, lag natürlich auch eine Schwäche.
Die demokratischen Kräfte haben sich ohne wirksame
Gegenwehr von dem vermeintlich rechtsstaatlichen Vorgehen der Nationalsozialisten überrumpeln lassen. Aber
angesichts der Barbarei, die Deutschland bevorstand,
hatte der zivilisierte Auftritt von Otto Wels eine eigene
Qualität. Er ragt über die übrigen Redner dieses schick-
salhaften Tages weit hinaus, deren Namen man besser
vergisst. Der Zweite Weltkrieg wurde auch zu einem Test
für die Stärke der Demokratie. Die Demokratie lebt davon, dass auch ihre bedeutendsten Akteure die Regeln
einhalten, die für alle gelten. Auch in Winston Churchills
kämpferischer Rede, die im nächsten Kapitel wiedergeben wird, kam diese Haltung zum Ausdruck. Otto Wels
hat in einer finsteren Stunde die Standfestigkeit dieser
großen Tradition bewiesen.

Rede

Meine Damen und Herren! Der außenpolitischen Forderung deutscher Gleichberechtigung, die der Herr Reichskanzler erhoben hat, stimmen wir Sozialdemokraten um so nachdrücklicher zu, als wir sie bereits von jeher grundsätzlich verfochten haben. Ich darf mir wohl in diesem Zusammenhang die persönliche Bemerkung gestatten, dass ich als erster Deutscher vor einem internationalen Forum, auf der Berliner Konferenz am 3. Februar des Jahres 1919, der Unwahrheit von der Schuld Deutschlands am Ausbruch des Weltkrieges entgegengetreten bin. Nie hat uns irgendein Grundsatz unserer Partei daran hindern können oder gehindert, die gerechten Forderungen der deutschen Nation gegenüber den anderen Völkern der Welt zu vertreten.

Der Herr Reichskanzler hat auch vorgestern in Potsdam einen Satz gesprochen, den wir unterschreiben: „Aus dem Aberwitz der Theorie von ewigen Siegern und Besiegten kam der Wahnwitz der Reparationen und in der Folge die Katastrophe der Weltwirtschaft." Dieser Satz gilt für die Außenpolitik; für die Innenpolitik gilt er nicht minder.

Auch hier ist die Theorie von ewigen Siegern und Besiegten, wie der Herr Reichskanzler sagte, ein Aberwitz. Das Wort des Herrn Reichskanzlers erinnert uns aber auch an ein anderes, das am 23. Juli 1919 in der Nationalversammlung gesprochen wurde. Da wurde gesagt: „Wir sind wehrlos, wehrlos ist aber nicht ehrlos. Gewiss, die Gegner wollen uns an die Ehre, daran ist kein Zweifel. Aber dass dieser Versuch der Ehrabschneidung einmal auf die Urheber selbst zurückfallen wird, da es nicht unsere Ehre ist, die bei dieser Welttragödie zugrunde geht, das ist unser Glaube bis zum letzten Atemzug."

Das steht in einer Erklärung, die eine sozialdemokratisch geführte Regierung damals im Namen des deutschen Volkes vor der ganzen Welt abgegeben hat, vier

Stunden bevor der Waffenstillstand abgelaufen war, um den Weitervormarsch der Feinde zu verhindern. – Zu dem Ausspruch des Herrn Reichskanzlers bildet jene Erklärung eine wertvolle Ergänzung. Aus einem Gewaltfrieden kommt kein Segen; im Innern erst recht nicht.

Eine wirkliche Volksgemeinschaft lässt sich auf ihn nicht gründen. Ihre erste Voraussetzung ist gleiches Recht. Mag sich die Regierung gegen rohe Ausschreitungen der Polemik schützen, mag sie Aufforderungen zu Gewalttaten und Gewalttaten selbst mit Strenge verhindern. Das mag geschehen, wenn es nach allen Seiten gleichmäßig und unparteiisch geschieht, und wenn man es unterlässt, besiegte Gegner zu behandeln, als seien sie vogelfrei. Freiheit und Leben kann man uns nehmen, die Ehre nicht.

Nach den Verfolgungen, die die Sozialdemokratische Partei in der letzten Zeit erfahren hat, wird billigerweise niemand von ihr verlangen oder erwarten können, dass sie für das hier eingebrachte Ermächtigungsgesetz stimmt. Die Wahlen vom 5. März haben den Regierungsparteien die Mehrheit gebracht und damit die Möglichkeit gegeben, streng nach Wortlaut und Sinn der Verfassung zu regieren. Wo diese Möglichkeit besteht, besteht auch die Pflicht.

Kritik ist heilsam und notwendig. Noch niemals, seit es einen Deutschen Reichstag gibt, ist die Kontrolle der öffentlichen Angelegenheiten durch die gewählten Vertreter des Volkes in solchem Maße ausgeschaltet worden, wie es jetzt geschieht und wie es durch das neue Ermächtigungsgesetz noch mehr geschehen soll. Eine solche Allmacht der Regierung muss sich umso schwerer auswirken, als auch die Presse jeder Bewegungsfreiheit entbehrt.

Meine Damen und Herren! Die Zustände, die heute in Deutschland herrschen, werden vielfach in krassen Farben geschildert. Wie immer in solchen Fällen fehlt es auch nicht an Übertreibungen. Was meine Partei betrifft, so erkläre ich hier: wir haben weder in Paris um Intervention gebeten, noch Millionen nach Prag verschoben, noch übertreibende Nachrichten ins Ausland gebracht. Solchen Übertreibungen entgegenzutreten wäre leichter, wenn im Inlande eine Berichterstattung möglich wäre, die Wahres vom Falschen scheidet.

Noch besser wäre es, wenn wir mit gutem Gewissen bezeugen könnten, dass die volle Rechtssicherheit für alle wiederhergestellt sei.

Das, meine Herren, liegt bei Ihnen.

Die Herren von der Nationalsozialistischen Partei nennen die von ihnen entfesselte Bewegung eine nationale Revolution, nicht eine nationalsozialistische. Das Verhältnis ihrer Revolution zum Sozialismus beschränkt sich bisher auf den Versuch, die sozialdemokratische Bewegung zu vernichten, die seit mehr als zwei Menschenaltern die Trägerin sozialistischen Gedankengutes gewesen ist und auch bleiben wird. Wollten die Herren von der Nationalsozialistischen Partei sozialistische Taten verrichten, sie brauchten kein Ermächtigungsgesetz. Eine erdrückende Mehrheit wäre Ihnen in diesem Hause gewiss. Jeder von Ihnen im Interesse der Arbeiter, der Bauern, der Angestellten, der Beamten oder des Mittelstandes gestellte Antrag könnte auf Annahme rechnen, wenn nicht einstimmig, so doch mit gewaltiger Majorität.

Aber dennoch wollen Sie vorerst den Reichstag ausschalten, um Ihre Revolution fortzusetzen. Zerstörung von Bestehendem ist aber noch keine Revolution. Das Volk erwartet positive Leistungen. Es wartet auf durchgreifende Maßnahmen gegen das furchtbare Wirtschaftselend, das nicht nur in Deutschland, sondern in der Welt herrscht. Wir Sozialdemokraten haben in schwerster Zeit Mitverantwortung getragen und sind dafür mit Steinen beworfen worden.

Unsere Leistungen für den Wiederaufbau von Staat und Wirtschaft, für die Befreiung der besetzten Gebiete werden vor der Geschichte bestehen.

Wir haben gleiches Recht für alle und ein soziales Arbeitsrecht geschaffen, in dem nicht nur Fürsten und Baronen, sondern auch Männern aus der Arbeiterklasse der Weg zur Führung des Staates offen steht. Davon können Sie nicht zurück, ohne Ihren eigenen Führer preiszugeben.

Vergeblich wird der Versuch bleiben, das Rad der Geschichte zurückzudrehen. Wir Sozialdemokraten wissen, dass man machtpolitische Tatschen durch bloße Rechtsverwahrung nicht beseitigen kann. Wir sehen die machtpolitische Tatsache Ihrer augenblicklichen Herrschaft. Aber auch das Rechtsbewusstsein des Volkes ist eine politische Macht, und wir werden nicht aufhören, an dieses Rechtsbewusstsein zu appellieren.

Die Verfassung von Weimar ist keine sozialistische Verfassung. Aber wir stehen zu den Grundsätzen des Rechtsstaates, der Gleichberechtigung, des sozialen Rechts, die in ihr festgelegt sind. Wir deutschen Sozialdemokraten bekennen uns in dieser geschichtlichen Stunde feierlich zu den Grundsätzen der Menschlichkeit und der Gerechtigkeit, der Freiheit und des Sozialismus.

Kein Ermächtigungsgesetz gibt Ihnen die Macht, Ideen, die ewig und unzerstörbar sind, zu vernichten. Sie haben sich ja selbst zum Sozialismus bekannt. Das Sozialistengesetz hat die Sozialdemokratie nicht vernichtet. Auch aus den neuen Verfolgungen kann die deutsche Sozialdemokratie neue Kraft schöpfen.

Wir grüßen die Verfolgten und Bedrängten. Wir grüßen unsere Freunde im Reich. Ihre Standhaftigkeit und Treue verdienen Bewunderung. Ihr Bekennermut, ihre ungebrochene Zuversicht verbürgen eine hellere Zukunft.

Winston Churchill

Ihre beste Stunde

Rede im britischen Unterhaus am 18. Juni 1940

Einführung

Der Sommer 1940 war eine dramatische Phase in der europäischen Geschichte. Man sagt kaum zuviel, wenn man feststellt, dass in der Zeit zwischen dem 10. Mai und dem 2. September 1940 eine Entscheidung über die europäische Zivilisation in der zweiten Hälfte des 20. Jahrhunderts fiel. Wenn es so etwas gibt, wie historische Momente, dann war der Sommer 1940 der historische Moment des Winston Churchill. Eine Zeit größter Bedrängnis und Prüfung, in der Winston Churchill die Festigkeit und den unbedingten Willen bewies, dessen es in dieser Phase bedurfte, um den siegreichen Armeen Hitlerdeutschlands zu widerstehen. In dieser Phase hielt Churchill als Premierminister Englands eine Reihe von Reden, die die Bereitschaft der Engländer zum Kampf gegen Deutschland bestärken sollten – beginnend mit der berühmten „Blut, Schweiß und Tränen"- Rede vom 13. Mai, drei Tage nach seiner Ernennung zum Premierminister. Churchill war am 10. Mai 1940 zum Premierminister Englands ernannt worden. Es war der Tag, an dem die deutschen Armeen Holland und Belgien überfielen und damit den Krieg im Westen eröffneten. Am selben Tag war Neville Chamberlain als Premierminister zurückgetreten. Er hatte England vor dem Krieg bewahren wollen, der ihm nun bevorstand, und er musste erkennen, dass er mit seiner Politik gescheitert war. Es war eine ehrenwerte Politik, die die furchtbaren Verluste an Menschenleben, die der erste Weltkrieg für England bedeutet hatte, verhindern wollte. Doch gegenüber einem Feind wie Hitler war dies eine aussichtslose Politik. Den Regierungen in England und Frankreich war diese Erkenntnis nicht leicht gefallen, und sie war auch im Sommer 1940 keineswegs unumstritten. Aber für Winston Churchill war es klar, dass England gegen Hitlerdeutschland kämpfen musste. Auch wenn es allein stand. Darin bestand in seinen Augen Englands historische Mission im Juni 1940. Darum ging es in seiner Rede über Englands „beste Stunde".

Am 3. September 1939 hatten England und Frankreich Deutschland den Krieg erklärt, nachdem die deutschen Truppen Polen angegriffen hatten. Damit waren nach einer längeren Phase der aggressiven Kriegsvorbereitung durch Deutschland, der entschiedenen Aufrüstung, der Intervention in den spanischen Bürgerkrieg auf der Seite der Faschisten, der Besetzung eines Teils der Tschechoslowakei, die Fronten geklärt. Allerdings hatte die Kriegserklärung der Westmächte keine unmittelbaren Folgen. Mit dem deutschen Angriff auf Polen begann der zweite Weltkrieg. Allein konnte Polen dem Angriff nicht lange standhalten, und als am 17. September sowjetische Truppen in den Osten des Landes einfielen, ließ sich der Widerstand nicht mehr aufrechterhalten. Anfang Oktober gingen die Kämpfe zu Ende. Die Herrschaft des Terrors über Polen begann.

Die Westmächte waren sich nicht einig, wie angesichts dieses Zustandes zu verfahren sei. In beiden Ländern waren die Kriegsvorbereitungen noch nicht abgeschlossen. Die Erwartungen an das militärische Geschehen waren noch von den Erfahrungen des Ersten Weltkrieges mit seinen Abwehrschlachten geprägt. Die französische Regierung vertraute angesichts der bevorstehenden deutschen Offensive auf die schweren Befestigungen der

Maginot-Linie und verfolgte eine defensive Strategie. Sie erwartete, einen deutschen Angriff in Abwehrkämpfen abfangen zu können, und erst aus dieser Abwehrsituation heraus eine Offensive zu beginnen. Entsprechend gab es während der Kämpfe in Polen keine Angriffe auf Deutschland. Hitler begann schon bald nach dem Angriff auf Polen mit der konkreten Vorbereitung des Westfeldzuges. Er sah sich unter Zeitdruck, da England und Frankreich ihre Rüstungen weiter verstärkten. Als seinen Hauptgegner sah er dabei England an. Doch der Angriff verzögerte sich und mit der Verzögerung veränderten sich die Ziele der Offensive. War das ursprüngliche Ziel die Gewinnung von Militärbasen in den (neutralen) Benelux-Ländern und in Nordfrankreich gewesen, von denen aus man Luftangriffe gegen England starten konnte, um das Land in die Knie zu zwingen, beabsichtigte die deutsche Führung nun, die französischen Armeen an der Grenze und das englische Expeditionskorps, das die Verteidiger Frankreichs unterstützen sollte, mit starken Panzerkräften zu umgehen und in einem Vorstoß zur Atlantikküste von den anderen Einheiten abzuschneiden und auszuschalten. Die militärische Planung zielte auf die Schaffung von Angriffsbasen entlang der Küste gegen England.

Ein gleiches Ziel verfolgte der Angriff auf das neutrale Dänemark und Norwegen, der im Frühjahr 1940 erfolgte. Auch Norwegen konnte Stützpunkte für Angriffe auf England bieten. In einem riskanten und energischen Vorstoß hatte die deutsche Marine Kampftruppen nach Norwegen gebracht, denen es schnell gelang, strategische Plätze einzunehmen und die überstürzt eingeleiteten Hilfsmaßnahmen der Westmächte abzuwehren. Allerdings hatte die deutsche Flotte erhebliche Verluste hinnehmen müssen. Die Hälfte der deutschen Zerstörer wurde durch englische Angriffe zerstört, und auch die beiden großen Schlachtschiffe *Scharnhorst* und *Gneisenau* erlitten schwere Beschädigungen. Dennoch hatten die englische Marine und die englischen Truppen es nicht vermocht, die Eroberung Norwegens im Sommer 1940 zu verhindern. Diese Rückschläge hatte Winston Churchill vor Augen, als er sich am 18. Juni 1940 an seine Landsleute wandte. Und er sprach sie in seiner Rede an. Vier Tage zuvor hatten die Deutschen Paris erreicht, eine Woche zuvor war Italien an der Seite Deutschlands in den Krieg eingetreten. England stand allein. Stalin hatte sich gemeinsam mit den Deutschen an der Unterwerfung und Aufteilung Polens beteiligt, Amerikas Präsident Roosevelt verhielt sich noch abwartend.

In einer solchen bedrängten Situation war die Rede Winston Churchills ein Ausdruck historischer Größe. Sie verband die nüchterne Analyse der eigenen Stärken mit dem unbedingten Willen zur Selbstbehauptung des Britischen Weltreiches, und sie zeigte bei aller Rhetorik, ohne die eine Rede in solchen Kriegszeiten nicht auskommt, eine menschliche Dimension, die Churchills Gegnern völlig fremd war. Anders als in Goebbels' Rede über den totalen Krieg, die nach den großen Niederlagen der Wehrmacht in Russland die Deutschen mobilisieren sollte, verzichtet Churchill auf die Verunglimpfung seiner Gegner und spricht vielmehr von den eigenen Stärken seiner Landsleute. Bei aller Bedrängnis skizzierte er, was es für die Engländer bedeuten würde, weiterzukämpfen, und er appellierte dabei an eine Tugend, die die Bewohner Londons schon in der Zeit deutscher Luftangriffe im Sommer 1940 zeigten, und die sie auch angesichts der Terroranschläge der jüngsten Vergangenheit unter Beweis stellten, die gelassene Disziplin in der Aufrechterhaltung der alltäglichen Routine: *Viel wird davon abhängen; jeder Mann und jede Frau wird die Gelegenheit haben, die besten Qualitäten des menschlichen Charakters zu zeigen und der gemeinsamen Sache den höchsten Dienst zu erweisen.* Es ist interessant, dass die zwei Sätze in Churchills Rede, die diese Haltung durch zwei Verse des englischen Dichters Andrew Marvell (1621–1678) unterstreicht, in der deutschen Übersetzung von Churchills Reden aus dem Jahr 1946 nicht vorkommt, und daher in den späteren Veröffentlichungen dieser Rede in Deutschland zumeist fehlt: *Für alle von uns, was immer unser Umfeld sei, unser Stand, unser Beruf oder unsere Pflichten, wird es in dieser Stunde eine Hilfe sein, sich an die berühmten Zeilen zu erinnern: „Er tat nichts gewöhnliches oder gemeines in dieser denkwürdigen Szene"*. Diese unaufgeregte Haltung in einer solchermaßen bedrängten Situation lässt sich als die Umsetzung jener Definition von Mut verstehen, die ihn als *grace under pressure* versteht. Die gleiche Haltung zivilisierter Entschlossenheit kam in dem Respekt zum Ausdruck, den Churchills Rede vor dem parlamentarischen Verfahren erkennen ließ. Churchill beanspruchte nicht nur, die Demokratie zu verteidigen, er folgte ihren Prinzipien auch in der Zeit der Gefahr. Es lohnt sich, die Kontrahenten dieser Tage auf alten Fotos aus dem Sommer 1940 zu vergleichen, den finsteren Asketen Hitler in seiner Felduniform und den zivil gekleideten, beleibten Winston Churchill, vielleicht mit Zigarre, in jedem Fall aber mit entschlossenem Blick. Hier stießen zwei unterschiedliche Welten aufeinander.

Winston Churchill war 66 Jahre alt, als er Premierminister wurde. Er hatte eine bewegte politische Laufbahn hinter sich und unter normalen Umständen hätten ihm die führenden Politiker des Landes eine solche Aufgabe nicht übertragen. Der junge Churchill war nach einer unglücklichen Kindheit in den strengen Internaten der englischen Oberschicht Berufsoffizier geworden und hatte in verschiedenen kolonialen Unternehmungen des britischen Weltreichs seinen militärischen Einstand gegeben. Er hatte in dieser Zeit auch seine Begabung für die Literatur und Schriftstellerei entdeckt Als Kriegsberichterstatter nahm er am Burenkrieg teil und errang ersten Ruhm durch eine gewagte Flucht aus der Gefangenschaft. Die

Berühmtheit verhalf ihm zu einem Sitz im Parlament, in das er 1901 für die Konservativen einzog. Drei Jahre später verließ er seine Partei und schloss sich den Liberalen an. Die Gründe waren eher persönlicher Natur. Er war ein ehrgeiziger junger Mann, der in der konservativen Partei nicht recht vorankam. Der Wechsel brachte ihm mit dem Sieg der Liberalen einen ersten Ministerposten. Es ging aufwärts. Im Jahr 1911 wurde er Marineminister. In einer Zeit, in der die Flottenpolitik eine besondere Rolle erhielt, leitete er die größte Flotte der Welt. In dieser Position sammelte er Kriegserfahrung. Und er scheiterte zunächst daran. Im Mai 1915 wurde er nach einer unglücklichen Kriegsentwicklung entlassen. Doch Lloyd George holte ihn zurück, und Churchill konnte in den Wechselfällen der englischen Politik – dem Zerfall der Liberalen und dem Aufkommen der Labour-Party – wieder bei den Konservativen Fuß fassen. Von 1925 bis 1929 war er Schatzkanzler. Er versah das Amt eher nachlässig und verlor den Kontakt zu den entscheidenden Köpfen seiner Partei. 1930 schien seine politische Karriere zu Ende zu gehen.

Die folgenden Jahre nutzte er eher dazu, sich auf die ihm eigene Weise mit seiner Partei zu zerstreiten und immer mehr als Außenseiter zu erscheinen. Er hatte einen Zug zu eigenwilligen Positionen und seine Entfremdung von der englischen Politik war so weit fortgeschritten, dass er unter normalen Umständen kein Amt mehr erwarten konnte. Erst als die Lage Englands so bedrohlich wurde, dass ein eigenwilliger Mann mit unkonventionellen Ideen und einer Entschlossenheit, die man in Friedenszeiten als Unbeweglichkeit ansah, dringend gebraucht wurde, erhielt Winston Churchill noch einmal die Gelegenheit, auf die politische Bühne zurückzukehren. Er zeigte sich seiner Aufgabe gewachsen. Winston Churchill war im Sommer 1940 eine Lichtgestalt einer freien europäischen Zukunft. Er war ein Mann des British Empire, das er um jeden Preis retten wollte, das aber mit dem Zweiten Weltkrieg unterging. Winston Churchill stand ebenso sehr für die Vergangenheit wie für die Zukunft. Im Sommer 1940 stand er für das Weiterleben der europäischen Zivilisation. Europa konnte diesen Konflikt nicht aus eigener Kraft bestreiten. Im August 1940 wurden die ersten Schritte einer amerikanischen Unterstützung für das kämpfende England eingeleitet. Es war Winston Churchills Leistung, den Kampf gegen Hitlerdeutschland so lange aufrecht erhalten zu haben.

Rede

Ich sprach kürzlich von der gewaltigen militärischen Katastrophe, die sich ereignete, als das französische Oberkommando in dem Moment, in dem die französische Front bei Sedan und an der Maas entscheidend durchbrochen war, es unterließ, die nördlichen Armeen aus Belgien zurückzuziehen. Diese Verzögerung hatte den Verlust von fünfzehn oder sechzehn französischen Armeen zur Folge und setzte das gesamte britische Expeditionsheer in der entscheidenden Phase außer Gefecht. Unsere Armee und 120 000 Mann der französischen Truppen wurden in der Tat durch die Britische Marine aus Dünkirchen gerettet, aber unter dem Verlust ihrer Geschütze, Fahrzeuge und modernen Ausrüstung. Diesen Verlust zu ersetzen, erforderte unvermeidlich einige Wochen; und während der ersten beiden dieser Wochen ist die Schlacht um Frankreich verloren gegangen. Bedenken wir den heroischen Widerstand, den die französische Armee gegen schwerste Bedingungen leistete, die schweren Verluste, die dem Feind beigebracht wurden und die offenkundige Erschöpfung des Feindes, dann darf man wohl davon ausgehen, dass die 25 Divisionen der am besten trainierten und am besten ausgerüsteten Truppen das Bild gewendet hätten. Doch General Weygand musste ohne sie kämpfen. Nur drei britische Divisionen, oder ihre Entsprechung, waren

in der Lage, gemeinsam mit ihren französischen Kame-
raden zu kämpfen. Sie haben Schweres ertragen, aber sie
haben gut gekämpft.

Wir haben jeden Mann nach Frankreich geschickt, den
wir schicken konnten, so schnell, wie wir ihre Einheiten
erneut ausrüsten und transportieren konnten. Ich führe
diese Tatsachen nicht an, um aufzurechnen. Das halte ich
für gänzlich wertlos und sogar für schädlich. Wir können uns das nicht leisten. Ich führe sie an, um zu erklären, wie es dazu kam, dass wir in dieser großen Schlacht
nicht zwölf oder vierzehn britische Divisionen an der
Front hatten, wie es möglich gewesen wäre, anstelle von
nur dreien. Alle diese Dinge will ich nun beiseite lassen.
Ich lege es in die Aktenschränke, aus denen die Historiker, wenn sie Zeit dafür finden, ihre Dokumente her-
aussuchen werden, um ihre Geschichten zu erzählen. Wir
müssen an die Zukunft denken und nicht an die Vergangenheit. Dies gilt in kleinerem Maßstab auch für unsere
eigenen Angelegenheiten zuhause.

Es gibt viele Leute, die im Unterhaus eine Untersuchung durchführen wollen über das Verhalten der Regierungen – und der Parlamente, denn auch sie sind darin
verstrickt – während der Jahre, die zu dieser Katastrophe
geführt haben. Sie wollen gegen die vorgehen, die für die
Leitung unserer Angelegenheiten verantwortlich waren.
Auch das wäre ein törichtes und schädliches Vorgehen.
Zu viele wären davon betroffen. Möge jeder sein Gewissen prüfen und seine Reden. Ich pflege meine häufiger
durchzusehen.

Dessen bin ich gewiss: Wenn wir einen Streit zwischen
Vergangenheit und Gegenwart beginnen, werden wir finden, dass wir die Zukunft verloren haben. Deshalb kann
ich die Unterscheidung zwischen den Mitgliedern der
jetzigen Regierung nicht akzeptieren. Sie wurde in einem
kritischen Augenblick gebildet, um alle Parteien und
alle unterschiedlichen Meinungen zu einen. Sie hat die
fast uneingeschränkte Unterstützung beider Häuser des

Parlamentes. Ihre Mitglieder werden zusammenstehen, und unter der Autorität des Unterhauses werden wir das Land regieren und den Krieg durchkämpfen. Es ist in diesen Zeiten absolut notwendig, dass jeder Minister, der jeden Tag versucht, seine Pflicht zu erfüllen, respektiert wird; und die untergeordneten Kräfte müssen wissen, dass ihre Chefs nicht bedrohte Männer sind, die heute da sind und morgen fort, sondern dass ihre Anweisungen pünktlich und getreu auszuführen sind. Ohne eine solche konzentrierte Macht könnnen wir das, was vor uns liegt, nicht bewältigen.

Ich glaube nicht, dass es sehr nützlich wäre, wenn das Haus angesichts des gegenwärtigen öffentlichen Drucks die Debatte an diesem Nachmittag noch länger führen würde. Vieles ist noch unklar, das bald geklärt sein wird. Wir werden am Donnerstag eine geheime Sitzung abhalten, und ich denke, dies wird eine bessere Gelegenheit für die vielen ernsten Meinungsäusserungen sein, die die Mitglieder des Hauses vorzubringen wünschen, und für das Haus wird es eine bessere Gelegenheit sein, Angelegenheiten von entscheidender Bedeutung zu diskutieren, ohne dass all dies am nächsten Morgen von unseren gefährlichen Feinden gelesen wird.

Die unglücklichen militärischen Ereignisse, die sich während der beiden letzten Wochen ereignet haben, sind für mich in keiner Weise überraschend gekommen. Ich habe schon vor vierzehn Tagen dem Hause so klar, wie ich es damals konnte, zu verstehen gegeben, dass das Schlimmste durchaus eintreten könnte; und ich habe sehr klar zu verstehen gegeben, dass die Geschehnisse in Frankreich in keiner Weise die Entschlossenheit Englands und des Britischen Empire beeinträchtigen würden, weiter zu kämpfen, „wenn nötig, jahrelang, wenn nötig, allein". Während der letzten Tage ist es uns gelungen, den größten Teil der Truppen, die wir in Frankreich in den Verbindungslinien stehen hatten, herauszubringen; und sieben Achtel der Truppen, die wir seit Kriegsbeginn nach Frankreich geschickt haben – also ungefähr 350 000 von 400 000 Mann – sind sicher in dieses Land zurückgekehrt. Andere kämpfen noch gemeinsam mit den Franzosen, und sie kämpfen bei ihren lokalen Zusammenstößen mit dem Feind mit erheblichem Erfolg. Wir haben auch eine große Menge an Vorräten von Gewehren und Munition jeder Art zurückgebracht, die in Frankreich während der letzten neun Monate zusammengekommen waren.

Wir haben daher heute auf dieser Insel eine sehr große und mächtige Streitmacht. Sie umfasst alle unsere am besten ausgebildeten und zuverlässigsten Truppen, darunter einige Zehntausend, die sich bereits mit den Deutschen gemessen haben, und die sich dabei nicht im Nachteil befanden. Wir haben gegenwärtig auf dieser Insel über 1 250 000 Mann unter Waffen stehen. Hinter ihnen stehen die freiwilligen Ortsschutztruppen, eine halbe Million an der Zahl, die allerdings nur zum Teil mit Gewehren oder anderen Feuerwaffen ausgerüstet sind. Wir haben jeden Mann, den wir bewaffnen konnten, in unsere Verteidigungstruppen aufgenommen. Wir erwarten einen großen Zuwachs zu unseren Waffenbeständen in der nächsten Zukunft, und in Hinblick darauf beabsichtigen wir, unverzüglich weitere große Kontingente einzuberufen und auszubilden.

Diejenigen, die nicht einberufen werden, oder die in der großen Organisation der Kriegsindustrie jeglicher Art beschäftigt sind – und ihre Verzweigungen sind nicht zu zählen –, werden ihrem Vaterland den besten Dienst erweisen, indem sie ihrer normalen Arbeit nachgehen, bis sie ihre Einberufung erhalten. Wir haben auch Truppen aus den Dominions hier. Die Kanadier waren bereits in Frankreich gelandet, wurden nun sicher zurückgezogen, sehr enttäuscht, aber in perfekter Ordnung, mit ihrer gesamten Artillerie und Ausrüstung. Diese erstklassigen Truppen aus den Dominions werden nun an der Verteidigung des Mutterlandes teilnehmen.

Damit die Angabe, die ich über diese großen Truppen-
mengen gemacht habe, nicht zu der Frage führen: „Warum haben sie an der große Schlacht in Frankreich nicht
teilgenommen?" muss ich klarstellen, dass, abgesehen
von den hier im Land in Ausbildung und Aufstellung
begriffenen Divisionen, nur zwölf Divisionen in einer
Weise für den Kampf ausgerüstet waren, die ihre Ent-
sendung auf das Festland rechtfertigte. Dies entspricht
auch in vollem Umfang der Zahl, die den Franzosen für
den neunten Kriegsmonat in Aussicht gestellt worden
war. Unsere restlichen heimischen Truppen haben einen
Kampfwert für die Verteidigung der Insel, der sich natürlich von Woche zu Woche, die vergeht, steigern wird. So
würde also die Invasion Großbritanniens zum gegenwärtigen Zeitpunkt den Transport von feindlichen Truppen
in großem Maßstab über das Meer erfordern, und nachdem sie herübergebracht wären, müssten sie ständig mit
den Mengen an Munition und Vorräten versorgt werden,
die für einen lange Kampf erforderlich sind; denn ein langer Kampf wird es sicherlich werden.

An dieser Stelle komme ich zu unserer Flotte – schließlich haben wir eine Flotte. Manche Leute scheinen zu vergessen, dass wir eine Flotte haben. Wir müssen sie daran
erinnern.

Während der letzten dreißig Jahre habe ich an Diskus-
sionen über die Möglichkeit einer Invasion vom Festland Anteil gehabt, und ich habe zu Beginn des vorigen
Krieges im Namen der Admiralität die Verantwortung
dafür übernommen, die Versendung aller regulären
Truppen außer Landes zu erlauben. Das war ein sehr
ernster Schritt, weil unsere Territorialtruppen gerade
erst einberufen waren und sie waren noch recht untrai-
niert. So war also unsere Insel durch mehrere Monate fast
gänzlich aller Kampftruppen entblößt. Die Admiralität
war zu diesem Zeitpunkt sicher, dass sie in der Lage sein
würde, eine Masseninvasion zu verhindern, obwohl die

Deutschen damals eine hervorragende Schlachtflotte be-
saßen, in einem Zahlenverhältnis von 10:16; und obwohl
sie in der Lage waren, jederzeit eine große Seeschlacht
jeden Tag und an jeglichem Tag zu führen, während sie
jetzt nur zwei große Schlachtschiffe haben, von denen
sich überhaupt zu sprechen lohnt: die *Scharnhorst* und
die *Gneisenau*. Man erzählt uns auch, dass die italienische
Flotte herauskommen könnte und in diesen Gewässern
die Vormachten erlangen könnte. Sollten die Italiener
das ernstlich beabsichtigen, dann möchte ich nur sagen,
dass wir Herrn Mussolini mit größtem Vergnügen freies
Geleit durch die Straße von Gibraltar zusichern würden,
damit er die Rolle spielen kann, die er erstrebt. Die ganze
britische Flotte ist neugierig zu erfahren, ob die Italiener
den Standard, den sie im letzten Kriege erreichten, halten, oder ob sie noch tiefer gesunken sind.

Daher erscheint es mir, dass wir heute viel besser in
der Lage sind, einer großen Invasion zur See zu begegnen,
als wir das in vielen Phasen des letzten Krieges und in
den ersten Monaten dieses Krieges waren, bevor unsere
anderen Truppen ausgebildet waren, und während das
Britische Expeditionscorps auf dem Festland war. Nun,
die Flotte hat niemals vorgegeben, dass sie in der Lage
sei, Überfälle von 5000 bis 10 000 Mann starken Einheiten
zu verhindern, die in einer dunklen Nacht oder an einem
nebligen Morgen plötzlich übers Meer geworfen und an
verschiedenen Punkten der Küste abgesetzt werden. Die
Wirksamkeit der Seemacht, besonders unter modernen
Bedingungen, hängt davon ab, dass die Invasionstruppen
eine große Streitmacht bilden. Es muss eine große Truppe
sein, angesichts unserer militärischen Stärke, um etwas
ausrichten zu können. Wenn sie einen großen Verband
bilden, dann hat die Marine etwas, das sie finden kann,
dem sie sich entgegenstellen kann, und worin sie sich ver-
beißen kann. Nun muss man sich vor Augen halten, dass
schon für fünf Divisionen, selbst mit leichter Ausstattung,
200 bis 250 Schiffe nötig sind; und angesichts der moder-

nen Methoden der Luftaufklärung und der Photographie wäre es gar nicht einfach, eine solche Armada zu sammeln, zu dirigieren und übers Meer zu führen, wenn man über keine mächtige Flotte zu ihrer Eskortierung verfügt; und es würde eine sehr große Möglichkeit bestehen – um es vorsichtig zu formulieren – dass diese Armada lange bevor sie die Küste erreichte, aufgehalten würde, und dass alle Männer ertrinken würden, oder im schlimmsten Fall, dass sie mit ihrer Ausrüstung in Stücke gerissen würden, wenn sie versuchten zu landen.

Überdies haben wir ein großes, erst vor kurzem verstärktes System von Minenfeldern, deren Durchfahrten nur uns bekannt sind. Sollte der Feind versuchen, sich durch diese Minenfelder eine Fahrrinne zu räumen, dann wird es die Aufgabe unserer Flotte sein, die Minensucher und alle Einheiten, die zu ihrem Schutz aufgeboten wurden, zu zerstören. Dabei sollte es keine Schwierigkeiten geben, angesichts unserer großen Überlegenheit zur See.

Dies sind die gewohnten, bewährten und bewiesenen Argumente, auf die wir uns während vieler Friedens- und Kriegsjahre verlassen haben. Aber die Frage ist, ob es vielleicht neue Methoden gibt, durch die unsere stabilen Sicherungen umgangen werden können. So merkwürdig es erscheinen mag, so hat die Admiralität, deren Aufgabe es ist, jede große Expeditionstruppe, die über das Meer kommt, vor der Küste oder im Moment, in dem sie die Küste erreicht, zu zerstören, dieser Frage einige Aufmerksamkeit gewidmet. Es wäre nicht gut, wenn ich auf Einzelheiten einginge. Ich könnte andere Leute auf Ideen bringen, auf die sie von selber nicht gekommen wären, und es ist unwahrscheinlich, dass sie uns im Gegenzug einige von ihren Ideen mitteilten. Ich möchte nur sagen, dass diesem Gegenstand unermüdliche Wachsamkeit und Gedankenerforschung zugewendet werden muss, denn der Feind ist verschlagen und schlau und voll neuer Hinterhältigkeiten und Listen.

Das Haus mag sicher sein, dass eine große Zahl sachverständiger Offiziere, die in allen taktischen Fragen wohl ausgebildet und mit den neuesten Errungenschaften durchaus vertraut sind, ihre äußerste Erfindungsgabe und Phantasie aufbieten, um neue Maßnahmen zu erwägen und Gegenmaßnahmen zu planen. Diesen Fragen wird eine unermüdliche Aufmerksamkeit und Überlegung gewidmet, und dies muss geschehen; denn wir müssen daran denken, dass der Feind gerissen ist und dass er keinen schmutzigen Trick unversucht lassen wird.

Einige Leute werden nun fragen: Weshalb war dann die britische Flotte nicht imstande, den Transport einer großen Armee von Deutschland nach Norwegen durch das Skagerrak zu verhindern? Aber die Bedingungen im Ärmelkanal und in der Nordsee gleichen in keiner Weise denjenigen, die im Skagerrak herrschen. Im Skagerrak konnten wir unseren Schiffen wegen der Entfernung keine Luftunterstützung geben, und waren daher, weil wir nahe an der Hauptmacht der feindlichen Luftwaffe operierten, gezwungen, nur unsere Unterseeboote einzusetzen. Wir konnten nicht die entscheidende Blockade oder Unterbrechung des Schiffsverkehrs erreichen, die mit Kriegsschiffen möglich ist. Unsere Unterseeboote fügten dem Feind schwere Verluste zu, aber sie allein konnten die Invasion Norwegens nicht verhindern. Im Ärmelkanal und in der Nordsee werden unsere überlegenen Kriegsschiffe, unterstützt von den Unterseebooten, mit naher und wirksamer Luftunterstützung operieren.

Das bringt mich natürlich zu der großen Frage einer Luftinvasion und zu dem bevorstehenden Kampf zwischen der britischen und der deutschen Luftwaffe. Es scheint klar zu sein, dass keine Luftinvasion von einem solchen Ausmaß, das unsere Landtruppen nicht schnell zerschlagen könnten, stattfinden wird, bevor unsere Luftwaffe entscheidend überwältigt worden ist. In der Zwischenzeit mag es zu Überfällen durch Fallschirmtruppen oder zu versuchten Einsätzen von Luftlandetruppen kommen. Wir sollten in der Lage sein, diesen Herrschaften einen warmen Empfang zu bereiten, sowohl in der Luft als auch auf dem Boden, falls sie ihn in einem Zustand erreichen, in dem sie eine Auseinandersetzung fortführen können. Aber die große Frage ist: Können wir Hitlers Luftwaffe brechen? Nun, es ist natürlich sehr bedauerlich, dass wir keine Luftwaffe haben, die der des so mächtigen Feindes zumindest ebenbürtig wäre, der diese Küsten erreichen kann. Wir haben jedoch eine sehr mächtige Luftwaffe, die sich in ihrer Qualität, sowohl in Hinblick auf die Mannschaften als auch auf viele Maschinentypen, dem was wir in den Luftkämpfen mit den Deutschen bisher angetroffen haben, als weit überlegen erwiesen hat.

In Frankreich, wo wir uns in erheblichem Nachteil befanden und viele Maschinen, die um die Flugplätze herum stationiert waren, am Boden verloren, waren wir daran gewöhnt, bei Luftkämpfen Verluste von 2 bis 2,5 : 1 zuzufügen. In den Kämpfen über Dünkirchen, das eine Art Niemandsland war, haben wir die deutsche Luftwaffe ohne Zweifel geschlagen und die lokale Luftherrschaft errungen, dabei fügten wir dem Feind Tag um Tag Verluste von 3 bis 4 : 1 zu. Jedermann, der sich die vor etwa einer Woche veröffentlichten Photographien von der Einschiffung unserer Truppen ansieht, die die Massen von Soldaten, am Strand versammelt und stundenlang ein ideales Angriffsziel bietend, zeigen, muss erkennen, dass diese Einschiffung unmöglich gewesen wäre, wenn der Feind nicht alle Hoffnung aufgegeben hätte, zu dieser Zeit und an diesem Ort die Lufthoheit zurück zu gewinnen.

Bei der Verteidigung dieser Insel werden die Vorteile der Verteidiger noch erheblich größer sein , als sie bei den Kämpfen von Dünkirchen waren. Wir hoffen, das Verhältnis von 3 bis 4 : 1 noch zu verbessern, das wir in Dünkirchen erzielen konnten. Überdies werden alle beschädigten Maschinen und ihre Mannschaften, die sicher herunterkommen – und überraschenderweise gelangen im modernen Luftkrieg eine große Zahl beschädigter Maschinen und Besatzungen sicher herunter –, bei einem Angriff auf diese Insel in Freundesland niedergehen und für spätere Kämpfe einsetzbar sein; wogegen alle beschädigten Maschinen des Feindes mit ihren Besatzungen vollständig verloren sind – soweit es den Krieg angeht.

Während der großen Schlacht in Frankreich haben wir der französischen Armee mächtige und andauernde Hilfe geleistet – sowohl mit Jagdflugzeugen als auch mit Bombern. Aber trotz allem Druck, der auf uns ausgeübt wurde, haben wir es nie zugelassen, dass der gesamte Heimatbestand unserer Luftwaffe einbezogen wurde. Dies war ein schmerzlicher Entschluss, aber es war auch ein richtiger Entschluss, denn der Ausgang der Schlacht um Frankreich konnte auch durch den Einsatz unserer gesamten Jagdfliegerflotte nicht entscheidend verändert werden. Diese Schlacht ging verloren durch eine unglückliche strategische Eröffnung, durch die außergewöhnlich und unvorhergesehene Stoßkraft der Panzerdivisionen und wegen der zahlenmäßigen Übermacht der deutschen Armee. Unsere Jagdfliegerflotte hätte infolge einer unglücklichen Fügung leicht erschöpft werden können, und dann würden wir uns jetzt in einer sehr gefährlichen Lage befinden. Aber so, wie es sich nun darstellt, bin ich froh, das Haus informieren zu können, dass die Flotte unserer Jagdflieger im Vergleich zu den Deutschen, die furchtbare Verluste erlitten haben, stärker ist, als sie es früher war; und folglich sehen wir uns in der Lage, den Luftkrieg unter günstigeren Umständen fortzusetzen, als wir sie bislang erlebt haben. Vertrauensvoll blicke ich den Heldentaten unserer Jagdflieger entgegen, diesen außerordentlichen Männern, dieser glänzenden Jugend – die die Ehre haben wird, ihr Vaterland, diese heimatliche Insel und all das, das sie lieben, vor den tödlichen Angriffen zu retten.

Es bleibt allerdings die Gefahr der Bombenangriffe, die die Bomberflotte des Feindes sicher bald eröffnen wird.

Es stimmt, dass die deutsche Bomberflotte der unseren in Zahlen überlegen ist, aber auch wir verfügen über eine sehr große Bomberflotte, die wir nutzen werden, um die militärischen Ziele in Deutschland ohne Pause anzugreifen. Ich unterschätze den Ernst der Prüfung, die uns bevorsteht, keineswegs, aber ich glaube, dass unsere Landsleute fähig sein werden, sie zu bestehen, wie die tapferen Männer von Barcelona, und sie werden sich ihr gewachsen zeigen, und trotzdem weiterarbeiten, mindestens so gut wie jedes andere Volk der Welt. Viel wird davon abhängen; jeder Mann und jede Frau wird die Gelegenheit haben, die besten Qualitäten des menschlichen Charakters zu zeigen und der gemeinsamen Sache den höchsten Dienst zu erweisen. Für alle von uns, was immer unser Umfeld sei, unser Stand, unser Beruf oder unsere Pflichten, wird es in dieser Stunde eine Hilfe sein, sich an die berühmten Zeilen zu erinnern: „Er tat nichts gewöhnliches oder gemeines in dieser denkwürdigen Szene".

Ich habe es für richtig gehalten, bei dieser Gelegenheit dem Haus und dem Land eine Vorstellung von den gewichtigen und praktischen Grundlagen zu geben, auf denen unser unerschütterlicher Beschluss steht, diesen Krieg fortzusetzen. Es gibt viele Menschen, die sagen: „Komme, was wolle. Mögen wir gewinnen oder verlieren, untergehen oder schwimmen, lieber sterben, als sich der Tyrannei unterwerfen – und erst recht solcher Tyrannei." Und ich sage mich nicht von ihnen los. Aber ich kann Ihnen versichern, dass unsere Experten aller drei Waffengattungen uns einmütig auffordern, den Krieg fortzuführen, und dass gute und begründete Hoffnungen auf unseren schließlichen Sieg bestehen. Wir haben alle unsere selbstverwalteten Dominions informiert und befragt, diese großen Gemeinwesen jenseits der Ozeane, die auf der Grundlage unseres Rechts und unserer Zivilisation aufgebaut sind, und die völlig frei sind in der Wahl ihrer Politik, aber sie sind ihrem Mutterland treu verbunden, und sie sind von denselben Gefühlen erfüllt, die mich veranlassen, alles auf unsere Pflicht und unsere Ehre zu setzen. Wir haben uns ausführlich mit ihnen beraten, und ich habe von ihren Premierministern, Mackenzie King in Kanada, Menzies in Australien, Frazer in Neuseeland und General Smuts in Südafrika – diesem wunderbaren Mann mit seinem außerordentlich tiefgründigen Geist, der aus der Entfernung das gesamte Panorama der europäischen Politik überblickt – ich habe von all diesen bedeutenden Männern, hinter denen Regierungen stehen, die nach freiem Wahlrecht gewählt wurden, die dort stehen, weil sie den Willen ihrer Völker repräsentieren, Botschaften erhalten, die in sehr bewegenden Worten unseren Entschluss gutheißen, den Kampf fortzusetzen, und die ihre Bereitschaft erklären, unser Schicksal zu teilen und bis zum Ende auszuhalten. Das ist es, was wir tun werden.

Wir könnten uns nun fragen: In welcher Weise hat sich unsere Position seit dem Beginn des Krieges verschlechtert? Sie hat sich insofern verschlechtert, als die Deutschen einen großen Teil der Küste Westeuropas erobert haben, und viele kleine Staaten von ihnen überrannt wurden. Dies erhöht die Gefahr von Luftangriffen und es erhöht die Anforderungen an unsere Flotte. In keiner Weise wird dadurch die Macht unserer weitgestreckten Blockade verringert, sie wird im Gegenteil deutlich vergrößert. In ähnlicher Weise verstärkt der Kriegseintritt Italiens die Kraft unserer weitgestreckten Blockade. Wir haben unser größtes Leck dadurch gestopft. Wir wissen nicht, ob der militärische Widerstand in Frankreich zu Ende gehen wird, oder nicht, aber wenn dies geschehen wird, dann werden die Deutschen natürlich in der Lage sein, alle ihre militärischen und wirtschaftlichen Kräfte auf uns zu konzentrieren. Aber aus den Gründen, die ich dem Haus dargelegt habe, wird sich dies nicht einfach umsetzen lassen. Wenn die Gefahr einer Invasion nähergerückt ist – und dies ist zweifellos der Fall –, so haben wir deutlich größere und effizientere Truppen, um ihr zu begegnen, da wir von der Aufgabe befreit sind, eine große Armee in Frankreich zu unterhalten.

Wenn Hitler die Wirtschaft der von ihm eroberten Länder unter seine despotische Herrschaft bringen kann, dann wird dies seine schon jetzt große Waffenproduktion enorm steigern. Andererseits wird dies nicht sofort möglich sein, und wir haben nun die Zusicherung von umfangreichen, kontinuierlichen und zunehmenden Lieferungen von Ausrüstung und Munition jeder Art aus den Vereinigten Staaten; und speziell von Flugzeugen und Piloten aus den Dominions und aus Übersee, aus Regionen, die sich außerhalb der Reichweite feindlicher Bomber befinden.

Ich kann nicht erkennen, dass irgendeiner dieser Faktoren die Bilanz vor dem Winter zu unserem Nachteil verschieben könnte; und der Winter wird die Nazi-Herrschaft, unter dessen grausamen Hacken sich fast ganz Europa windet und hungert, einer schweren Belastung aussetzen, die ihr, bei all ihrer Rücksichtslosigkeit, schwer zusetzen wird. Wir dürfen nicht vergessen, dass vom 3. September an, an dem wir den Krieg erklärten, es für Deutschland jederzeit möglich war, seine ganzen Luftstreitkräfte gegen unser Land kämpfen zu lassen, zusammen mit allen anderen erdenklichen Invasionstechniken, und dass Frankreich nur wenig oder gar nichts tun konnte, um das zu verhindern. Wir haben daher im Prinzip und in etwas abgeschwächter Form während all dieser Monate in dieser Gefahr gelebt. In der Zwischenzeit haben wir aber unsere Verteidigungsmethoden enorm verbessert, und wir haben etwas gelernt, das wir zu Beginn des Krieges in keiner Weise erwarten durften, nämlich dass das einzelne Flugzeug und der einzelne britische Pilot eine sichere und eindeutige Überlegenheit besitzen. Wenn wir daher diese grimmige Bilanz ziehen und die Gefahren ohne Illusionen bedenken, sehe ich allen Grund zu intensiver Wachsamkeit und Anstrengung, aber überhaupt keinen für Panik oder Verzweiflung.

Während der ersten vier Jahre des letzten Krieges erlebten die Alliierten nichts als Katastrophen und Enttäuschungen. Dies war unsere ständige Furcht: ein Schlag nach dem anderen, furchtbare Verluste, beängstigende Gefahren. Alles ging schief. Und doch war die Moral der Alliierten nach Ablauf dieser vier Jahre höher als die der Deutschen, die von einem aggressiven Triumph zum nächsten vorangegangen waren, und die überall als triumphierende Invasoren in den Ländern standen, in die sie eingefallen waren. Während dieses Krieges fragten wir uns häufiger: Wie können wir gewinnen? Und niemand war jemals in der Lage, eine verlässliche Antwort zu geben, bis am Ende, ganz plötzlich, unser furchtbarer Feind vor uns zusammenbrach, dass wir vom Sieg so übersättigt waren, dass wir ihn in unserer Verblendung wegwarfen.

Wir wissen noch nicht, was in Frankreich passieren wird oder ob der französische Widerstand aufrechterhalten wird, sowohl in Frankreich als auch in dem französischen Weltreich in Übersee. Die französische Regierung wird große Gelegenheiten verstreichen lassen und ihre Zukunft dem Ungewissen anheim geben, wenn sie den Krieg nicht in Übereinstimmung mit ihren Vertragsverpflichtungen fortsetzt, aus denen zu entlassen wir uns nicht in der Lage sehen. Das Haus wird die historische Erklärung gelesen haben, in der wir, dem Wunsch vieler Franzosen und unseres eigenen Herzens folgend, unsere Bereitschaft erklärt haben, in dieser dunkelsten Stunde der französischen Geschichte einen Zusammenschluss gemeinsamer Bürgerschaft in diesem Kampf zu schließen. Wie auch immer die Entwicklung in Frankreich oder der französischen Regierung oder anderer französischer Regierungen weitergehen möge, wir werden auf dieser Insel und im Britischen Empire niemals das Gefühl der Kameradschaft mit dem französischen Volk verlieren. Wenn wir nun aufgefordert sind, das zu ertragen, was sie erlitten haben, so werden wir ihrem Mut nacheifern, und wenn der schließliche Sieg unsere Mühen belohnt, werden sie unsern Erfolg teilen, jawohl, und die Freiheit wird für alle wiederhergestellt. Wir mindern keine unserer gerechten Forderungen; nicht einen Jota oder einen Punkt geben wir nach. Tschechen, Polen, Norweger, Niederländer, Belgier haben ihre Sache mit der unseren verbunden. Alle ihre Rechte werden wiederhergestellt werden.

Die Schlacht, die General Weygand die Schlacht um Frankreich genannt hat, ist vorbei. Ich erwarte, dass die Schlacht um England jetzt beginnt. Von dieser Schlacht hängt das Überleben der christlichen Zivilisation ab. Von ihr hängt unser eigenes britisches Leben und der Fortbestand unserer Institutionen und unseres Empires ab. Die ganze Raserei und die Macht des Feindes wird sich sehr bald gegen uns richten. Hitler weiß, dass er uns auf dieser Insel zerbrechen muss oder den Krieg verlieren wird. Wenn wir ihm standhalten, dann kann Europa befreit werden und das Leben der Welt kann vorangehen auf weite, sonnenbeschienene Höhen. Wenn wir aber versagen, dann wird die ganze Welt, einschließlich der Vereinigten Staaten, einschließlich all dessen, was wir gekannt haben und was uns wertvoll war, in den Abgrund eines neuen dunklen Zeitalters versinken, das die Lichter einer pervertierten Wissenschaft noch finsterer und vielleicht noch länger machen. Lasst uns daher zu unseren Pflichten zurückkehren, und uns so verhalten, dass, wenn das Britische Empire und sein Staatenbund noch tausend Jahre besteht, die Menschen sagen werden: „Dies war ihre beste Stunde".

CLEMENS AUGUST VON GALEN

Bischof von Münster

Predigt vom 3. August 1941

EINFÜHRUNG

Am 13. Juli 1941 hielt der Bischof von Münster, Clemens August von Galen eine öffentliche Predigt, in der er die Übergriffe des nationalsozialistischen Regimes gegen Klöster seines Bistums anklagte. In dieser Predigt in der Münsteraner Lambertikirche fand von Galen deutliche Worte gegen das Unrecht der Gestapo. Eine Woche später wiederholte er seine Anklagen, da die Gestapo in der Zwischenzeit weitere Ordenshäuser geschlossen und die Insassen vertrieben hatte. Die Predigt vom 20.Juli hatte in dem programmatischen Bild „Wir sind zur Zeit Amboß, nicht Hammer! Bleibt stark und fest und unerschütterlich wie der Amboß bei allen Schlägen, die auf ihn niedersausen" schon einen grundsätzlicheren Charakter. Noch ging es bei beiden Predigten um Übergriffe gegen katholische Institutionen, deren Betreuung und Schutz in die Zuständigkeit des Bischofs fiel. Die Predigt am 3. August ging darüber hinaus. Auch diese Ansprache in der Münsteraner Lambertikirche begann mit der Verurteilung des Unrechts gegen die Ordenshäuser, dann erhob der Bischof aber eine weitergehende Anklage gegen das Regime: „Es ist mir aber versichert worden, dass man im Reichsministerium des Innern und auf der Dienststelle des Reichsärzteführers Dr. Conti gar kein Hehl daraus mache, dass tatsächlich schon eine große Zahl von Geisteskranken in Deutschland vorsätzlich getötet worden ist und in Zukunft getötet werden soll." Der Bischof prangerte die Euthanasie an, die gezielte Tötung von Menschen, die dem Regime als „lebensunwert" erschienen. Die Opfer dieser Kampagne waren zumeist Insassen von Pflegeheimen. Viele dieser Menschen befanden sich daher in der Obhut der Kirche, die zahlreiche Heime unterhielt. Auf diesem Weg hatte auch von Galen davon erfahren, dass aus den Pflegeeinrichtungen seiner Diözese kranke Menschen abtransportiert worden waren, und dass den Angehörigen dieser Patienten kurz darauf lakonisch der Tod dieser Menschen mitgeteilt worden sei. Diese Information war der Auslöser für von Galens Predigt.

Das Euthansieprogramm war 1939 nach dem Überfall auf Polen begonnen worden. Hitler hatte den entsprechenden Erlass vom Oktober 1939 auf den 1. September zurückdatiert, um die vermeintliche Verbindung der Tötung geisteskranker Menschen mit den Notwendigkeiten des Krieges herauszustellen. Die Tötung von Kindern und Erwachsenen wurde in speziellen Anstalten vorgenommen. Die Patienten, die keineswegs alle schwerkrank waren, wurden in einer ersten Phase vergiftet, später tötete man sie mit Gas. Die Organisation der Tötungen lief zügig an. Schon im Jahr 1940 wurden 35.000 Menschen in Anstalten wie Grafeneck und Hadamar umgebracht. Vor ihrem Abtransport in diese Einrichtungen hatten Mediziner, die die Kranken gar nicht zu Gesicht bekommen hatte, bereitwillig die erforderlichen Gutachten ausgestellt, dass auf eine Besserung des unheilbaren Zustandes nicht mehr zu hoffen sei. Geleitet wurde die Kampagne aus der Berliner Tiergartenstraße Nr. 4, weswegen sie den Tarnnamen „T 4" erhielt. Die Getöteten wurden sofort eingeäschert und den Verwandten wurde eine Urne zugestellt. Die Angaben zur Todesursache waren auf diese Weise nicht mehr zu überprüfen.

Von Galen war nicht der erste, der gegen die Euthanasie protestierte. Als er die Kanzel in der Lambertikirche bestieg, waren schon über 60.000 Menschen getötet worden. Die Transporte und die Mitteilungen über vermeintliche Todesursachen der Kranken nach ihrer Verlegung hatten schon manches Misstrauen geschürt, aber diese Proteste und Nachfragen waren Einzelstimmen geblieben, die nicht in die Öffentlichkeit drangen oder von ihr nicht weiter wahrgenommen wurden. Zudem konnten sich die Akteure der Euthanasie an vielen Stellen auf ein Einverständnis verlassen. Tatsächlich hatten die Überlegungen zur Isolierung von Menschen mit Erbkrankheiten oder Anlagen, die für geringerwertig erachtet wurden, bereits eine längere Tradition. Namhafte Mediziner hatten sich der gezielten Steuerung des Erbgutes gewidmet, die Sterilisierung von Menschen mit kritisch beurteilten Erbanlagen wurde nicht erst durch die Nationalsozialisten aufgebracht. Nur durch diese längere Vorgeschichte der Ideologie einer vermeintlichen Pflege des Erbgutes, die auch im bürgerlichen Milieu auf eine gewisse Akzeptanz setzen konnte, ist der zunächst schwache Widerstand gegen die Euthanasie verständlich. Die Kirchen hatten bislang durch Eingaben protestiert (wozu von Galen gedrängt hatte), aber sie hatten den Schritt in die Öffentlichkeit noch nicht gewagt. Dies war von Galens Leistung. Er nutzte die gesteigerte Aufmerksamkeit, die seine ersten beiden Predigten hervorgerufen hatten, um eine sehr klare Anklage zu formulieren. Sie wurde gehört und machte einen enormen öffentlichen Eindruck.

Der Text der Rede wurde schnell in Umlauf gebracht. Er wurde in Deutschland im Geheimen verbreitet, und die Engländer druckten ihn in hoher Auflage und warfen ihn aus ihren Flugzeugen ab. Für Hans Scholl waren von Galens Worte Lichtzeichen in dunklen Tagen. Auch die Vertreter des Regimes hörten die Anklagen. Sie saßen in den Kirchenbänken und verfassten anschließend ihre Berichte an die nationalsozialistische Führung. Eine gewisse Ratlosigkeit ist feststellbar. Die einen raten dazu, den Bischof hinrichten zu lassen, doch Goebbels schreckte vor einer Aktion zurück, die die westfälischen Anhänger des Bischofs zu Gegnern des NS-Staates machen würde. Einige Wochen nach der Predigt von Galens wurde das Euthanasie-Programm zunächst ausgesetzt.

Allerdings wurde es keineswegs beendet. Die Lesart, nach der die mutige Predigt von Galens und ihr öffentliches Echo das Ende der Euthanasiemorde herbeigeführt habe, überschätzt die Bedeutung seiner Worte wohl. Tatsächlich ist eine angemessene Beurteilungs der Ansprache von Galens am 3. August 1941 nicht ganz einfach. So mutig und eindeutig sein Auftritt war, so kann man doch nicht übersehen, dass er über die Deportationen der jüdischen Mitbürger, die zu diesem Zeitpunkt bereits eingesetzt hatten, und über die Morde an den Juden nicht sprach. Es lässt sich einwenden, dass er als katholischer Bischof in erster Linie für seine katholische Gemeinde zuständig war. Und doch greift diese Erklärung etwas zu kurz.

Clemens August Graf von Galen, der während der gesamten Jahre des Nationalsozialismus Bischof von Münster war (1933–1946), war eine sperrige Gestalt. Schon bald nach dem Krieg wurde er durch Papst Pius XII. zum Kardinal erhoben (am 21. Februar 1946). Der Papst hatte dadurch auch ein Zeichen gegen eine kollektive Verurteilung der Deutschen für die Verbrechen des Nationalsozialismus setzen wollen (freilich ehrte er damit auch die Haltung der katholischen Kirche im Nationalsozialismus, gegenüber der sich manche Fragen aufdrängten). Bei seiner Rückkehr aus Rom wurde Kardinal von Galen in seiner Heimatstadt begeistert empfangen, und mit großer Betroffenheit erfuhren die Menschen wenige Tage später, dass der Kardinal an einer verschleppten akuten Krankheit gestorben war. Am 9. Oktober 2005 ist Clemens August Kardinal von Galen in Rom selig gesprochen worden.

Während dieser Jahre hat es eine Reihe von biographischen Arbeiten und Darstellungen seiner Zeit als Bischof gegeben, die ihn zu einem eindeutigen Streiter gegen den Nationalsozialismus erklärt haben. Es ist wohl richtiger, ihn als einen kompromisslosen Kämpfer gegen die antikatholischen Züge des Nationalsozialismus anzusehen. Sein Respekt vor der nationalsozialistischen Obrgrigkeit blieb ungebrochen. Für ihn war dies die legitime staatliche Ordnung. Seine ersten beiden Predigten im Juli 1941 benutzen die problematischen Begriffe des Regimes wie „Volksgenossen" (zu denen die Juden nicht gehörten) mit Selbstverständlichkeit. Aber angesichts des Schweigens der anderen Bischöfe geht es nicht darum, die gesprochenen Worte an dem zu messen, was noch hätte gesagt werden können. Die deutlichen Worte des Bischofs von Münster im August 1941 zeigten dem Regime Grenzen auf. Und sie zeigten auch, dass ein mutiger Mann dem Regime Grenzen aufzeigen konnte, ohne sein Leben zu verlieren. Es kann aber kaum ein Zweifel daran bestehen, dass Clemens August von Galen im Sommer 1941 bereit war, sein Leben einzusetzen. Das gibt seinen Worten einen besonderen Klang.

Rede

Ich muss leider mitteilen, dass die GStP auch in dieser Woche ihren Vernichtungskampf gegen die katholischen Orden fortgesetzt hat. Am Mittwoch, dem 30. Juli, hat die GStP das Provinzialhaus der Schwestern Unserer Lieben Frau in Mülhausen, Kreis Kempen, das früher zum Bistum Münster gehörte, besetzt und für aufgehoben erklärt. Die Schwestern, von denen viele aus unserem Bistum stammen, wurden zum größten Teil ausgewiesen und mussten noch am gleichen Tage den Kreis verlassen. Nach glaubwürdigen Nachrichten ist am Donnerstag, dem 31. Juli, das Kloster der Missionare von Hiltrup in

Hamm ebenfalls von der GStP besetzt und beschlagnahmt worden. Die dort weilenden Patres sind ausgewiesen. Ich habe bereits am 13. Juli hier in der Lambertikirche nach der Vertreibung der Jesuiten und Missionsklarissen aus Münster öffentlich festgestellt: Keiner der Bewohner der Klöster ist eines Vergehens oder Verbrechens beschuldigt, vor Gericht angeklagt oder gar verurteilt. Wie ich höre, werden jetzt in Münster Gerüchte verbreitet, dass diese Ordensleute, insbesondere die Jesuiten, doch wegen gesetzwidriger Verfehlungen, ja sogar wegen Landesverrat angeklagt oder sogar überführt seien. Ich erkläre: Das ist eine gemeine Verleumdung deutscher Volksgenossen, unserer Brüder und Schwestern, die wir uns nicht gefallen lassen. Gegen einen Burschen, der vor Zeugen es wagte, derartiges zu behaupten, habe ich bereits Strafanzeige bei dem Herrn Oberstaatsanwalt erstattet. Ich spreche die Erwartung aus, dass der Mann schleunigst zur Verantwortung gezogen wird, und dass unsere Gerichte noch den Mut haben, Verleumder, die es wagen, unbescholtenen deutschen Volksgenossen, nachdem ihnen schon ihr Eigentum genommen wurde, auch noch die Ehre zu rauben, zur Verantwortung zu ziehen und zu bestrafen.

Ich fordere alle meine Zuhörer, ja alle anständigen Mitbürger auf, von heute ab, falls in ihrer Gegenwart solche Anschuldigungen gegen die aus Münster ausgewiesenen Ordensleute ausgesprochen werden, sofort den Namen und die Wohnung des Anklägers und der etwa anwesenden Zeugen festzustellen. Ich hoffe, es gibt hier in Münster noch Männer, die den Mut haben, zur gerichtlichen Klarstellung solcher die Volksgemeinschaft vergiftender Beschuldigungen durch offenes Eintreten mit ihrer Person, ihrem Namen, nötigenfalls mit ihrem Eide mitzuwirken. Diese bitte ich, falls vor ihnen solche Beschuldigungen gegen unsere Ordensleute ausgesprochen werden, alsbald bei ihrem Pfarrer oder auch beim Bischöflichen Generalvikariat das zu melden und zu Protokoll zu geben. Ich bin es der Ehre unserer Ordensleute,

175

der Ehre unserer katholischen Kirche und auch der Ehre unseres deutschen Volkes und unserer Stadt Münster schuldig, dass ich durch Strafanzeige bei der Staatsanwaltschaft für die gerichtliche Klarstellung des Tatbestandes und für die Bestrafung gemeiner Verleumder unserer Ordensleute Sorge trage.

(Nach der Verlesung des Tagesevangeliums vom 9. Sonntag nach Pfingsten: „… als Jesus Jerusalem nahe kam und die Stadt sah, weinte er über sie …" Luk 19,41-47). Meine lieben Diözesanen! Eine erschütternde Begebenheit ist es, die das heutige Sonntagsevangelium berichtet. Jesus weint! Der Sohn Gottes weint! Wer weint, der leidet Schmerzen, Schmerzen am Leibe oder am Herzen. Jesus litt damals nicht dem Leibe nach und doch weinte er. Wie groß muss der Seelenschmerz, das Herzensweh dieses tapfersten der Männer gewesen sein, dass er weinte! Warum weinte er? Er weinte über Jerusalem, über die heilige, ihm so teuere Gottesstadt, die Hauptstadt seines Volkes. Er weinte über ihre Bewohner, seine Volksgenossen, weil sie nicht erkennen wollten, was allein die von seiner Allwissenheit vorausgesehenen, von seiner göttlichen Gerechtigkeit vorausbestimmten Strafgerichte abwenden könnte: „Wenn du es doch erkenntest, was dir zum Frieden dient!" Warum erkennen es die Bewohner von Jerusalem nicht? Nicht lange vorher hat Jesus es ausgesprochen: „Jerusalem, Jerusalem, wie oft wollte ich deine Kinder versammeln, wie eine Henne ihre Küchlein unter ihre Flügel sammelt. Aber du hast nicht gewollt!" (Luk 13,34).

Du hast nicht gewollt. Ich, dein König, dein Gott, ich wollte! Aber du hast nicht gewollt. Wie geborgen, wie behütet, wie beschützt ist das Küchlein unter den Flügeln der Henne; sie wärmt es, sie nährt es, sie verteidigt es. So wollte ich dich beschützen, behüten, gegen jedes Ungemach verteidigen. Ich wollte! Du hast nicht gewollt! Darum weint Jesus, darum weint dieser starke Mann, darum weint Gott. Über die Torheit, über das Unrecht, über das Verbrechen des N i c h t w o l l e n s . Und über das daraus entstehende Unheil, das seine Allwissenheit kommen sieht, das seine Gerechtigkeit verhängen muss, wenn der Mensch den Geboten Gottes, allen Mahnungen seines Gewissens, allen liebevollen Einladungen des göttlichen Freundes, des besten Vaters, sein Nichtwollen entgegensetzt: „Wenn du es doch erkenntest, noch heute, an diesem Tage, was dir zum Frieden dient! Aber du hast nicht gewollt!" Es ist etwas Furchtbares, etwas unerhört Ungerechtes und Verderbenbringendes, wenn der Mensch seinen Willen gegen Gottes Willen stellt! Ich wollte! Du hast nicht gewollt! Darum weint Jesus über Jerusalem.

Andächtige Christen! In dem am 6. Juli dieses Jahres in allen katholischen Kirchen Deutschlands verlesenen gemeinsamen Hirtenbrief der deutschen Bischöfe vom 26. Juni 1941 heißt es unter anderem: „Gewiss gibt es nach der katholischen Sittenlehre positive Gebote, die nicht mehr verpflichten, wenn ihre Erfüllung mit allzu großen Schwierigkeiten verbunden wäre. Es gibt aber auch heilige Gewissensverpflichtungen, von denen niemand uns befreien kann, die wir erfüllen müssen, koste es, was es wolle, koste es uns selbst das Leben: Nie, unter keinen Umständen darf der Mensch außerhalb des Krieges und der gerechten Notwehr einen Unschuldigen töten." Ich hatte schon am 6. Juli Veranlassung, diesen Worten des gemeinsamen Hirtenbriefes folgende Erläuterung hinzuzufügen: „Seit einigen Monaten hören wir Berichte, daß aus Heil- und Pflegeanstalten für Geisteskranke auf Anordnung von Berlin Pfleglinge, die schon länger krank sind und vielleicht unheilbar erscheinen, zwangsweise abgeführt werden. Regelmäßig erhalten dann die Angehörigen nach kurzer Zeit die Mitteilung, der Kranke sei verstorben, die Leiche sei verbrannt, die Asche könne abgeliefert werden. Allgemein herrscht der an Sicherheit grenzende Verdacht, daß diese zahlreichen unerwarteten

Todesfälle von Geisteskranken nicht von selbst eintreten, sondern absichtlich herbeigeführt werden, daß man dabei jener Lehre folgt, die behauptet, man dürfe sogenanntes ,lebensunwertes Leben' vernichten, also unschuldige Menschen töten, wenn man meint, ihr Leben sei für Volk und Staat nichts mehr wert. Eine furchtbare Lehre, die die Ermordung Unschuldiger rechtfertigen will, die die gewaltsame Tötung der nicht mehr arbeitsfähigen Invaliden, Krüppel, unheilbar Kranken, Altersschwachen grundsätzlich freigibt!"

Wie ich zuverlässig erfahren habe, werden jetzt auch in den Heil- und Pflegeanstalten der Provinz Westfalen Listen aufgestellt von solchen Pfleglingen, die als sogenannte ,unproduktive' Volksgenossen abtransportiert und in kurzer Zeit ums Leben gebracht werden sollen. Aus der Anstalt Marienthal bei Münster ist im Laufe dieser Woche der erste Transport abgegangen!

Deutsche Männer und Frauen! Noch hat Gesetzeskraft der § 211 des Reichsstrafgesetzbuches, der bestimmt: „Wer vorsätzlich einen Menschen tötet, wird, wenn er die Tötung mit Überlegung ausgeführt hat, wegen M o r d e s mit dem Tode bestraft." Wohl um diejenigen, die jene armen Menschen, Angehörige unserer Familien, vorsätzlich töten, vor dieser gesetzlichen Bestrafung zu bewahren, werden die zur Tötung bestimmten Kranken aus der Heimat abtransportiert in eine entfernte Anstalt. Als Todesursache wird dann irgendeine Krankheit angegeben. Da die Leiche sofort verbrannt wird, können die Angehörigen und auch die Kriminalpolizei es hinterher nicht mehr feststellen, ob die Krankheit wirklich vorgelegen hat und welche Todesursache vorlag. Es ist mir aber versichert worden, dass man im Reichsministerium des Innern und auf der Dienststelle des Reichsärzteführers Dr. Conti gar kein Hehl daraus mache, dass tatsächlich schon eine große Zahl von Geisteskranken in Deutschland vorsätzlich getötet worden ist und in Zukunft getötet werden soll.

Das Reichsstrafgesetzbuch bestimmt in § 139: „Wer von dem Vorhaben ... eines Verbrechens wider das Leben ... glaubhafte Kenntnis erhält und es unterlässt, der Behörde oder dem Bedrohten hiervon zur rechten Zeit Anzeige zu machen, wird ... bestraft."

Als ich von dem Vorhaben erfuhr, Kranke aus Marienthal abzutransportieren, um sie zu töten, habe ich am 28. Juli bei der Staatsanwaltschaft beim Landgericht Münster und bei dem Herrn Polizeipräsidenten in Münster Anzeige erstattet durch eingeschriebenen Brief mit folgendem Wortlaut: „Nach mir zugegangenen Nachrichten soll im Laufe dieser Woche (man spricht vom 31. Juli) eine große Anzahl Pfleglinge der Provinzialheilanstalt Marienthal bei Münster als sogenannte ‚unproduktive Volksgenossen' nach der Heilanstalt Eichberg überführt werden, um dann alsbald, wie es nach solchen Transporten aus anderen Heilanstalten nach allgemeiner Überzeugung geschehen ist, vorsätzlich getötet zu werden. Da ein derartiges Vorgehen nicht nur dem göttlichen und natürlichen Sittengesetz widerstreitet, sondern auch als Mord nach § 211 des Reichsstrafgesetzbuches mit dem Tode zu bestrafen ist, erstatte ich gemäß § 139 des Reichsstrafgesetzbuches pflichtgemäß Anzeige und bitte, die bedrohten Volksgenossen unverzüglich durch Vorgehen gegen die den Abtransport und die Ermordung beabsichtigenden Stellen zu schützen und mir von dem Veranlassten Nachricht zu geben." Nachricht über ein Einschreiten der Staatsanwaltschaft oder der Polizei ist mir nicht zugegangen.

Ich hatte bereits am 26. Juli bei der Provinzialverwaltung der Provinz Westfalen, der die Anstalten unterstehen, der die Kranken zur P f l e g e u n d H e i l u n g anvertraut sind, schriftlich ernstesten Einspruch erhoben. Es hat nichts genützt! Der erste Transport der schuldlos zum Tode Verurteilten ist von Marienthal abgegangen! Und aus der Heil- und Pflegeanstalt Warstein sind, wie ich höre, bereits 800 Kranke abtransportiert worden.

So müssen wir damit rechnen, dass die armen, wehrlosen Kranken über kurz oder lang umgebracht werden. Warum? Nicht weil sie ein todeswürdiges Verbrechen begangen haben, nicht etwa, weil sie ihren Wärter oder Pfleger angegriffen haben, so dass diesem nichts anderes übrigblieb, als dass er zur Erhaltung des eigenen Lebens in gerechter Notwehr dem Angreifer mit Gewalt entgegentrat. Das sind Fälle, in denen neben der Tötung des bewaffneten Landesfeindes im gerechten Kriege Gewaltanwendung bis zur Tötung erlaubt und nicht selten geboten ist.

Nein, nicht aus solchen Gründen müssen jene unglücklichen Kranken sterben, sondern darum, weil sie nach dem Urteil irgendeines Amtes, nach dem Gutachten irgendeiner Kommission ‚l e b e n s u n w e r t' geworden sind, weil sie nach diesem Gutachten zu den ‚unproduktiven' Volksgenossen gehören. Man urteilt: Sie können nicht mehr Güter produzieren, sie sind wie eine alte Maschine, die nicht mehr läuft, sie sind wie ein altes Pferd, das unheilbar lahm geworden ist, sie sind wie eine Kuh, die nicht mehr Milch gibt. Was tut man mit solch alter Maschine? Sie wird verschrottet. Was tut man mit einem lahmen Pferd, mit solch einem unproduktiven Stück Vieh?

Nein, ich will den Vergleich nicht bis zu Ende führen –, so furchtbar seine Berechtigung ist und seine Leuchtkraft! Es handelt sich hier ja nicht um Maschinen, es handelt sich nicht um Pferd oder Kuh, deren einzige Bestimmung ist, dem Menschen zu dienen, für den Menschen Güter zu produzieren! Man mag sie zerschlagen, man mag sie schlachten, sobald sie diese Bestimmung nicht mehr erfüllen. Nein, hier handelt es sich um Menschen, unsere Mitmenschen, unsere Brüder und Schwestern! Arme Menschen, kranke Menschen, unproduktive Menschen meinetwegen. Aber haben sie damit das Recht auf das Leben verwirkt?

Hast du, habe ich nur solange das Recht zu leben, solange wir produktiv sind, solange wir von anderen als produktiv anerkannt werden? Wenn man den Grundsatz aufstellt und anwendet, dass man den ‚unproduktiven' Mitmenschen töten darf, dann wehe uns allen, wenn wir alt und altersschwach werden! Wenn man die unproduktiven Mitmenschen töten darf, dann wehe den Invaliden, die im Produktionsprozess ihre Kraft, ihre gesunden Knochen eingesetzt, geopfert und eingebüßt haben! Wenn man die unproduktiven Mitmenschen gewaltsam beseitigen darf, dann wehe unseren braven Soldaten, die als schwer Kriegsverletzte, als Krüppel, als Invaliden in die Heimat zurückkehren! Wenn einmal zugegeben wird, dass Menschen das Recht haben, ‚unproduktive' Mitmenschen zu töten – und wenn es jetzt zunächst auch nur arme, wehrlose Geisteskranke trifft –, dann ist grundsätzlich der Mord an allen unproduktiven Menschen, also an den unheilbar Kranken, den arbeitsunfähigen Krüppeln, den Invaliden der Arbeit und des Krieges, dann ist der Mord an uns allen, wenn wir alt und altersschwach und damit unproduktiv werden, freigegeben. Dann braucht nur irgendein Geheimerlass anzuordnen, dass das bei den Geisteskranken erprobte Verfahren auf andere ‚Unproduktive' auszudehnen ist, dass es auch bei den unheilbar Lungenkranken, bei den Altersschwachen, bei den Arbeitsinvaliden, bei den schwerkriegsverletzten Soldaten anzuwenden ist. Dann ist keiner von uns seines Lebens mehr sicher. Irgendeine Kommission kann ihn auf die Liste der ‚Unproduktiven' setzen, die nach ihrem Urteil ‚lebensunwert' geworden sind. Und keine Polizei wird ihn schützen und k e i n Gericht seine Ermordung ahnden und den Mörder der verdienten Strafe übergeben! Wer kann dann noch Vertrauen haben zu einem Arzt? Vielleicht meldet er den Kranken als ‚unproduktiv' und erhält die Anweisung, ihn zu töten.

Es ist nicht auszudenken, welche Verwilderung der Sitten, welch allgemeines gegenseitiges Misstrauen bis in die Familien hineingetragen wird, wenn diese furchtbare Lehre geduldet, angenommen und befolgt wird. Wehe den Menschen, wehe unserem deutschen Volk, wenn das heilige Gottesgebot: „Du sollst nicht töten!", das der Herr unter Donner und Blitz auf Sinai verkündet hat, das Gott unser Schöpfer, von Anfang an in das Gewissen der Menschen geschrieben hat, nicht nur übertreten wird, sondern wenn diese Übertretung sogar geduldet und ungestraft ausgeübt wird! Ich will euch ein Beispiel sagen von dem, was jetzt geschieht. In Marienthal war ein Mann von etwa 55 Jahren, ein Bauer aus einer Landgemeinde des Münsterlandes – ich könnte euch den Namen nennen –, der seit einigen Jahren unter Geistesstörungen leidet und den man daher der Provinzial-Heil- und Pflegeanstalt Marienthal zur Pflege anvertraut hat. Er war nicht richtig geisteskrank, er konnte Besuche empfangen und freute sich immer, so oft, seine Angehörigen kamen. Noch vor 14 Tagen hatte er Besuch von seiner Frau und von einem seiner Söhne, der als Soldat an der Front steht und Heimaturlaub hatte. Der Sohn hängt sehr an seinem kranken Vater. So war der Abschied schwer. Wer weiß, ob der Soldat wiederkommt, den Vater wiedersieht, denn er kann ja im Kampf für die Volksgenossen fallen.

Der Sohn, der Soldat, wird den Vater wohl sicher auf Erden nicht wiedersehen, denn er ist seitdem auf die Liste der Unproduktiven gesetzt. Ein Verwandter, der den Vater in dieser Woche in Marienthal besuchen wollte, wurde abgewiesen mit der Auskunft, der Kranke sei auf Anordnung des Ministerrats für Landesverteidigung von hier abtransportiert. Wohin, könne nicht gesagt werden. Den Angehörigen werde in einigen Tagen Nachricht gegeben werden.

Wie wird diese Nachricht lauten? Wieder so, wie in anderen Fällen? Dass der Mann gestorben sei, dass die Leiche verbrannt sei, dass die Asche gegen Entrichtung einer Gebühr abgeliefert werden könne? Dann wird der Soldat, der im Felde steht und sein Leben für die deutschen Volksgenossen einsetzt, den Vater hier auf Erden nicht wiedersehen, weil deutsche Volksgenossen in der

Heimat ihn ums Leben gebracht haben! Die von mir aus-
gesprochenen Tatsachen stehen fest. Ich kann die Namen
des kranken Mannes, seiner Frau, seines Sohnes, der Soldat ist, nennen und den Ort, wo sie wohnen. „Du sollst
nicht töten!" Gott hat dieses Gebot in das Gewissen der
Menschen geschrieben, längst ehe ein Strafgesetzbuch
den Mord mit Strafe bedrohte, längst ehe Staatsanwaltschaft und Gericht den Mord verfolgten und ahndeten.
Kain, der seinen Bruder Abel erschlug, war ein Mörder,
lange bevor es Staaten und Gerichte gab. Und er bekann-
te, gedrängt von der Anklage seines Gewissens: „Größer
ist meine Missetat, als dass ich Verzeihung finden könnte!
… jeder, der mich findet, wird mich, den Mörder töten
(Gen 4,13).

„Du sollst nicht töten!" Dieses Gebot Gottes, des einzigen Herrn, der das Recht hat, über Leben und Tod zu
bestimmen, war von Anfang an in die Herzen der Menschen geschrieben, längst bevor Gott den Kindern Israels
am Berge Sinai sein Sittengesetz mit jenen lapidaren, in
Stein gehauenen kurzen Sätzen verkündet hat, die uns in
der Heiligen Schrift aufgezeichnet sind, die wir als Kinder aus dem Katechismus auswendig gelernt haben. „Ich
bin der Herr, dein Gott!" So hebt dieses unabänderliche
Gesetz an. „Du sollst keine fremden Götter neben mir
haben!" Der einzige, überweltliche, allmächtige, allwissende, unendlich heilige und gerechte Gott hat diese Gebote gegeben, unser Schöpfer und einstiger Richter! Aus
Liebe zu uns hat er diese Gebote unserem Herzen eingeschrieben und sie uns verkündet; denn sie entsprechen
dem Bedürfnis unserer von Gott geschaffenen Natur;
sie sind die unabdingbaren Normen eines vernunftmä-
ßigen, eines gottgefälligen, eines heilbringenden und heiligen Menschenlebens und Gemeinschaftslebens. Gott,
unser Vater, will mit diesen Geboten uns, seine Kinder,
sammeln, wie die Henne ihre Küchlein unter ihre Flügel
sammelt. Wenn wir Menschen diesen Befehlen, diesen
Einladungen, diesem Rufe Gottes folgen, dann sind wir

behütet, beschützt, vor Unheil bewahrt, gegen das drohende Verderben verteidigt wie die Küchlein unter den Flügeln der Henne. „Jerusalem, Jerusalem, wie oft wollte ich deine Kinder sammeln, wie die Henne ihre Küchlein unter ihre Flügel sammelt. Aber du hast nicht gewollt!" Soll das aufs Neue wahr werden in unserem deutschen Vaterland, in unserer westfälischen Heimat, in unserer Stadt Münster? Wie steht es in Deutschland, wie steht es hier bei uns mit dem Gehorsam gegen die göttlichen Gebote?

Das achte Gebot: „Du sollst kein falsches Zeugnis geben, du sollst nicht lügen!" Wie oft wird es frech, auch öffentlich, verletzt! Das siebente Gebot: „Du sollst nicht fremdes Gut dir aneignen!" Wessen Eigentum ist noch sicher nach der willkürlichen und rücksichtslosen Enteignung des Eigentums unserer Brüder und Schwestern, die katholischen Orden angehören? Wessen Eigentum ist geschützt, wenn dieses widerrechtlich beschlagnahmte Eigentum nicht zurückerstattet wird?

Das sechste Gebot: „Du sollst nicht ehebrechen! Denkt an die Anweisungen und Zusicherungen, die der berüchtigte Offene Brief des inzwischen verschwundenen Rudolf Heß, der in allen Zeitungen veröffentlicht wurde, über den freien Geschlechtsverkehr und die uneheliche Mutterschaft gegeben hat. Und was kann man sonst noch über diesen Punkt auch hier in Münster an Schamlosigkeit und Gemeinheit lesen und beobachten und erfahren! An welche Schamlosigkeit in der Kleidung hat die Jugend sich gewöhnen müssen. Vorbereitung späteren Ehebruchs! Denn es wird die Schamhaftigkeit zerstört, die Schutzmauer der Keuschheit. Jetzt wird auch das fünfte Gebot: „Du sollst nicht töten!" beiseitegesetzt und unter den Augen der zum Schutz der Rechtsordnung und des Lebens verpflichteten Stellen übertreten, da man es sich herausnimmt, unschuldige, wenn auch kranke Mitmenschen, vorsätzlich zu töten, nur weil sie ‚unproduktiv' sind, keine Güter mehr produzieren können.

Wie steht es mit der Befolgung des vierten Gebotes, das Ehrfurcht und Gehorsam gegen die Eltern und Vorgesetzten fordert? Die Stellung der Autorität der Eltern ist schon weithin untergraben und wird mit all den Anforderungen, die gegen den Willen der Eltern der Jugend auferlegt werden, immer mehr erschüttert. Glaubt man, dass aufrichtige Ehrfurcht und gewissenhafter Gehorsam gegen die staatliche Obrigkeit erhalten bleiben, wenn man fortfährt, die Gebote der höchsten Obrigkeit, die Gebote Gottes, zu übertreten, wenn man sogar den Glauben an den einzig wahren, überweltlichen Gott, den Herrn des Himmels und der Erde, bekämpft, ja auszurotten versucht?

Die Befolgung der drei ersten Gebote ist ja schon lange in der Öffentlichkeit in Deutschland und auch in Münster weithin eingestellt. Von wie vielen wird der Sonntag nebst den Feiertagen entweiht und dem Dienste Gottes entzogen! Wie wird der Name Gottes missbraucht, verunehrt und gelästert!

Und das erste Gebot: „Du sollst keine fremden Götter neben mir haben!" Statt des einzig wahren, ewigen Gottes macht man sich nach Gefallen eigene Götzen, um sie anzubeten: die Natur oder den Staat oder das Volk oder die Rasse. Und wie viele gibt es, deren Gott in Wirklichkeit nach dem Wort des hl. Paulus der Bauch ist (Phil 3, 19), das eigene Wohlbefinden, dem sie alles, selbst Ehre und Gewissen opfern, der Sinnengenuss, der Geldrausch, der Machtrausch! Dann mag man es auch versuchen, sich selbst göttliche Befugnisse anzumaßen, sich zum Herrn zu machen über Leben und Tod der Mitmenschen.

Als Jesus nach Jerusalem kam und die Stadt sah, weinte er über sie und sprach: „Wenn du es doch erkenntest, noch heute, an diesem Tage, was dir zum Frieden dient! Nun aber ist es vor deinen Augen verborgen. Siehe, es werden Tage über dich kommen, wo deine Feinde dich zu Boden schmettern werden, dich und deine Kinder, und in dir keinen Stein auf dem anderen lassen werden, weil du die Tage deiner Heimsuchung nicht erkannt hast."

Mit seinen leiblichen Augen schaute Jesus damals nur die Mauern und Türme der Stadt Jerusalem, aber göttliche Allwissenheit sah tiefer, erkannte, wie es innerlich mit der Stadt stand und mit ihren Bewohnern: Jerusalem, wie oft wollte ich deine Kinder sammeln, wie die Henne ihre Küchlein unter ihre Flügel sammelt, aber du hast es nicht gewollt!" Das ist der große Schmerz, der Jesu Herz bedrückt, der seinen Augen Tränen entlockt. I c h wollte dein Bestes. Aber d u willst nicht! Jesus sieht das Sündhafte, das Furchtbare, das Verbrecherische, das Verderbenbringende dieses N i c h t w o l l e n s ! Der kleine Mensch, das hinfällige Geschöpf, stellt seinen geschaffenen Willen gegen Gottes Willen! Jerusalem und seine Bewohner, sein auserwähltes und bevorzugtes Volk, stellt seinen Willen gegen Gottes Willen! Trotzt töricht und verbrecherisch dem Willen Gottes! Darum weint Jesus über die abscheuliche Sünde und über die unausbleibliche Bestrafung. Gott lässt seiner nicht spotten!

Christen von Münster! Hat der Sohn Gottes in seiner Allwissenheit damals nur Jerusalem und sein Volk gesehen? Hat er nur über Jerusalem geweint? Ist das Volk Israel das einzige Volk, das Gott mit Vatersorge und Mutterliebe umgeben, beschützt, an sich gezogen hat? Und das nicht gewollt hat? Das Gottes Wahrheit abgelehnt, Gottes Gesetz von sich geworfen und so sich ins Verderben gestürzt hat? Hat Jesus, der allwissende Gott, damals auch unser deutsches Volk geschaut, auch unser Westfalenland, unser Münsterland, den Niederrhein? Und hat er auch über uns geweint? Über Münster geweint? Seit tausend Jahren hat er unsere Vorfahren und uns mit seiner Wahrheit belehrt, mit seinem Gesetz geleitet, mit seiner Gnade genährt, uns gesammelt, wie die Henne ihre Küchlein unter ihre Flügel sammelt. Hat der allwissende Sohn Gottes damals gesehen, dass er in unserer Zeit auch über uns das Urteil sprechen muss: „Du hast nicht gewollt! Seht, euer Haus wird euch verwüstet werden!" Wie furchtbar wäre das!

Meine Christen! Ich hoffe, es ist noch Zeit, aber es ist die höchste Zeit! Dass wir erkennen, noch heute, an diesem Tage, was uns zum Frieden dient, was allein uns retten, vor dem göttlichen Strafgericht bewahren kann: dass wir rückhaltlos und ohne Abstrich die von Gott geoffenbarte Wahrheit annehmen und durch unser Leben bekennen. Dass wir die göttlichen Gebote zur Richtschnur unseres Lebens machen und Ernst machen mit dem Wort: lieber sterben als sündigen! Dass wir in Gebet und aufrichtiger Buße Gottes Verzeihung und Erbarmen herabflehen auf uns, auf unsere Stadt, auf unser Land, auf unser liebes deutsches Volk!

Wer aber fortfahren will, Gottes Strafgericht herauszufordern, wer unsern Glauben lästert, wer Gottes Gebote verachtet, wer gemeinsame Sache macht mit jenen, die unsere Jugend dem Christentum entfremden, die unsere Ordensleute berauben und vertreiben, mit jenen, die unschuldige Menschen, unsere Brüder und Schwestern, dem Tode überliefern, mit dem wollen wir jeden vertrauten Umgang meiden, dessen Einfluss wollen wir uns und die Unsrigen entziehen, damit wir nicht angesteckt werden von seinem gottwidrigen Denken und Handeln, damit wir nicht mitschuldig werden und somit anheimfallen dem Strafgericht, das der gerechte Gott verhängen muss und verhängen wird über alle, die gleich der undankbaren Stadt Jerusalem nicht wollen, was Gott will. O Gott, lass uns doch alle heute, an diesem Tage, bevor es zu spät ist, erkennen, was uns zum Frieden dient! O heiligstes Herz Jesu, bist zu Tränen betrübt über die Verblendung und über die Missetaten der Menschen, hilf uns mit deiner Gnade, dass wir stets das erstreben, was dir gefällt, und auf das verzichten, was dir missfällt, damit wir in deiner Liebe bleiben und Ruhe finden für unsere Seelen! Amen.

Ernst Reuter

Schaut auf diese Stadt!

Rede am 9. September 1948 vor dem Berliner Reichstag

Einführung

Zwischen März und August 1948 hatte sich das Verhältnis der Siegermächte des Zweiten Weltkrieges dramatisch verschlechtert. Die Zusammenarbeit bei der gemeinsamen Verwaltung des besetzten Deutschland wurde eingestellt, die Teile des Landes, die sich unter amerikanischer, britischer und französischer Kontrolle befanden, gingen einen anderen Weg als der Teil unter sowjetischer Besatzung. Im April 1948 hatten die Russen begonnen, den Verkehr über die Zufahrtswege nach Berlin zu behindern. Im August war die deutliche Erschwernis in eine vollständige Blockade übergegangen. Die westlichen Alliierten sollten genötigt werden, aus Berlin abzuziehen, oder die eigene Deutschlandpolitik zu überprüfen. Eine Entscheidung über die Zukunft Deutschlands und auch über das künftige Verhältnis der einstigen Alliierten bahnte sich an. Die Sowjetunion befand sich in der stärkeren Ausgangsposition.

Berlin war dringend auf Unterstützung aller Art angewiesen. Die schweren Kämpfe um die Hauptstadt in der letzten Phase des Zweiten Weltkrieges hatten die Infrastruktur Berlins weitgehend zerstört. In der Stadt befanden sich vor allem Frauen, Kinder und alte Menschen. Wenn die Blockade länger dauern würde, benötigte die Bevölkerung nicht nur Lebensmittel in großem Umfang, sondern auch Kohlen, um den Winter in den zerstörten Häusern zu überstehen. Stalin rechnete fest damit, dass die Stadt diesen Nachschub nicht erhalten könne, und dass die westlichen Alliierten einlenken müssten.

Tatsächlich sahen die Vereinbarungen, die die Siegermächte nach dem Ende des Krieges über Berlin getroffen hatten, keine geschützten Zugangskorridore in die ehemalige Hauptstadt vor, die sich in der sowjetischen Besatzungszone befand. Für die Amerikaner als stärksten Verhandlungspartner der Russen war Berlin zunächst nicht von besonderer Bedeutung gewesen. Die nationalsozialistische Herrschaft war beendet und die Stadt hatte zunächst keine strategische oder wirtschaftliche Bedeutung. Sie hatte allerdings eine symbolische Bedeutung – als Hauptstadt des besiegten Deutschland und als Hauptstadt Preußens, dessen militaristische Tradition von den Siegern mit starkem Misstrauen gesehen wurde. Preußen wurde durch einen alliierten Kontrollratsbeschluss am 25. Februar 1947 als Staat aufgelöst. Berlin wurde in einen sowjetischen, einen amerikanischen, einen britischen und einen französischen Sektor aufgeteilt und die städtische Politik wurde von einer alliierten Kommandantur beaufsichtigt. Die Zugänge nach Berlin waren zwischen dem russischen Marschall Schukow und General Lucius D. Clay als stellvertretendem Militärgouverneur der amerikanischen Besatzungszone mündlich vereinbart worden, nur über drei Luftkorridore wurde Ende November 1945 ein Abkommen geschlossen. Sie ermöglichten die spätere Luftbrücke nach Berlin.

Gegen die Blockade der ehemaligen Hauptstadt Deutschlands konnten die Westmächte zunächst nur wenig unternehmen. Militärischer Druck, gar militärische Gegenmaßnahmen waren nicht möglich. Die westlichen Alliierten hatten die Truppenstärke ihrer Armeen nach dem Ende des Krieges deutlich reduziert, dagegen hatte die russische Armee nicht abgerüstet. Ihre Kampfkraft war der der Amerikaner, Engländer und Franzosen weit überlegen. Tatsächlich griffen die Amerikaner zu einem Täuschungsmanöver, um zumindest ein Drohpotential aufrecht zu erhalten. Sie verlegten Bombergeschwader nach England, von denen die Russen annahmen, sie seien mit Atombomben ausgestattet. Das war allerdings ein Irrtum.

So spitzte sich die Lage im Sommer 1948 dramatisch zu. Vorangegangen war eine etwa dreijährige Entfremdung der Siegermächte des Zweiten Weltkriegs voneinander, die zum Teil auf Kommunikationsschwierigkeiten, vor allem aber auf einem deutlichen Interessenunterschied beruhte. Die Sowjetunion hatte bald nach dem Kriegsende begonnen, in den Ländern an ihrer Westgrenze die Etablierung kommunistischer Parteien und schließlich auch Regierungen zu fördern und mit zum Teil massiven Beeinträchtigungen des demokratischen Prozesses zu stützen. So entstand ein Gürtel von Satellitenstaaten, in denen die Bevölkerung kaum eine Möglichkeit hatte, ihren politischen Willen zu artikulieren. Der sowjetisch besetzte Teil Deutschlands war Teil dieses Systems. Ernst Reuter sprach in seiner Rede vom Appetit des russischen Bären auf Deutschland, es muss allerdings auch festgestellt werden, dass es die deutschen Armeen gewesen waren, die in Russland Zerstörungen von ungeheurem Ausmaß angerichtet hatten. Es gab daher auch ein russisches Sicherheitsbedürfnis.

Auf westlicher Seite hatte man zunehmend die Illusionen über eine gemeinsame Politik in Europa verloren. Wegmarken dieser Entwicklung waren das „lange Telegramm", das der amerikanische Botschaftsrat in Moskau, George F. Kennan, mit einer nüchternen Analyse der russischen Politik im Februar 1946 nach Washington schickte und Churchills berühmte Worte vom „Eisernen Vorhang" aus dem März 1946. Die Folgen waren eine neue Schwerpunktsetzung in der amerikanischen Politik, die begann, in dem wirtschaftlichen Wiederaufbau Deutschlands einen Schlüssel zum Wiedererstarken Europas zu sehen. Im Juni 1947 skizzierte der neue amerikanische Aussenminister George Marshall die Grundzüge eines großen Hilfs- und Kreditprogramms, das unter seinem Namen in die Geschichte einging. Mit der Neuorientierung, die die ehemaligen Feinde zunehmend zu möglichen Verbündeten machte, ging eine Revision der Besatzungsorganisation einher. Die englische und die amerikanische Zone wurden vereinigt. Tatsächlich ließ sich die deutsche Politik nicht getrennt von der europäischen Politik verfolgen, in der die Spaltung des Kontinents immer deutlicher wurde. Im März 1948 tagte der alliierte Kontrollrat ein letztes Mal. Der Auszug des sowjetischen Vertreters beendete die Arbeit des Gremiums, das die Besatzungspolitik der Sieger koordiniert hatte. Im Juni führten die Westmächte in ihren Zonen eine sorgfältig geplante Währungsreform durch und im August trat ein Verfassungskonvent zusammen. Die Blockade Berlins sollte diese zunehmende Integration der westlichen Besatzungszonen in das Europa der Westmächte stoppen.

Die amerikanische Luftbrücke nach Berlin, die eine ungeheure menschliche und logistische Leistung darstellte, half der bedrängten Stadt, die Blockade zu überstehen. Gleichzeitig war es wichtig, die Moral der Berliner Bevölkerung, und die Zuversicht aufrecht zu erhalten. Nur wenn die Alliierten überzeugt waren, dass die Berliner bereit waren, die Strapazen der Blockade zu ertragen, würden sie die Mühen der Unterstützung aufrechterhalten. Dazu leistete die Rede Ernst Reuters einen wichtigen Beitrag. Reuter, der 1946 aus dem Exil nach Berlin zurückgekehrt war, und den die Berliner 1947 zum Oberbürgermeister wählten, konnte sein Amt wegen eines sowjetischen Vetos nicht antreten. Aber bei seiner Rede am 9. September vor den Ruinen des Reichstages, bei der ihm

200 000 Berliner zuhörten, bewies er seine Führungsqualität. Berlin überstand die Blockade und das Freiheitspathos, das in Ernst Reuters Rede anklang, markierte einen deutlichen Schritt auf dem Weg des ehemaligen Kriegsfeindes in das Lager der westlichen Demokratien.

REDE

„Lipschitz hat das Wort geprägt, das in uns allen einen lebendigen Widerhall gefunden hat; er hat gesagt: "Wir kommen wieder!" Wir kommen wieder in den Ostsektor Berlins, wir kommen auch wieder in die Ostzone Deutschlands!

Heute ist der Tag, an dem nicht Diplomaten und Generale reden und verhandeln. Heute ist der Tag, wo das Volk von Berlin seine Stimme erhebt. Dieses Volk von Berlin ruft heute die ganze Welt. Denn wir wissen, worum es heute geht bei den Verhandlungen im Kontrollratsgebäude in der Potsdamer Straße, die jetzt zum Stillstand gekommen sind, bei den Verhandlungen später in Moskau in den steinernen Palästen des Kreml. Bei all diesen Verhandlungen wird über unser Schicksal hier gewürfelt. Als vor Wochen diese Verhandlungen anfingen, da war der Appetit des russischen Bären größer als nur [auf] Berlin. Er wollte, dass verhandelt werden sollte auch über ganz Deutschland, und mit der lügenhaften Parole, man müsse die Spaltung Deutschlands verhindern, verschleierte er nur für andere, nicht für uns, seinen Appetit auf den anderen Teil Deutschlands, den er auch noch in seine Hände bekommen will.

Jetzt sind die Verhandlungen zu Berlin zurückgekehrt. Die Generale sind zu einem Stillstand gekommen. Wir leben in einer Pause. In dieser Pause glauben wir, dass es gut ist, wenn die Welt sieht, was das Volk von Berlin wirklich will. Morgen, übermorgen wird man verhandeln über die italienischen Kolonien. Ich weiß nicht, worüber man dann noch verhandeln will. Wir wollen nur eines klar sagen: In all diesem Handeln und Verhandeln wollen wir Berliner kein Tauschobjekt sein!

Uns kann man nicht eintauschen, uns kann man nicht verhandeln, und uns kann man auch nicht verkaufen. Es ist unmöglich, auf dem Rücken eines solchen tapferen, standhaften Volkes einen faulen Kompromiss zu schließen. Gewiss, Kompromisse sind der Inhalt jeder lebendigen Politik, aber Kompromisse müssen echte und ehrliche Kompromisse sein. Sie dürfen nicht so geschlossen werden, wie jene telefonischen Vereinbarungen in der Nacht zwischen dem französischen General und dem russischen General, wo der russische General sein Ehrenwort bricht.

Ehe der Hahn dreimal gekräht hatte, war das Ehrenwort Schall und Rauch, und anständige, brave, ehrliche Berliner, Freunde von uns, wurden in Weißgardisten und schwarze Garde verwandelt.

Wir möchten der SED nur einen Rat geben: Wenn sie ein neues Symbol braucht, bitte, nicht den Druck der Hände, sondern die Handschellen, die sie den Berlinern anlegten.

Die Handschellen, die sind in Wirklichkeit das Symbol dieser erbärmlichen Kümmerlinge, die für dreißig Silberlinge sich selbst und ihr Volk an eine fremde Macht verkaufen wollen.

Wenn heute dieses Volk von Berlin zu Hunderttausenden hier aufsteht, dann wissen wir, die ganze Welt sieht dieses Berlin. Denn verhandeln können hier schon nicht mehr die Generale, verhandeln können schon nicht mehr die Kabinette. Hinter diesen politischen Taten steht der Wille freier Völker, die erkannt haben, dass hier in dieser Stadt ein Bollwerk, ein Vorposten der Freiheit aufgerichtet ist, den niemand ungestraft preisgeben kann.

Wer diese Stadt, wer dieses Volk von Berlin preisgeben würde, der würde eine Welt preisgeben, noch mehr, er würde sich selber preisgeben, und er würde nicht nur dieses Volk von Berlin preisgeben in den Westsektoren und im Ostsektor Berlins. Nein, wir wissen auch, wenn sie nur könnten, heute stünde das Volk von Leipzig, von Halle, von Chemnitz, von Dresden, von all den Städten der Ostzone, so wie wir auf ihren Plätzen und würde unserer Stimme lauschen.

Und ich weiß es zutiefst, ich denke an meine alte Stadt Magdeburg, die mich zum Reichstagsabgeordneten wählte und deren Oberbürgermeister ich war, ehe Hitler uns in die Konzentrationslager steckte. Dieses Volk würde genau so wie damals zu Zehntausenden zu unseren Fahnen, zu den Fahnen der Freiheit eilen und sich mit uns und den Völkern der Welt zu einem großen, unzerstörbaren Bunde vereinigen.

Wenn wir darum heute in dieser Stunde die Welt rufen, so tun wir es, weil wir wissen, dass die Kraft unseres Volkes der Boden ist, auf dem wir groß geworden sind und größer und stärker werden, bis die Macht der Finsternis zerbrochen und zerschlagen sein wird. Und diesen Tag werden wir an dieser Stelle, vor unserem alten Reichstag mit seiner stolzen Inschrift »Dem Deutschen Volke«, erleben und werden ihn feiern mit dem stolzen Bewusstsein, dass wir ihn in Kümmernissen und Nöten, in Mühsal und Elend, aber mit standhafter Ausdauer herbeigeführt haben. Wenn dieser Tag zu uns kommen wird, der Tag des Sieges, der Tag der Freiheit, an dem die Welt erkennen wird, dass dieses deutsche Volk neu geworden, neu gewandelt und neu gewachsen, ein freies, mündiges, stolzes, seines Wertes und seiner Kraft bewusstes Volk geworden ist, das im Bunde gleicher und freier Völker das Recht hat, sein Wort mitzusprechen, dann werden unsere Züge wieder fahren nicht nur nach Helmstedt, sie werden fahren nach München, nach Frankfurt, Dresden, Leipzig, sie werden fahren nach Breslau und nach Stettin.

Und sie werden auf unseren kümmerlichen, elenden, zertrümmerten, alten, ruinierten Bahnhöfen wieder die zweiten Gleise aufmontieren, die das Symbol unserer wiedergewonnenen Freiheit sein werden, die wir uns, Berlinerinnen und Berliner, in den Kämpfen, die hinter uns liegen, und in den Nöten, die vor uns liegen, erkämpfen müssen und erkämpfen werden.

Ihr Völker der Welt, ihr Völker in Amerika, in England, in Frankreich, in Italien! Schaut auf diese Stadt und erkennt, dass ihr diese Stadt und dieses Volk nicht preisgeben dürft und nicht preisgeben könnt! Es gibt nur eine Möglichkeit für uns alle: gemeinsam so lange zusammenzustehen, bis dieser Kampf gewonnen, bis dieser Kampf endlich durch den Sieg über die Feinde, durch den Sieg über die Macht der Finsternis besiegelt ist. Das Volk von Berlin hat gesprochen. Wir haben unsere Pflicht getan, und wir werden unsere Pflicht weiter tun. Völker der Welt! Tut auch ihr eure Pflicht und helft uns in der Zeit, die vor uns steht, nicht nur mit dem Dröhnen eurer Flugzeuge, nicht nur mit den Transportmöglichkeiten, die ihr hierher schafft, sondern mit dem standhaften und unzerstörbaren Einstehen für die gemeinsamen Ideale, die allein unsere Zukunft und die auch allein eure Zukunft sichern können. Völker der Welt, schaut auf Berlin! Und Volk von Berlin, sei dessen gewiss, diesen Kampf, den wollen, diesen Kampf, den werden wir gewinnen!"

William Faulkner

Nobelpreisrede 10. Dezember 1950

Einführung

Im Dezember 1950 lag der Zweite Weltkrieg einige Jahre zurück, aber die Gefahr eines Krieges zwischen den ehemalige Verbündeten war zu einer beklemmenden Realität geworden. 1946 hatte Winston Churchill das berühmte Wort vom „Eisernen Vorhang" geprägt, der Europa zerteile, und seit dem Abwurf der Atombombe auf Hiroshima und Nagasaki hatte die Aussicht auf einen möglichen Krieg zwischen dem Westen und dem Ostblock eine beängstigende Dimension erreicht. Die Auswirkungen des beginnenden Kalten Krieges auf die öffentliche Stimmung im Westen schlugen sich in William Faulkners Nobelpreisrede von 1949 deutlich nieder. Eigentlich kam sie etwas verspätet. Das lag daran, dass der Preis mit Verspätung verliehen worden war. Tatsächlich hatte die Schwedische Akademie 1950 zwei Nobelpreise vergeben, den für 1950 – er ging an den englischen Philosophen Bertrand Russel, einen selbständigen Denker und Querkopf von eindruckvollem Format – und den für 1949, der bislang nicht verliehen worden war – er ging an den amerikanischen Autor William Faulkner für seinen „machtvollen und unabhängigen künstlerischen Beitrag zur neuen Erzählliteratur Amerikas". Wie es beim Nobelpreis häufiger vorkommt, erreichte die Nominierung einen Autor, der im eigenen Land keineswegs besondere Aufmerksamkeit genoss.

Faulkner hatte zwischen 1929 und 1939 eine Reihe von Romanen und Werken verfasst, die in der Tat einen neuen Ton in die amerikanische Literatur brachten (*Schall und Wahn, Als ich im Sterben lag, Die Freistatt, Licht im August, Absalom, Absalom! Wilde Palmen* und *Der Strom* und etliche weitere). Die Handlung war in einem eigenen Kosmos im Süden der USA angesiedelt (Yoknapatawpha Country), der Faulkners Phantasie entsprang und den er im Laufe der Jahre mit einer Fülle spezieller Charaktere bevölkerte. Faulkners Werk präsentiert ein Spektrum von Charakteren von Balzacschem Ausmaß. Auch wenn der Schauplatz die ländliche Provinz des amerikanischen Südens ist, so war dies keine Literatur der Provinz. Faulkner experimentierte mit den Formen der modernen Literatur seiner Zeit, mit dem Wechsel der Erzählperspektiven und dem ungebremsten *Bewusstseinsstrom*. Faulkner hatte sich auf einem alten Landsitz in Oxford/Mississipi niedergelassen und gab sich nach außen gern als Farmer. Auf den Fotos, die es von ihm aus diesen Jahren gibt, sieht man einen höflichen *Southern Gentleman* mit einem markanten Schnurrbart. Tatsächlich war er ein moderner Mensch, der auf dem Lande lebte, der lange Zeit seine Familie mehr schlecht als recht von seiner Schriftstellerei ernährte, der in einer unglücklichen Ehe lebte und der heftig trank. Aber dies waren seine privaten Angelegenheiten. Und er bestand Zeit seines Lebens mit allem Nachdruck darauf, dass diese Privatspäre niemanden etwas anging. Der erste Satz seiner Rede ist keine Koketterie. Er hat diesen Standpunkt, dass nur das Werk in die Öffentlichkeit gehöre, immer wieder entschieden verteidigt.

Und doch ist es wichtig, eine Vorstellung von William Faulkners widersprüchlichen Charakter zu haben. Das schwierige persönliche Leben dieses großen Autors gibt nicht nur einen Hinweis auf den hohen Preis besonderer Kreativität, sondern bewahrt uns auch davor, seine Worte der Nobelpreisrede als unverbindliches Pathos misszuverstehen. Das waren sie nicht. Als sie bekannt wurden, erregten sie große Aufmerksamkeit. Und sie hatten sie verdient. Dabei wären sie nie gesagt worden, wenn es nach William Faulkner gegangen wäre. Als Faulkner im November 1950 erfuhr, dass er den Nobelpreis erhalten würde, reagierte er zunächst reserviert und teilte der Akademie in Stockholm mit, dass er nicht zur Preisverleihung nach Schweden kommen werde: „Ich bin jetzt über fünfzig, wahrscheinlich ist nicht mehr viel im Tank. Ich meine, dass das, was nach den dreißig Arbeitsjahren noch verbleibt, nicht wert ist, von Mississipi nach Schweden getragen zu werden". Aber das Gewicht der Ehrung ließ sich nicht einfach ignorieren. Die amerikanische Botschaft in Stockholm intervenierte, Freunde, Vertraute und auch die Familie drängten ihn, nach Schweden zu reisen. Und schließlich stimmte er zu, wobei er es sich nicht nehmen ließ, die Tage vor dem Abflug mit einem heftigen Trinkgelage zu verbringen.

Angeschlagen trat er seine Reise in Begleitung seiner 16jährigen Tochter Jill an. Er absolvierte die üblichen Pflichttemine in dem zivilisierten Stil eines höflichen Gentleman, der er bei aller Zerrissenheit war. Doch die öffentlichen Auftritte fielen ihm schwer. Am Tage der Preisverleihung, bei der er neben dem selbstsicheren und pointenreichen Bertrand Russel saß, zeigte sich, dass Faulkner keine Übung im Umgang mit einem größeren Publikum hatte. Er trug seine kurze Rede, an der er noch in Stockholm gearbeitet hatte, so leise vor, dass sie im Saal nicht verständlich war. Russel hatte gar nicht gehört, dass er gesprochen hatte. Erst am nächsten Tag, als die Zeitungen den Text von Faulkners Rede veröffentlichten, wurde klar, was er gesagt hatte, und seine Worte erregten Aufsehen. Es sind die besonderen Umstände dieser Rede und die Erscheinung des Redners, die den Worten Glaubwürdigkeit und Kraft verleihen. Es gibt öffentliche Gestalten, bei denen die Worte: „Ich glaube, dass der Mensch nicht nur überdauern wird, er wird die Oberhand gewinnen" ohne Gewicht wären. Von William Faulkner formuliert erhalten sie Gewicht.

Rede

Mein Gefühl sagt mir, dass diese Auszeichnung nicht meiner Person gilt, sondern meinem Werk – einem Lebenswerk geschaffen in der Qual und dem Schweiß des menschlichen Geistes, nicht für Ruhm und schon gar nicht für Gewinn, sondern um aus dem Material des menschlichen Geistes etwas zu schaffen, das vorher nicht existierte. Daher ist diese Auszeichnung mir nur anvertraut. Es wird nicht schwierig sein, für ihren finanziellen Teil eine Bestimmung zu finden, die ihrem ursprünglichem Zweck und ihrer Bedeutung entspricht. Aber ich möchte dasselbe mit der Zustimmung tun, indem ich diesen Moment als einen Gipfel nutze, von dem aus ich von den jungen Männern und Frauen gehört werde, die sich bereits denselben Qualen und Mühen verschrieben haben, und unter denen bereits derjenige ist, der eines Tages hier stehen wird, wo ich jetzt stehe.

Unsere Tragödie ist heute eine allgemeine und universale physische Angst, schon so lange durchlitten, das wir sie sogar ertragen können. Es gibt keine Probleme des Geistes mehr. Es gibt nur diese Frage: Wann werde ich in die Luft gejagt? Deswegen hat der junge Mann oder die junge Frau, die heute schreiben, die Probleme des menschlichen Herzens im Kampf mit sich selbst vergessen, die allein zu gutem Schreiben führen, weil nur sie es wert sind, dass man über sie schreibt, wert die Qualen und den Schweiß.

Er muss sie wieder lernen. Er muss sich selbst beibringen, dass es das armseligste von allem ist, Angst zu haben, und, indem er dies erkennt, muss er sie für immer vergessen und er darf in seiner Werkstatt keinen Raum für anderes als die alten Wahrheiten und Gewissheiten des Herzens, die alten universalen Wahrheiten ohne die jede Geschichte vergänglich und verloren ist: Liebe und Ehre und Erbarmen und Stolz und Mitgefühl und Opfer. Bis er dies erreicht hat, steht seine Arbeit unter einem

Fluch. Er schreibt nicht über Liebe, sondern über Lust, über Niederlagen, in denen Niemand etwas von Bedeutung verliert, von Siegen ohne Hoffnung, und, das ist das Schlimmste, ohne Erbarmen oder Mitgefühl. Sein Kummer hat keinen Anteil am Leid der Welt, er lässt keine Narben zurück. Er schreibt nicht mit dem Herzen, sondern mit den Drüsen.

Bevor er diese Dinge wieder gelernt hat, wird er schreiben wie ein Zuschauer, der dem Ende der Menschheit zusieht. Ich weigere mich, den Untergang des Menschen zu akzeptieren. Es ist einfach, zu sagen, dass der Mensch eben deswegen unsterblich ist, weil er überdauern wird: dass in dem Moment, in dem der letzte Glockenschlag des Untergangs verklungen ist, vom letzten wertlosen Felsen, der zeitlos im letzten Abendrot des letzten sterbenden Tages aufragt, dass sogar dann noch ein letztes Geräusch zu hören sein wird: das seiner kleinen nicht zu erschöpfenden Stimme, die immer noch spricht. Ich weigere mich, dies zu akzeptieren. Ich glaube, dass der Mensch nicht nur überdauern wird, er wird die Oberhand gewinnen. Er ist unsterblich, nicht nur deswegen, weil er als einzige Kreatur eine Stimme hat, die sich nicht erschöpft, sondern weil er eine Seele hat, einen Geist, fähig zu Mitleid, Opfer und Beständigkeit. Es ist die Pflicht des Dichters und des Schriftstellers, über diese Dinge zu schreiben. Es ist sein Privileg, den Menschen bei ihrem Ausharren zu helfen, indem er ihr Herz erhebt, indem er sie an Mut und Ehre und Hoffnung und Stolz und Mitleid und Erbarmen und Opfer erinnert, die den Ruhm seiner Vergangenheit begründeten. Die Stimme des Dichters wird nicht nur als eine Dokumentation des Menschen gebraucht, sie kann eine der Stützen und der Pfeiler sein, die ihm helfen, zu überdauern und die Oberhand zu behalten.

MARTIN LUTHER KING

Ich habe einen Traum

REDE VOR DEM LINCOLN MEMORIAL IN WASHINGTON
AM 28. AUGUST 1963

EINFÜHRUNG

Die Rede Martin Luther Kings am 28. August 1963 vor dem Lincoln Memorial in Washington gehört zu den berühmtesten Reden der jüngeren Geschichte. Es ist ein Text von prophetischer Kraft, vorgetragen in eher nachdenklichem als kämpferischem Ton. Der Führer der amerikanischen Bürgerrechtsbewegung hatte ein eindrucksvolles Publikum. Die *Mall*, die Parkanlage zwischen dem Kapitol und dem Lincoln Memorial war mit etwa 250 000 Menschen gefüllt, die an jenem Tag nach Washington gekommen waren, um in der Hauptstadt der USA für die Bürgerrechte zu demonstrieren, die die Verfassung der USA allen Menschen garantiert. Hinter Martin Luther King erhob sich das imposante Denkmal für Abraham Lincoln, an dessen Wand die zentralen Sätze der Ghettysburg-Address in goldenen Buchstaben wiedergegeben sind. Mit einer direkten Anspielung auf die Ghettysburg-Address begann King seine Ansprache. Sie ist in der deutschen Übersetzung nicht zu erkennen, weil die rhetorische Form, die Lincoln in seiner Rede für den Rückgriff um 80 Jahre wählte („four score") mit der einfachen Zahlenangabe „80" wiedergegeben wird. King bezog sich direkt auf diesen berühmten Anfang von Lincolns Rede, als er nicht nur auf ihn verwies („ein großer Amerikaner, in dessen Schatten wir heute stehen"), sondern mit „five score" (Hundert Jahre) dieselbe rhetorische Form wählte. Seine Rede war deutlich länger als die Ansprache Lincolns, dabei hatten ihm die Organisatoren des Marsches auf Washington ursprünglich nur 8 Minuten Redezeit zugestanden. In 8 Minuten sollte er in deutlichen Worten darlegen, wofür er in den vorangegangenen Jahren gekämpft hatte. Er hatte die ganze Nacht an seinem Text gearbeitet, aber während er sprach, löste er sich von seiner Vorlage und verließ sich auf seine Eingebung. Er überzog seine Zeit, aber es war eine Überschreitung, die bei seinen Mitstreitern auf Zustimmung stieß. Die Veranstaltung in Washington, die auch dem weißen Amerika die Anliegen der Bürgerrechtsbewegung aus dem Süden vorstellen sollte, hatte auf diese Weise ein eindrucksvolles Programm formuliert. Es war an der Zeit und die Bedingungen ließen hoffen – mit John F. Kennedy als Präsidenten und seinem Bruder Robert als Justizminister gab es im Weißen Haus eine Regierungsspitze, die zumindest bereit war, zuzuhören. Im Süden der USA, in Montgomery, Atlanta und Birmingham, wo Martin Luther King zuletzt gewirkt hatte, war dies nicht selbstverständlich. King hatte bis 1963 schon zahlreiche Haftstrafen absolviert.

Seit 1954 war King Pfarrer einer Baptistengemeinde in Montgomery gewesen. Als er seine Stelle antrat, war er fünfundzwanzig Jahre alt. Im amerikanischen Süden, den William Faulkner in seiner Romanen so unverwechselbar charakterisiert hatte, war die Rassentrennung eine Selbstverständlichkeit. Schwarze, die dagegen aufbegehrten, hatten keinerlei Schutz von den staatlichen Instanzen zu erhoffen. Zwar begann der Oberste Gerichtshof in Washington, seine Rechtssprechung zugunsten schwarzer Bürgerrechte zu ändern, aber auf die Umsetzung solcher Rechtsentscheide im Süden warteten die Schwarzen in den 1950er Jahren noch vergebens. Die berühmten schwarzen Jazzmusiker mussten nach Paris gehen, um dort als Künstler respektvoll behandelt zu werden. Allerdings formierte sich allmählich ein Widerstand und Martin Luther King wurde früh zu einem führenden Kopf der Bewegung.

Den Anfang machte die Weigerung von Rosa Parks, die sich nach einem langen Arbeitstag am 1. Dezember 1955 in Montgomery, Alabama, weigerte, einem weißen Fahrgast im Bus ihren Sitz zu überlassen. Der Fahrer ließ sie verhaften, in den Bussen in Alabama hatten Weiße Vorrang. Eine Gruppe schwarzer Bürger, die nicht bereit waren, die Verhaftung von Rosa Parks zu akzeptieren, organisierte den Widerstand. Martin Luther King wurde schnell zu ihrem führenden Kopf. Er hatte wesentliche Ideen von Mahatma Gandhi übernommen, dessen gewaltloser Widerstand gegen die englische Kolonialherrschaft King sehr beeindruckte. In Montgomery konnte King die schwarzen Passagiere der örtlichen Buslinien überzeugen, die Busse zu bestreiken. Der Busstreik dauerte fast ein Jahr. King und seine Mitstreiter erlebten Verfolgung und Bedrohung, aber schließlich erklärte das oberste Gericht der USA die Rassentrennung in den Bussen für verfassungswidrig. Es war der erste deutliche Erfolg für eine Bewegung, die die Gewaltlosigkeit und den respektvollen Umgang mit dem Gegner zu ihren Prinzipien erhoben hatte, und die tief von der christlichen Tradition der schwarzen Kirchen des Südens geprägt war. King verlangte von den Aktivisten seiner Kampagnen, die er nun generalstabsmäßig vorbereitete, eine intensive Vorbereitung auf die zu erwartende Auseinandersetzung. Gezielt gingen die Aktivisten gegen Einrichtungen vor, in denen Schwarze nicht bedient oder zurückgesetzt wurden, und sie erreichten mit diesen Aktionen viel. Solange die Presse Notiz von diesen Kampagnen nahm, und solange die Akteure diszipliniert vorgingen, konnte die Bürgerrechtsbewegung an vielen Orten Erfolge erzielen.

Da die Erfolge in hohem Maße von der öffentlichen Aufmerksamkeit abhingen, nahmen damit auch die Gefahren für das Leben von King und seinen Mitstreitern zu. Es kam zu verschiedenen Attentaten, und im September 1958 wurde Martin Luther King in Harlem lebensgefährlich verletzt. Er änderte seine Überzeugungen nicht und trat weiter wortgewaltig für die vollen Bürgerrrechte der schwarzen Amerikaner ein. Die Wahl John F. Kennedys zum Präsidenten im November 1960 schien ein günstiges Zeichen zu sein. Allerdings war ein Erfolg in Washington noch kein Erfolg im Süden.

Ein Erfolg in Birmingham, Alabama, wäre dagegen ein Erfolg im Süden mit symbolischer Wirkung. In Birmingham hatte die Rassentrennung nicht nur unter den Weißen entschiedene Anhänger, sondern es gab auch viele Schwarze, die den Status quo als Rahmenbedingung ihres persönlichen Erfolges akzeptiert hatten. Sie waren nicht glücklich darüber, dass das Thema allzusehr in die Öffentlichkeit getragen wurde. Hier wollte die Bürgerrechtsbewegung einen Erfolg erzielen. Die Standards, die an die Aktivisten gelegt wurden, waren hoch. Sie mussten sich nicht nur zur Gewaltfreiheit verpflichten, sie mussten sich auch verpflichten, „Jeden Tag über das Leben Jesu nachzudenken". Die Gegner waren entschlossen und von der Notwendigkeit der Rassentrennung überzeugt. Entsprechend rücksichtslos gingen sie vor, als die Demonstrationen gegen die Rassentrennung begannen. Die Bilder von Hunden und Wasserwerfern, die gegen die Demonstranten, unter ihnen viele Kinder, eingesetzt wurden. hatten eine erhebliche Wirkung. Schließlich schaltete sich auch die Regierung in Washington ein, und es kam zu einer Vereinbarung, die den Zielen der Bürgerrechtsbewegung weit entgegen kam. Zunächst war dies noch ein Papier, aber die Prinzipien waren immerhin formuliert.

Im Sommer begann Martin Luther King eine Vortrags-
reise, die ihn einmal quer über den Kontinent führte.
Er hatte eindrucksvolle Erfolge. In Los Angeles kamen
25 000 Menschen, um ihn zu hören, in Chicago 10 000,
in Detroit waren es sogar 120 000 Menschen, die einem
Freiheitsmarsch folgten, den King anführte. Die Kund-
gebung auf der Mall in Washington war der Höhepunkt
eines Sommers, den Martin Luther King den „Sommer
unserer Unzufriedenheit" nannte. So richtete sich am 28.
August ein großes Interesse auf seinen Auftritt. Er wurde
ihm gerecht.

Martin Luther King war erst 34 Jahre alt, als er seine
vielleicht bedeutendste Rede hielt. Fünf Jahre später wurde er ermordet. Die Zeit nach seinem großen Auftritt in
Washington war auch eine Zeit bitterer Rückschläge. Nur
drei Wochen nach der großen friedlichen Demonstration
in Washington tötete eine Bombe in einer Kirche in Birmingham vier junge schwarze Mädchen, im November
wurde Präsident Kennedy bei einem Attentat getötet, und
viele junge Schwarze waren nicht bereit, ihre Ungeduld
der Disziplin des gewaltlosen Kampfes zu unterwerfen.
Es waren keine einfachen Jahre für Martin Luther King,
aber es war auch eine Zeit, in der die Bürgerrechtsgesetz-
gebung die Rassentrennung in Amerika aufhob. Im selben Jahr 1964 erhielt Martin Luther King den Friedensnobelpreis. Er hat in seinem Leben viele eindrucksvolle
Reden gehalten. Die Worte aus dem August 1963 haben
den Prediger aus Atlanta zu einem Propheten des fortge-
schrittenen 20. Jahrhunderts erhoben.

REDE

Ich freue mich, gemeinsam mit Euch an Etwas teilzuhaben, das als die größte Demonstration für die Freiheit
in die Geschichte unserer Nation eingehen wird. Vor

Hundert Jahren unterzeichnete ein großer Amerikaner, in dessen symbolischem Schatten wir heute stehen, die Emanzipationserklärung. Dieser bedeutungsvolle Erlass kam als ein großes Leuchtfeuer zu Millionen von Negersklaven, die in den Flammen einer vernichtenden Ungerechtigkeit verbrannten. Er kam als ein freudiger Tagesanbruch, um die lange Nacht der Gefangenschaft zu beenden.

Aber einhundert Jahre später ist der Schwarze immer noch nicht frei; einhundert Jahre später ist das Leben des Schwarzen von den Handschellen der Rassentrennung und den Ketten der Diskriminierung immer noch traurig verkrüppelt. Einhundert Jahre später lebt der Schwarze auf einer einsamen Insel der Armut inmitten eines weiten Ozeans des materiellen Wohlstandes; einhundert Jahre später ist der Schwarze noch immer hingeworfen in die Ecken der Amerikanischen Gesellschaft und erkennt, dass er in seinem eigenen Land im Exil lebt.

Deshalb sind wir heute hier hergekommen, um diesen beschämenden Zustand vor aller Augen zu führen. In gewissem Sinne sind wir in die Hauptstadt unseres Landes gekommen, um einen Scheck einzulösen. Als die Architekten unseres Gemeinwesens die großartigen Worte der Verfassung und der Unabhängigkeitserklärung niederschrieben, unterschrieben sie einen Schuldschein, dessen Einlösung allen Amerikanern zufallen sollte. Dieser Schein war ein Versprechen, dass allen Menschen – ja, Schwarzen ebenso wie Weißen – die unveräußerlichen Rechte des Lebens, der Freiheit und des Strebens nach Glück garantiert seien.

Es ist heute offenkundig, das Amerika in Hinblick auf seine farbigen Bürger seine Verbindlichkeiten nicht erfüllt hat. Anstatt, dass es dieser heiligen Verpflichtung nachgekommen ist, hat Amerika den schwarzen Menschen einen ungedeckten Scheck ausgestellt, einen Scheck, der mit dem Vermerk zurückgekommen ist : „Nicht ausreichend gedeckt". Wir weigern uns, daran zu glauben, dass die Bank der Gerechtigkeit bankrott ist. Wir weigern uns zu glauben, dass es in den großen Tresoren der Möglichkeiten dieser Nation keine ausreichenden Deckungsmittel gibt. Und so sind wir gekommen, um diesen Scheck einzulösen; einen Scheck, der uns auf unsere Aufforderung hin die Reichtümer des Friedens und der Rechtssicherheit herausgibt.

So sind wir zu diesem geheiligten Ort gekommen, um Amerika an die grimmige Notwendigkeit des Jetzt zu erinnern. Dies ist nicht die Zeit, um sich den Luxus einer Abkühlung zu erlauben oder um das Beruhigungsmittel eines schrittweisen Wandels einzunehmen. Jetzt ist die Zeit, die Versprechen der Demokratie umzusetzen; jetzt ist die Zeit, um das dunkle und hoffnungslose Tal der Rassentrennung auf den lichterfüllten Wegen der Gerechtigkeit für alle Hautfarben zu verlassen. Jetzt ist die Zeit, um unsere Nation aus dem Treibsand rassischer Ungerechtigkeit auf den festen Fels der Brüderlichkeit zu stellen; jetzt ist die Zeit, um Gerechtigkeit zu einer Wirklichkeit für alle Kinder Gottes zu machen. Es wäre fatal für unsere Nation, die Dringlichkeit dieser Bewegung zu übersehen. Dieser drückende Sommer der berechtigten schwarzen Unzufriedenheit wird nicht vorübergehen, bevor ein belebender Herbst von Freiheit und Gleichheit begonnen hat.

1963 ist kein Ende, sondern ein Anfang. Und die, die hoffen, dass der Schwarze Dampf ablassen musste und nun zufrieden sein wird, werden ein unsanftes Erwachen erleben, wenn die Nation zur Routine zurückkehrt.

Es wird weder Rast noch Ruhe in Amerika geben, bis dem Schwarzen seine vollen Bürgerrechte zugestanden worden sind. Die Wirbelstürme des Aufruhrs werden weiterhin die Fundamente unserer Nation erschüttern, bis der strahlende Tag der Gerechtigkeit anbricht.

Aber da ist etwas, das ich meinen Leuten sagen muss, die an der Schwelle stehen, die in den Palast der Gerechtigkeit hinüberführt. Im Zuge der Erringung unseres rechtmäßigen Platzes dürfen wir uns nicht durch unrechte Taten schuldig machen. Lasst uns nicht versuchen, unsern Durst zu löschen, indem wir aus dem Kelch der Bitterkeit und des Hasses trinken. Wir müssen unseren Kampf jederzeit auf der hohen Ebene der Würde und der Disziplin führen. Wir dürfen nicht erlauben, dass unser schöpferischer Protest zu physischer Gewalt verkommt. Immer wieder müssen wir uns zu jener majestätischen Höhe erheben, auf der wir physischer Gewalt mit seelischer Kraft begegnen.

Der wunderbare neue Kampfgeist, der die schwarze Gemeinschaft erfasst hat, darf uns nicht dazu führen, dass wir allen Weißen misstrauen, denn viele unserer weißen Brüder, das beweist ihre heutige Anwesenheit, haben erkannt, dass ihr Schicksal mit unserem Schicksal verbunden ist, und sie haben erkannt, dass ihre Freiheit untrennbar mit unserer Freiheit verbunden ist. Der Angriff, den wir vorbereiten, um die Zinnen der Ungerechtigkeit zu stürmen, muss von einer Armee geführt werden, der beide Hautfarben angehören. Wir können nicht alleine gehen.

Und während wir gehen, müssen wir uns versprechen, dass wir immer weiter marschieren werden. Wir können nicht umkehren. Da sind die, die die Anhänger der Bürgerrechte fragen: „Wann werdet Ihr zufrieden sein?" Wir können niemals zufrieden sein, solange der Schwarze das Opfer der unaussprechlichen Schrecken polizeilicher Brutalität ist.

Wir können niemals zufrieden sein, solange unsere Körper, schwer von der Erschöpfung der Reise, keine Unterkunft in den Motels an den Fernstraßen und in den Hotels der Städte finden können. Wir können nicht zufrieden sein, solange die vorherrschende Bewegung des Schwarzen darin besteht, von einem kleinen Ghetto in ein größeres zu ziehen.

Wie können nicht zufrieden sein, solange unsere Kinder durch Schilder mit der Aufschrift „Nur für Weiße" ihrer Selbstbestimmung entzogen und ihrer Würde beraubt werden. Wir können nicht zufrieden sein, solange ein Schwarzer in Mississippi nicht wählen kann, und solange ein Schwarzer in New York glaubt, dass es nichts gibt, für das er seine Stimme geben könnte. Nein, wir sind nicht zufrieden, und wir werden nicht zufrieden sein, bis die Gerechtigkeit herabströmt wie Wasser und die Rechtschaffenheit wie ein gewaltiger Strom.

Ich übersehe nicht, dass einige von Euch aus schweren Prüfungen und großer Betrübnis hierher gekommen sind. Einige von Euch kommen gerade aus engen Gefängniszellen. Einige von Euch sind aus Gegenden gekommen, wo Euer Wunsch nach Freiheit dazu führte, dass Ihr von den Stürmen der Verfolgung niedergeschlagen wurdet und im Wind der polizeilichen Brutalität schwankt. Ihr seid die Veteranen des schöpferischen Erduldens. Setzt Eure Arbeit in der Gewissheit fort, dass unverdientes Leid erlösende Kraft hat.

Geht zurück nach Mississippi; geht zurück nach Alabama; geht zurück nach Louisiana; geht zurück in die Slums und Ghettos der Städte des Nordens, wissend, dass irgendwie diese Situation geändert werden kann und geändert werden wird. Lasst uns nicht schwelgen im Tal der Verzweiflung.

Daher sage ich Euch, meine Freunde, obwohl wir den Schwierigkeiten von heute und von morgen ins Auge blicken müssen, habe ich einen Traum. Es ist ein Traum, der tief verwurzelt ist in dem amerikanischen Traum, dass diese Nation sich eines Tages erheben wird und der wahren Bedeutung ihres Bekenntnisses entsprechend leben wird: „Wir halten diese Wahrheit für selbstverständlich, dass alle Menschen gleich geschaffen sind".

Ich habe einen Traum, dass eines Tages die Söhne ehemaliger Sklaven und die Söhne ehemaliger Sklavenhalter auf den roten Hügeln von Georgia miteinander am Tisch der Brüderlichkeit sitzen können.

Ich habe einen Traum, dass eines Tages sogar der Staat von Mississippi, ein Staat, brütend in der Hitze der Ungerechtigkeit, brütend in der Hitze der Unterdrückung, in eine Oase der Freiheit und Gerechtigkeit verwandelt wird.

Ich habe einen Traum, dass meine vier Kinder eines Tages in einer Nation leben werden, in der sie nicht nach ihrer Hautfarbe, sondern nach dem Wert ihres Charakters beurteilt werden. Ich habe heute einen Traum!

Ich habe einen Traum, dass eines Tages in Alabama mit seinen bösartigen Rassisten, mit seinem Gouverneur, von dessen Lippen Worte wie „Intervention" und „Aufhebung der Rassenintegration" triefen, dass eines Tages genau dort in Alabama sich kleine schwarze Jungen und Mädchen und kleine weiße Jungen und Mädchen die Hände als Brüder und Schwestern reichen können. Ich habe heute einen Traum.

Ich habe einen Traum, dass eines Tages jedes Tal erhöht und jeder Hügel und jeder Berg erniedrigt wird. Die rauen Orte werden glatt gemacht und die verwinkelten Orte werden begradigt. Und die Herrlichkeit des Herrn wird offenbar werden und alles Fleisch wird es sehen.

Das ist unsere Hoffnung. Das ist der Glaube, mit dem ich in den Süden zurückgehe.

Mit diesem Glauben werden wir in der Lage sein, aus dem Berg der Verzweiflung einen Stein der Hoffnung herauszuschlagen. Mit diesem Glauben werden wir fähig sein, die schrillen Misstöne unserer Nation in eine wunderschöne Symphonie der Brüderlichkeit zu verwandeln.

Mit diesem Glauben werden wir fähig sein, zusammen zu arbeiten, zusammen zu beten, zusammen zu kämpfen, zusammen ins Gefängnis zu gehen, zusammen für die Freiheit aufzustehen, wissend, dass wir eines Tages frei sein werden. Das wird der Tag sein, wenn alle Kinder Gottes in der Lage sein werden, mit einer neuen Bedeutung zu singen: „Mein Land von Dir, Süßes Land der

Freiheit; von Dir singe ich; Land, wo meine Väter starben, Land des Pilgerstolzes; von allen Berghängen lasst Freiheit erschallen." Und wenn Amerika eine große Nation werden soll, dann muss dies wahr werden.

Lasst daher die Freiheit erschallen von den gewaltigen Gipfeln New Hampshires. Lasst die Freiheit erschallen von den mächtigen Bergen New Yorks. Lasst die Freiheit erschallen von den hohen Alleghenies in Pennsylvania. Lasst die Freiheit erschallen von den schneebedeckten Rockies in Colorado. Lasst die Freiheit erschallen von den geschwungenen Hängen von Kalifornien. Aber nicht nur das. Lasst Freiheit erschallen von dem Stone Mountain in Georgia. Lasst Freiheit erschallen von dem Lookout Mountain in Tennessee. Lasst Freiheit erschallen von jedem Hügel und von jedem Maulwurfshügel in Mississippi, von jedem Hang lasst die Freiheit erschallen.

Und wenn wir der Freiheit erlauben zu klingen, wenn wir sie erschallen lassen von jedem Dorf und jedem Weiler, von jedem Staat und jeder Stadt, dann werden wir den Tag schneller herausführen, an dem alle Kinder Gottes – Schwarze und Weiße, Juden und Heiden, Katholiken und Protestanten sich die Hände reichen und mit den Worten des alten Negerspirituals singen werden: „Endlich frei! Endlich frei: Dank sei dem allmächtigen Gott, wir sind endlich frei."

Willy Brandt

Fernsehansprache aus Warschau

7. Dezember 1970

Einführung

Der 7. Dezember 1970 gehört zu den Tagen, die das Bild des modernen Deutschland nachhaltig geprägt haben. Willy Brandts Rede, die am Abend über das Fernsehen ausgestrahlt wurde, war geprägt von ernsthaftem Realismus und verzichtete auf visionäre Rhetorik. Der Bundeskanzler legte größten Wert darauf, die neue Ostpolitik seiner Regierung als nüchterne Bedingung einer deutsch-polnischen Zukunft darzustellen. Aber Politik lebt nicht nur aus nüchternen Verträgen, sondern auch aus symbolischen Handlungen, die den Geist zum Ausdruck bringen, der diese Verträge erfüllt. Am Vormittag des 7. Dezember 1970 war der Bundeskanzler, dessen eigene Biographie ihn als entschiedenen Gegner des nationalsozialistischen Deutschland auswies, bei der Kranzniederlegung am Mahnmal für die Aufständischen im Warschauer Ghetto auf die Knie gesunken. Das Bild dieses Kniefalls ging um die Welt. Es war einer der wenigen großen Augenblicke der deutschen Nachkriegsgeschichte. Und erst in der Verbindung solcher Zeichen mit nüchternen Verträgen entsteht bedeutende Politik.

Das bedeutet nicht, dass sie alle Zeitgenossen überzeugen kann – das war 1970 nicht der Fall –, aber im Rückblick erscheint die Ostpolitik, die die sozialliberale Koalition 1970 einleitete, als eine historische Weichenstellung.

Das Ende des Kalten Krieges und die deutsche Wiedervereinigung wurden schließlich nicht durch den demokratischen Wandel des verkrusteten sowjetischen Imperiums erzielt, sondern durch dessen Zusammenbruch. Die deutsche Wiedervereinigung war keine Konsequenz eines langen Prozesses der gegenseitigen Annäherung, der 1970 eingeleitet wurde, sondern sie war die Folge des Kollapses der DDR. Es war die Überlegenheit des Westens, die diesen Erfolg ermöglichte. Insofern mag man fragen, ob die Annäherung an ein System, das die Demokratie und die Menschenrechte allein als rhetorische Ausstattung mitführte, im Jahre 1970 ein sinnvoller Schritt gewesen ist. Aber das ist eine irreführende Perspektive, denn die spätere Entwicklung des Ostblocks wurde zunehmend durch die Ideale westlicher Demokratie infrage gestellt. Diese Ideale konnten aber nur dadurch ihre Kraft entfalten, dass sie den Menschen in der Sowjetunion, in Polen und in der DDR nicht als die Ideologie eines Feindes erschienen, sondern als ein menschlicher Maßstab, der universale Geltung beanspruchen kann. Die Voraussetzungen dafür wurden 1970 gelegt.

1969 war Willy Brandt mit knapper Mehrheit an der Spitze einer sozialliberalen Koalition Bundeskanzler geworden. Davor war er Außenminister der Großen Koalition gewesen. Eine neue Politik gegenüber dem Osten gehörte zum Programm der neuen Regierung.

Bislang hatten sich die Deutschen schwer getan, die Folgen eines Krieges zu akzeptieren, den sie begonnen hatten. Die Schwierigkeit bestand in der Haltung zur deutschen Teilung und der Anerkennung der polnischen Westgrenze entlang der Oder-Neiße-Linie. Beide Zustände waren schwer zu akzeptieren. Die Vertreibung so vieler Deutscher aus dem ehemaligen Osten Deutschlands und der territoriale Verlust dieser Traditionslandschaften und die Teilung Deutschlands waren praktische Folgen des Krieges. Sie erschienen vielen Deutschen als ein Unrecht, das sie nicht anerkennen konnten. Es war die Folge des nationalsozialistischen Unrechts, als dessen Urheber sie sich nicht sahen, und für dessen Folgen sie auch nicht aufkommen wollten. Viele Menschen hatten ihre Heimat verloren, und die Anerkennung der Oder-Neiße-Linie gab diesem Zustand etwas Endgültiges. Gleichzeitig konnte sich Deutschland nicht der Verantwortung für den Überfall auf Polen entziehen, der für Polen furchtbare Folgen gehabt hatte. Willy Brandt hat dies in seiner Rede sehr klar benannt: *Namen wie Auschwitz werden beide Völker noch lange begleiten.* Für eine künftige friedliche Nachbarschaft mit Polen war die Klarheit in der Grenzfrage von zentraler Bedeutung.

Um das Verhältnis auch nur einigermaßen zu entspannen, musste Polen die Sicherheit haben, dass die Deutschen die polnische Westgrenze ohne Vorbehalte akzeptierten. Das bedeutete nicht nur den Verzicht auf einen Teil Deutschlands, in dem Deutsche seit Jahrhunderten gelebt hatten, es bedeutete auch die Anerkennung der sowjetischen Nachkriegsordnung in Mitteleuropa. Angesichts des offenkundig undemokratischen Charakters war das eine schwere Entscheidung. Die Vorgängerregierungen hatten die Anerkennng dieses Zustandes verweigert. Mit der Hallstein-Doktrin hatte man den politischen Alleinvertretungsanspruch für alle Deutschen, auch für die Menschen in der DDR, offensiv vertreten und diplomatische Beziehungen zu den Ländern abgebrochen, die die DDR als Staat anerkannten. Mit seiner berühmten Reise nach Erfurt im März 1970 hatte Willy Brandt ein Zeichen für einen Wandel gesetzt, und er war von den Menschen in der DDR begeistert empfangen worden.

Bei diesen direkten Kontakten wurde schnell klar, dass die Führung der DDR zu einem echten Entgegenkommen nicht bereit war. Dennoch legte die Anerkennung von zwei Staaten auf deutschem Boden die Grundlage für die vielfältigen Kontakte, die das Leitbild einer demokratischen Ordnung mit konkreten Gesichtern verband und so lebendig erhielt. Für Willy Brandt blieb die „Nation" die Klammer, die die beiden Staaten miteinander verband und die er nie aufgab. Für diese Haltung ist ihm nach der Wiedervereinigung 1989 der entsprechende Respekt gezollt worden. Den Strategen der neuen Ostpolitik war klar, dass die wichtigen Entscheidungen im Osten in Moskau getroffen wurden, und so war Willy Brandt im August zu einer Vertragsunterzeichnung nach Moskau gereist. Die neue Ostpolitik profitierte auch davon, dass es im Osten der Sowjetunion schwere Zusammenstöße an der Grenze zu China gegeben hatte, und dass die Kremlleitung daher ein Interesse an geregelten Verhältnissen im Westen hatte. Bereits im August wurde die polnische Westgrenze als unverletzlich bezeichnet. Das war durchaus ein Schönheitsfehler im Werk der Versöhnung, denn es bedeutete für die Polen, dass die beiden Länder, die ihr Land 30 Jahre zuvor untereinander aufgeteilt hatten, nun ohne polnische Beteiligung über eine Frage entschieden, die für Polen zentral war. Auch darum war die Geste in Warschau von solcher Bedeutung.

Die Rede Willy Brandts am Abend des 7. Dezember ist ein Dokument historischer Größe. Die Fähigkeit, die Positionen des Anderen zu verstehen, die Möglichkeiten der Gegenwart realistisch zu beurteilen und Entscheidungen zu treffen, die zunächst auf großen Widerstand treffen, die man aber für historisch gegeben hält, zeichnet einen Politiker von Format aus. Er hat in der deutschen Geschichte eine neue Tür geöffnet. Auch in der historisch vergleichenden Betrachtung hat Willy Brandts Auftritt am 7. Dezember 1970 Bestand. Immer wieder hat sich eine Haltung, die mit nüchternem Blick das Unveränderbare akzeptiert hat, und die den richtigen Zeitpunkt dafür erkannte, den Verzicht auf angestammte Rechte noch mit einer noblen Geste verbinden zu können, als Grundlage für eine langanhaltende Friedenslösung erwiesen. Der Friedensnobelpreis im folgenden Jahr war eine angemessene Ehrung für diesen Schritt. Wer den Text der Rede Willy Brandts liest, sollte sich dabei an das Bild des knieenden Bundeskanzlers erinnern. Es ist ein kontroverser Text und eine kontroverse Geste, aber der ganze Tag zeigt eine Politik von einem Format, das uns heute fremd geworden ist.

Rede

Meine lieben Mitbürgerinnen und Mitbürger!

Ich bin mir bewusst: Dies ist eine schwere Reise. Für eine friedliche Zukunft wird sie von Bedeutung sein. Der Vertrag von Warschau soll einen Schlussstrich setzen unter Leiden und Opfer einer bösen Vergangenheit. Er soll eine Brücke schlagen zwischen den beiden Staaten und den beiden Völkern. Er soll den Weg dafür öffnen, dass getrennte Familien wieder zusammenfinden können. Und dass Grenzen weniger trennen als bisher. Und trotzdem: Dieser Vertrag konnte nur nach ernster Gewissenserforschung unterschrieben werden.

Wir haben uns nicht leichten Herzens hierzu entschieden. Zu sehr sind wir geprägt von Erinnerungen und gezeichnet von zerstörten Hoffnungen. Aber guten Gewissens, denn wir sind überzeugt, dass Spannungen abgebaut, Verträge über Gewaltverzicht befolgt, die Beziehungen verbessert und die geeigneten Formen der Zusammenarbeit gefunden werden müssen, um zu einer europäischen Friedensordnung zu gelangen.

Dabei muss man von dem ausgehen, was ist; was geworden ist. Auch in Bezug auf die Westgrenze Polens. Niemand hat uns zu dieser Einsicht gezwungen. Wir sind mündig geworden. Es geht um den Beweis unserer Reife und um den Mut, die Wirklichkeit zu erkennen.

Was ich im August Ihnen aus Moskau gesagt habe, liebe Mitbürgerinnen und Mitbürger, gilt auch für den Vertrag mit Polen: Er gibt nichts preis, was nicht längst verspielt worden ist. Verspielt nicht von uns, die wir in der Bundesrepublik Deutschland politische Verantwortung tragen und getragen haben. Sondern verspielt von einem verbrecherischen Regime, vom Nationalsozialismus.

Wir dürfen nicht vergessen, dass dem polnischen Volk nach 1939 das Schlimmste zugefügt wurde, was es in seiner Geschichte hat durchmachen müssen. Dieses Unrecht ist nicht ohne Folgen geblieben.

Großes Leid traf auch unser Volk, vor allem unsere ostdeutschen Landsleute. Wir müssen gerecht sein: Das schwerste Opfer haben jene gebracht, deren Väter, Söhne oder Brüder ihr Leben verloren haben. Aber nach ihnen hat am bittersten für den Krieg bezahlt, wer seine Heimat verlassen musste.

Ich lehne Legenden ab, deutsche wie polnische: Die Geschichte des deutschen Ostens lässt sich nicht willkürlich umschreiben.

Unsere polnischen Gesprächspartner wissen, was ich Ihnen zu Hause noch einmal in aller Klarheit sage möchte: Dieser Vertrag bedeutet nicht, dass wir Unrecht anerkennen oder Gewalttaten rechtfertigen. Er bedeutet nicht, dass wir Vertreibungen nachträglich legitimieren. Ressentiments verletzen den Respekt vor der Trauer um das Verlorene – verloren „in Schmerzen, Krieg und ach, in unerschöpften Tränen", wie es der Schlesier Andreas Gryphius am Ende des Dreißigjährigen Krieges sagte. Niemand kann sich dieser Trauer entziehen, uns schmerzt das Verlorene. Und das leidgeprüfte Volk wird unseren Schmerz respektieren.

Namen wie Auschwitz werden beide Völker noch lange begleiten und uns daran erinnern, dass die Hölle auf Erden möglich ist; wir haben sie erlebt. Aber gerade diese Erfahrung zwingt uns, die Aufgaben der Zukunft entschlossen anzupacken. Die Flucht vor der Wirklichkeit schafft gefährliche Illusionen. Ich sage: Das Ja zu diesem Vertrag, zur Aussöhnung, zum Frieden, ist ein Bekenntnis zur deutschen Gesamtgeschichte.

Ein klares Geschichtsbewusstsein duldet keine unerfüllbaren Ansprüche. Es duldet auch nicht jene „geheimen Vorbehalte", vor denen der Ostpreuße Immanuel Kant in seiner Schrift „Zum ewigen Frieden" gewarnt hat.

Wir müssen unseren Blick in die Zukunft richten und die Moral als politische Kraft erkennen. Wir müssen die Kette des Unrechts durchbrechen. Indem wir dies tun, betreiben wir keine Politik des Verzichts, sondern eine Politik der Vernunft.

Der Vertrag zwischen Polen und uns – ein Vertrag, wie er amtlich heißt, über die „Grundlagen der Normalisierungen der gegenseitigen Beziehungen" – ersetzt keinen Friedensvertrag. Er berührt nicht die Rechte und Verantwortlichkeiten der Vier Mächte für Deutschland als Ganzes. Er setzt frühere vertragliche Verpflichtungen weder der einen noch der anderen Seite außer Kraft.

Ich unterstreiche dies ausdrücklich, denn es bleibt natürlich dabei, dass unsere aktive Mitwirkung in der Westeuropäischen Gemeinschaft und unsere festverankerte Stellung im Atlantischen Bündnis die Grundlage bilden, von der aus wir uns um ein neues, besseres Verhältnis zu den osteuropäischen Völkern bemühen. Erst aus diesem Gesamtzusammenhang wird klar, was dieser Vertrag für den Frieden bedeutet, für die geteilte deutsche Nation und für ein geeintes Europa. Ein Europa, das nicht durch Deklamationen, sondern nur durch zielbewusste Arbeit geschaffen werden kann. Nichts ist wichtiger als die Herstellung eines gesicherten Friedens.

Dazu gibt es keine Alternative. Frieden ist nicht möglich ohne europäische Solidarität.

Alles, was uns diesem Ziele näher bringt, ist ein guter Dienst an unserem Volk und vor allem ein Dienst für die, die nach uns kommen.

Quellen und Literaturhinweise

Die Rede des Moses am Ende der vierzigjährigen Wanderung durch die Wüste (13. Jh. v. Chr.)

Text: Deut., 4.1-40.
Literatur: D. Krochmalnik, Die Bücher Levitikus, Numeri, Deuteronomium im Judentum, Stuttgart 2003 (Neuer Stuttgarter Kommentar/Altes Testament 33/5); J. A. Thompson, Deuteronomy. An Introduction and Commentary, London 1974; D. Schneider, Das fünfte Buch Mose, Wuppertal 1982 (Wuppertaler Studienbibel/Reihe: Altes Testament).

Die Gefallenenrede des Perikles (431/30 v. Chr.)

Text: Thukydides, Die Totenrede des Perikles, übers. von Georg Peter Landmann, Bern 1945 (Sammlung Überlieferung und Auftrag, Texte 1).
Literatur: M. Dreher, Athen und Sparta, München 2001; R. Schulz, Athen und Sparta, Darmstadt 2003 (Geschichte Kompakt, Antike); H. Sonnabend, Thukydides, Hildesheim 2004 (Studienbücher Antike, Band 13); W. Will, Thukydides und Perikles. Der Historiker und sein Held, Bonn 2003 (Antiquitas, Reihe 1, Band 51); D. Kagan, Perikles. Die Geburt der Demokratie, Stuttgart 1992.

Sokrates, Apologie

Text nach der Übersetzung Friedrich Schleiermachers: Platon, Sämtliche Werke 1, hg. von K. Hülser, Frankfurt 1991.
R. Guardini, Der Tod des Sokrates. Eine Interpretation der Platonischen Schriften Euthypron, Apologie, Kriton und Phaidon, Hamburg 1956, zahlreiche Nachdrucke (rowohlts deutsche enzyklopädie). Claude Mossé, Der Prozess des Sokrates. Hintermänner, Motive, Auswirkungen, Freiburg-Basel-Wien 1987. M. H. Hansen, The Trial of Socrates from the Athenian Point of View, Kopenhagen 1995 (Historisk filosofiske Meddelelser det Kongelige Videnskabernes Selskap, 71).

Markus Antonius, Grabrede auf Julius Caesar

Text: William Shakespeare, Julius Caesar, 3. Akt, 2. Szene.
Literatur: Ch. Meier, Caesar, 4. Aufl. München 1997; M. Jehne, Caesar, 2. Aufl. München 2001 (C. H. Beck Wissen); K. Christ, Caesar. Annäherungen an einen Diktator, München 1994; U. Gotter, Der Diktator ist tot! Politik in Rom zwischen den Iden des März und der Begründung des Zweiten Triumvirats, Stuttgart 1996 (Historia Einzelschriften 110).

Jesus von Nazareth, Die Bergpredigt

Text: Matth. 5,1-7,27.
Literatur: J. Schmid, Das Evangelium nach Matthäus, 5. Aufl. Regensburg 1965 (Regensburger Neues Testament, Bd. 1); U. Luz, Das Evangelium nach Matthäus, 1. Teilband, 5. Aufl. Düsseldorf und Zürich 2002 (Evangelisch-Katholischer Kommentar zum Neuen Testament).

Otto I., Ansprache vor der Schlacht auf dem Lechfeld (955)

Text: Die Sachsengeschichte des Widukind von Korvei, III. 46, hg. von P. Hirsch und H. E. Lohmann, 5. Aufl. Hannover 1935 (Monumneta Germaniae Historica. Scriptores rerum Germanicarum in usum Scholarum, Bd. 60)
H. Keller, Die Ottonen, München 2001 (C. H. Beck Wissen); M. Puhle (Hg.), Otto der Große, Magdeburg und Europa 1: Essays, Mainz 2001; J. Laudage, Otto der Große (912–973). Eine Biographie, Regensburg 2001.

Friedrich Barbarossa, Rede auf dem Hoftag in Roncaglia 1158

Text: G. Waitz (Ed.), Ottonis et Rahewini Gesta Friderici Imperatoris, IV.4, 3. Aufl., Hannover-Leipzig 1912 (Scriptores Rerum Germanicarum in usum Scholarum).
Literatur: F. Opll, Friedrich Barbarossa, Darmstadt 1990 (Gestalten des Mittelalters und der Renaissance); K. Görich, Die Ehre Friedrich Barbarossas. Kommunikation, Konflikt und politisches Handeln im 12. Jahrhundert (Symbolische Kommunikation in der Vormoderne); S. Weinfurter (Hg.), Stauferreich im Wandel. Ordnungsvorstellungen und Politik in der Zeit Friedrich Barbarossas, Stuttgart 2002 (Mittelalter-Forschungen, Bd. 9)

Martin Luther, Rede auf dem Reichstag zu Worms (18. April 1521)

Text: Martin Luther, Werke. Kritische Gesamtausgabe (Weimarer Ausgabe), Bd. 7, Weimar 1897.
Literatur: F. Reuter (Hg.), Der Reichstag zu Worms von 1521. Reichspolitik und Luthersache, Köln-Wien 1981; A. Kohnle, Reichstag und Reformation. Kaiserliche und ständische Religionspolitik von den Anfängen der Causa Lutheri bis zum Nürnberger Religionsfrieden, Gütersloh 2001 (Quellen und Forschungen zur Reformationsgeschichte 72); Richard Friedenthal, Luther. Sein Leben und seine Zeit, 7. Aufl. München 1982; A. Demandt, Luther auf dem Reichstag zu Worms, in: ders., Sternstunden der Menschheit, München 2003, 175–194.

Elisabeth I., Die Goldene Rede (1601)

Text: www.william-shakespeare.de/elizabeth_golden_speech.htm
Literatur: U. Machozek, Die regierende Königin – Elisabeth I. von England. Aspekte weiblicher Herrschaft im 16. Jahrhundert, Pfaffenweiler 1996 (Geschichtswissenschaft 39); H. Nette, Elisabeth I. in Selbstzeugnissen und Dokumenten, Reinbek 1982 (Rowohlts Monographien); G. Lottes, Elisabeth I. Eine politische Biographie, Göttingen-Zürich 1981 (Persönlichkeit und Geschichte 103/103a).

George Jacques Danton, Verteidigungsrede vor dem Revolutionstribunal, 1794

Text: Georg Büchner, Dantons Tod, III. 4
F. Furet/D. Richet, Die Französische Revolution, Frankfurt 1968; E. Schulin, Die Französische Revolution, 4. Aufl. München 2004 (Beck's Historische Bibliothek); M. Vovelle, Die Französische Revolution – Soziale Bewegung und Umbruch der Mentalitäten, München-Wien 1982 (Ancien Régime – Aufklärung und Revolution, Bd. 7); E. Schmitt, Einführung in die Geschichte der Französischen Revolution, 2. Aufl. München 1980 (Beck'sche Elementarbücher).

Häuptling Seattle, Meine Worte sind wie Sterne, die niemals untergehen (1854)

Text: Die Rede Häuptling Seattles ist in den verschiedenen Varianten in englischer Sprache vielfach im Internet zu finden.
Literatur: S. Probst/E. Probst, Meine Worte sind wie die Sterne. Die Rede des Häuptlings Seattle und andere indianische Weisheiten,

Mainz-Kostheim 2003; D. Brown, Begrabt mein Herz an der Biegung des Flusses, Hamburg 1972; H. Läng, Kulturgeschichte der Indianer Nordamerikas, Göttingen 1989; V. Zarbo, Die wahre Geschichte des Wilden Westens, Berlin 1997

Abraham Lincoln, Gettysburg Address 19. November 1863

Text und *Literatur:* Abraham Lincoln, Gettysburg Address. 19. November 1863, mit einem Essay von Ekkehart Krippendorf, Hamburg 1994; G. Wills, Lincoln at Gettysburg. The Words that Remade America, New York-London u.a. 1992 (mit dem englischen Text der Rede).

Sherburns Rede gegen die Lynchversammlung, (Mark Twain, Die Abenteuer des Huckleberry Finn (1884/85) Kap. 22)

Text: M. Twain, The Adventures of Huckleberry Finn, ed. Th. Cooley, 3. Aufl. New York-London 1999 (Norton Critical Edition); H. Lee, To kill a mocking bird, 1960 (zahlreiche Nachdrucke)

Marie Juchacz, Rede in der Weimarer Nationalversammlung am 19.02.1919 (Die erste Rede einer Frau im deutschen Parlament)

Text: E. Hilfron (Hg.), Die deutsche Nationalversammlung im Jahre 1919, Berlin o. J.
Literatur: Gisela Bock, Frauen in der europäischen Geschichte. Vom Mittelalter bis zur Gegenwart, München 2000 (Europa bauen); J. Hofmann-Göttig, Emanzipation mit dem Stimmzettel. 70 Jahre Frauenwahlrecht in Deutschland, Bonn 1986 (Reihe praktische Demokratie); H.-U. Wehler, Deutsche Gesellschaftsgeschichte, Band 4: Vom Beginn des Ersten Wetkrieges bis zur Gründung der beiden deutschen Staaten 1914–1949, München 2003.

Otto Wels, Rede gegen das „Ermächtigungsgesetz" in der Reichstagssitzung vom 23. März 1933

Text: Protokoll der Reichstagssitzung (13.4.1933) jetzt auch in digitalisierter Form:
http://mdz1.bib-bvb.de/cocoon/reichstag/start.html.
Literatur: O. Wels, Rede zum „Ermächtigungsgesetz" am 23. März 1933 in der Berliner Krolloper, mit einem Essay von Iring Fetscher, Hamburg 1993 (Europäische Verlagsanstalt Reden, Band 10);

R. Morsey, Das „Ermächtigungsgesetz" vom 24. März 1933. Quellen zur Geschichte und Interpretation des „Gesetzes zur Behebung der Not von Volk und Reich", Düsseldorf 1992 (Dokumente und Texte 1); A. Wirsching, Die Weimarer Republik. Politik und Gesellschaft, München 2000 (Enzyklopädie deutscher Geschichte 58); M. Broszat, Die Machtergreifung, München 1984.

Winston Churchill, Ihre beste Stunde. Rede im britischen Unterhaus (18. Juni 1940)

Text: The War Speeches of Winston Churchill, Vol. 1, ed. Ch. Eade, London 1951.
Literatur: G. L. Weinberg, Eine Welt in Waffen. Die globale Geschichte des Zweiten Weltkriegs, Stuttgart 1995; J. Lukacs, Der Zweikampf, 10. Mai – 31. Juli 1940, 2. Aufl. Stuttgart 1993; S. Haffner, Winston Churchill, Reinbek bei Hamburg 1967

Clemens August von Galen, Bischof von Münster, Predigt vom 3. August 1941

Text: www.kirchensite.de
Literatur: L. Grevelhörster, Kardinal Clemens August Graf von Galen in seiner Zeit, Münster 2005; H. Wolf, Clemens August Graf von Galen. Gehorsam und Gewissen , Freiburg/Br. – Basel – Wien 2006; E. Klee, Euthanasie im NS-Staat. Die „Vernichtung lebensunwerten Lebens", 11. Aufl. Frankfurt 2004; H. Friedlander, Der Weg zum NS-Genozid. Von der Euthanasie zur Endlösung, Berlin 1997.

Ernst Reuter, Schaut auf diese Stadt! (9.9.1948)

Text: www.berlin.de
Literatur: Th. Eschenburg, Jahre der Besatzung 1945–1949, Stuttgart-Wiesbaden 1983 (Geschichte der Bundesrepublik Deutschland, Bd. 1); G. Schöllgen, Geschichte der Weltpolitik von Hitler bis Gorbatschow 1941–1991; München 1996; J. Provan, Big Lift. Die Berliner Luftbrücke 26. Juni 1948–30. September 1949.

William Faulkner, Nobelpreisrede 10. Dezember 1950

Text: W. Faulkner, Essays, Speeches & Public Letters, ed. J. B. Meriwether, New York 1965.
Literatur: S. B. Oates, William Faulkner. The Man and the Artist. A Biography, New York u.a. 1987; P. Nicolaisen, Faulkner in Selbstzeugnissen und Bilddokumenten, Reinbek bei Hamburg 1981 (ro-

wohlts monographien); Ph. M. Weinstein (Ed.), The Cambridge Companion to William Faulkner, Cambridge 1995); J. Pikoulis, The Art of William Faulkner, London-Basingstoke 1982.

Martin Luther King, Ich habe einen Traum (28.8. 1963)

Text und Informationen: http://www.standfort.edu/group/king
Literatur: Martin Luther King, Warum wir nicht warten können, Wien-Düsseldorf 1964.; S. B. Oates, Martin Luther King. Kämpfer für die Gewaltlosigkeit, Hamburg 1984; G. Presler, Martin Luther King mit Selbstzeugnissen und Bilddokumenten, Reinbek bei Hamburg 1984 (rowohlts monographien); B. Ward/T. Badger (Edd.), The Making of Martin Luther King and the Civil Rights Movement, Houndmills-Basingstoke-London 1996.

Willy Brandt, Fernsehansprache aus Warschau 7. Dez. 1970

Quelle: Willy Brandt, Der Weg zum Frieden. Perspektiven der Politik, 2. Aufl. Hamburg 1971.
Literatur: P. Merseburger, Willy Brandt 1913–1992. Visionär und Realist, 3. Aufl. Stuttgart-München 2002; A. Rödder, Die Bundesrepublik Deutschland 1969–1990, München 2004 (Oldenburg Grundriss Geschichte, Band 19A); P. Bender, Die „Neue Ostpolitik" und ihre Folgen. Vom Mauerbau bis zur Vereinigung, 3. Aufl. München 1995 (Deutsche Geschichte der neuesten Zeit vom 19. Jahrhundert bis zur Gegenwart).